财务会计
(第3版)(微课版)

陈小英　杨承亮　主　编

清华大学出版社
北京

内容简介

本书依据我国现行法律法规、2006 年颁布的企业会计准则、2017 年修订的收入准则、金融工具确认和计量准则，以及 2019 年 4 月 1 日实行的增值税税率等进行编写。知识新颖，注重会计基本理论知识与会计岗位必要技能相结合，精心组织、合理整合教材的理论结构和内容体系。同时，本书还将近年来财务会计领域研究的新成果融入其中。

为了满足高职高专"以就业为导向，以能力为本位"的原则，本书根据培养高技能应用型人才的要求，以项目为导向，按照任务驱动的模式，通过典型案例，采取"做中学，学中做"的形式，突出对学生技能的培养。

本书既可作为高职高专会计专业和财经管理类相关专业的教材，也可作为会计从业人员的学习用书。

本书封面贴有清华大学出版社防伪标签，无标签者不得销售。
版权所有，侵权必究。举报：010-62782989，beiqinquan@tup.tsinghua.edu.cn。

图书在版编目(CIP)数据

财务会计：微课版/陈小英，杨承亮主编. —3 版. —北京：清华大学出版社，2021.3(2022.9 重印)
ISBN 978-7-302-57645-7

Ⅰ. ①财… Ⅱ. ①陈… ②杨… Ⅲ. ①财务会计—高等职业教育—教材 Ⅳ. ①F234.4

中国版本图书馆 CIP 数据核字(2021)第 037438 号

责任编辑：梁媛媛
封面设计：刘孝琼
责任校对：周剑云
责任印制：丛怀宇

出版发行：清华大学出版社
    网　　址：http://www.tup.com.cn, http://www.wqbook.com
    地　　址：北京清华大学学研大厦 A 座　　邮　　编：100084
    社 总 机：010-83470000　　邮　　购：010-62786544
    投稿与读者服务：010-62776969, c-service@tup.tsinghua.edu.cn
    质量反馈：010-62772015, zhiliang@tup.tsinghua.edu.cn
    课件下载：http://www.tup.com.cn, 010-62791865

印 装 者：北京富博印刷有限公司
经　　销：全国新华书店
开　　本：185mm×260mm　　印 张：19　　字　　数：453 千字
版　　次：2013 年 2 月第 1 版　2021 年 3 月第 3 版　　印　次：2022 年 9 月第 2 次印刷
定　　价：58.00 元

产品编号：089843-01

第三版前言

本书是针对高职高专会计专业教学需要而编写的。全书以财政部最新发布的《企业会计准则》为指导,在全面总结高职高专财务会计教学实践经验的基础上,借鉴国内同类教材的先进经验,符合职业教育对会计专业人才的培养需要。本书与清华大学出版社同期出版的《财务会计技能训练(第3版)》配套使用,效果更佳。

本次修订主要变化是：①按照2017年修订的《企业会计准则》及其应用指南的最新要求重新编写项目五中的任务二(债权投资的核算)、任务三(其他债权投资和其他权益工具投资的核算)和项目十一中的任务一(收入的核算)。②按照《财政部关于修订印发2019年度一般企业财务报表格式的通知》(财会〔2019〕6号)规范的报表格式与项目名称改写了项目十二(财务会计报告的编制),对财务报表格式和财务报表项目的填列方法进行了修订。③对增值税等相关内容进行了修订,按照新的增值税税率改写了有关内容。

本书以项目为导向,按照任务驱动的模式编写,注重对学生综合技术应用能力的培养,强调对会计理论知识的理解、运用和实践,按照会计职业岗位的知识、能力要求,对学生必须掌握的知识技能、重点难点问题,配以大量的实务案例进行讲解和分析。全书共分为13个项目,内容包括：财务会计认知,货币资金的核算,应收及预付款项的核算,存货的核算,对外投资的核算,固定资产的核算,无形资产与其他长期资产的核算,流动负债的核算,非流动负债的核算,所有者权益的核算,收入、费用及利润的核算,财务会计报告的编制,特殊会计业务的处理。每个项目都包括知识目标、技能目标和项目小结。全书建议安排144学时,教师可根据本校实际情况进行适当的调整。

本书由福建农业职业技术学院的陈小英、杨承亮编写。具体的编写分工是：陈小英编写项目一、二、三、四、五、六、七、十、十三；杨承亮编写项目八、九、十一、十二。全书由陈小英负责最终的统稿、定稿。

本书在出版过程中得到了清华大学出版社的大力支持。另外,在编写过程中,我们还参阅了大量的财务会计教材,吸收、借鉴与引用了近年来高等职业教育的最新教改成果及有关资料,在此一并表示诚挚的谢意！

由于时间仓促,书中难免有不妥与疏漏之处,敬请读者批评指正,以便再版时修正、完善。

编　者

前言

本书是针对高职高专会计专业教学需要而编写的。全书以财政部最新发布的《企业会计准则》为指导，在全面总结高职高专财务会计教学实践经验的基础上，借鉴国内同类教材的先进经验，符合职业教育对会计专业人才的培养需要。本书与清华大学出版社同期出版的《财务会计技能训练》配套使用，效果更佳。

本书以项目为导向，按照任务驱动的模式编写，注重对学生综合技术应用能力的培养，强调对会计理论知识的理解、运用和实践，按照会计职业岗位的知识、能力要求，对学生必须掌握的知识技能、重点难点问题，配以大量的实务案例进行讲解和分析。全书共分为13个项目，内容包括：财务会计认知，货币资金的核算，应收及预付款项的核算，存货的核算，对外投资的核算，固定资产的核算，无形资产与其他长期资产的核算，流动负债的核算，非流动负债的核算，所有者权益的核算，收入、费用及利润的核算，财务会计报告的编制，特殊会计业务的处理。每个项目都包括知识目标、技能目标和项目小结。

本书由福建农业职业技术学院的陈小英担任主编，衡水职业技术学院于春燕、北京农业职业学院张晓红担任副主编。主编负责总体框架的设计、编写大纲的审定、各章初稿的修订和全书的总纂与定稿。参加编写的具体分工是：陈小英编写项目一、二、三、四、五、六、七、十、十三；于春燕编写项目十一、十二；张晓红编写项目八、九。

本书在出版过程中得到了清华大学出版社的大力支持。另外，在编写过程中，我们还参阅了大量的财务会计教材，吸收、借鉴与引用了近年来高等职业教育的最新教改成果及有关资料，在此一并表示诚挚的谢意！

由于时间仓促，书中难免有不妥与疏漏之处，敬请读者批评指正，以便再版时修正、完善。

编　者

目　　录

项目一　财务会计认知 ... 1
任务一　认知财务会计的前提条件和会计基础 ... 2
一、财务会计的定义 ... 2
二、财务会计的作用 ... 2
三、会计核算的基本前提 ... 3
四、会计基础 ... 5
任务二　认知会计信息质量要求 ... 6
一、可靠性 ... 6
二、相关性 ... 6
三、可理解性 ... 7
四、可比性 ... 7
五、实质重于形式 ... 8
六、重要性 ... 8
七、谨慎性 ... 8
八、及时性 ... 9
任务三　认知会计要素及会计计量 ... 9
一、会计要素 ... 9
二、会计计量 ... 14
项目小结 ... 15
微课视频资源 ... 15

项目二　货币资金的核算 ... 17
任务一　库存现金的核算 ... 18
一、库存现金管理的内容 ... 18
二、库存现金的具体核算 ... 19
任务二　银行存款的核算 ... 22
一、银行存款管理的内容 ... 22
二、银行存款的具体核算 ... 23
三、银行结算方式及其账务处理 ... 25
任务三　其他货币资金的核算 ... 30
一、外埠存款的核算 ... 31
二、银行汇票存款的核算 ... 31
三、银行本票存款的核算 ... 32
四、信用卡存款的核算 ... 33
五、信用证保证金存款的核算 ... 33
六、存出投资款的核算 ... 34
项目小结 ... 34
微课视频资源 ... 35

项目三　应收及预付款项的核算 ... 37
任务一　应收票据的核算 ... 38
一、应收票据概述 ... 38
二、应收票据的具体核算 ... 38
任务二　应收账款的核算 ... 42
一、应收账款概述 ... 42
二、应收账款的具体核算 ... 43
三、坏账及其核算 ... 44
任务三　预付账款及其他应收款的核算 ... 48
一、预付账款的核算 ... 48
二、其他应收款的核算 ... 49
项目小结 ... 50
微课视频资源 ... 51

项目四　存货的核算 ... 53
任务一　存货概述及原材料的核算 ... 54
一、存货的概念 ... 54
二、存货的确认 ... 54
三、存货的计量 ... 55
四、原材料的核算 ... 60
任务二　其他存货的核算 ... 66
一、库存商品的核算 ... 66
二、委托加工物资的核算 ... 67
三、周转材料的核算 ... 69
任务三　存货清查及存货期末计量的核算 ... 73
一、存货清查的核算 ... 73
二、存货期末计量的核算 ... 75
项目小结 ... 80
微课视频资源 ... 80

项目五 对外投资的核算 81

任务一 交易性金融资产的核算 82
一、交易性金融资产概述 82
二、交易性金融资产的具体核算 82

任务二 债权投资的核算 88
一、债权投资概述 88
二、债权投资的具体核算 88

任务三 其他债权投资和其他权益工具投资的核算 91
一、其他债权投资概述 91
二、其他权益工具投资概述 93

任务四 长期股权投资的核算 95
一、长期股权投资概述 95
二、长期股权投资的初始计量 95
三、长期股权投资的后续计量 99

项目小结 103
微课视频资源 104

项目六 固定资产的核算 105

任务一 固定资产增加的核算 106
一、固定资产的概念 106
二、固定资产的分类 107
三、固定资产的初始计量 108
四、固定资产取得的核算 109

任务二 固定资产折旧的核算 113
一、固定资产折旧的概念 113
二、固定资产折旧的范围 113
三、影响固定资产折旧的因素 113
四、固定资产折旧的方法 114

任务三 固定资产后续支出的核算 118
一、资本化的后续支出 118
二、费用化的后续支出 118

任务四 固定资产清查与减值的核算 119
一、固定资产清查的核算 119
二、固定资产减值的核算 120

任务五 固定资产处置的核算 122
一、固定资产终止确认的条件 122
二、固定资产处置的具体核算 122

项目小结 125
微课视频资源 126

项目七 无形资产与其他长期资产的核算 127

任务一 无形资产的核算 128
一、无形资产概述 128
二、无形资产的初始计量 130
三、无形资产的后续计量 133
四、无形资产的后续支出 135
五、无形资产的减值 135
六、无形资产的处置 136
七、无形资产的报废 137

任务二 其他长期资产的核算 138
一、其他长期资产的概念 138
二、其他长期资产的具体核算 138

项目小结 138
微课视频资源 139

项目八 流动负债的核算 141

任务一 短期借款的核算 142
一、短期借款的含义 142
二、短期借款利息费用的处理 142
三、短期借款的具体核算 142

任务二 应付票据的核算 143
一、应付票据的含义 143
二、应付票据的具体核算 144

任务三 应付账款的核算 145
一、应付账款的含义 145
二、应付账款的确认 145
三、应付账款的具体核算 145

任务四 预收账款的核算 147
一、预收账款的含义 147
二、预收账款的具体核算 147

任务五 应付职工薪酬的核算 148
一、职工薪酬的内容 148
二、应付职工薪酬的账户设置 149
三、短期薪酬的核算 149
四、设定提存计划的核算 154

任务六 应交税费的核算 155

一、应交税费概述..................155
　　二、应交增值税的核算..............155
　　三、应交消费税的核算..............160
　　四、其他应交税费的核算............162
任务七　其他流动负债的核算..............163
　　一、应付利息的核算................163
　　二、应付股利的核算................163
　　三、其他应付款的核算..............164
项目小结................................165
微课视频资源............................165

项目九　非流动负债的核算..............167

任务一　长期借款的核算..................168
　　一、长期借款概述..................168
　　二、借款费用的会计处理原则........168
　　三、长期借款的具体核算............168
任务二　应付债券的核算..................171
　　一、应付债券概述..................171
　　二、应付债券的具体核算............171
任务三　长期应付款的核算................173
　　一、长期应付款的核算内容..........173
　　二、长期应付款的具体核算..........174
项目小结................................175
微课视频资源............................175

项目十　所有者权益的核算..............177

任务一　实收资本的核算..................178
　　一、实收资本的概念................178
　　二、实收资本的具体核算............178
任务二　资本公积和其他综合收益的
　　　　核算..........................182
　　一、资本公积....................182
　　二、其他综合收益................184
任务三　留存收益的核算..................185
　　一、盈余公积....................185
　　二、未分配利润..................186
项目小结................................188
微课视频资源............................189

项目十一　收入、费用及利润的核算......191

任务一　收入的核算......................192
　　一、收入概述......................192
　　二、收入的确认和计量..............194
　　三、收入核算应设置的账户..........196
　　四、履行履约义务确认收入的账务
　　　　处理..........................197
　　五、合同成本......................203
任务二　费用的核算......................206
　　一、费用概述......................206
　　二、费用的账务处理................206
任务三　利润的核算......................209
　　一、利润的概念....................209
　　二、利润的构成....................209
　　三、营业外收支....................210
　　四、所得税费用....................212
　　五、本年利润......................214
项目小结................................215
微课视频资源............................216

项目十二　财务会计报告的编制..........217

任务一　编制资产负债表..................218
　　一、资产负债表概述................218
　　二、资产负债表的编制..............219
任务二　编制利润表......................229
　　一、利润表概述....................229
　　二、利润表的编制..................229
任务三　编制现金流量表..................232
　　一、现金流量表概述................232
　　二、现金流量表的编制..............235
任务四　编制所有者权益变动表............238
　　一、所有者权益变动表概述..........238
　　二、所有者权益变动表的编制........239
任务五　编制财务报表附注................241
　　一、财务报表附注的概念............241
　　二、附注披露的主要内容............241
项目小结................................242
微课视频资源............................242

项目十三　特殊会计业务的处理 243

任务一　投资性房地产的核算 244
一、投资性房地产概述 244
二、投资性房地产的确认和初始计量 246
三、投资性房地产的后续计量 250
四、投资性房地产的转换 253
五、投资性房地产的处置 257

任务二　非货币性资产交换的核算 259
一、非货币性资产交换的认定 259
二、非货币性资产交换的确认和计量 259
三、非货币性资产交换的会计处理 261

任务三　或有事项的核算 266
一、或有事项的概念与特征 266
二、或有负债和或有资产 267
三、或有事项的确认 268
四、预计负债的计量 268
五、或有事项的会计处理 270

任务四　会计政策、会计估计变更和差错更正 271
一、会计政策及其变更 271
二、会计估计及其变更 276
三、前期差错及其更正 278

任务五　资产负债表日后事项的核算 281
一、资产负债表日后事项的概念与内容 281
二、资产负债表日后调整事项的会计处理 283
三、资产负债表日后非调整事项的会计处理 286

任务六　外币交易的核算 287
一、记账本位币的定义 287
二、企业记账本位币的确定 287
三、记账本位币变更的会计处理 288
四、外币交易的核算程序 288
五、即期汇率的选择和即期汇率的近似汇率 289
六、外币交易的会计处理 289
七、外币财务报表折算 292

项目小结 293

微课视频资源 293

参考文献 294

项目一 财务会计认知

知识目标

- ◆ 掌握会计信息质量要求。
- ◆ 掌握会计计量属性及其应用原则。
- ◆ 掌握会计要素概念及其确认条件。

技能目标

- ◆ 掌握会计基本假设的内容。
- ◆ 能够根据会计要素的定义与特征,确认各种会计要素。

任务一　认知财务会计的前提条件和会计基础

一、财务会计的定义

财务会计是在传统会计基础上发展起来的,是现代企业会计的一个分支,也称对外报告会计。它以货币为主要计量单位,以《企业会计准则》为依据,对企业已发生的交易或事项进行全面、连续、系统、综合的核算和监督,运用确认、计量、记录和报告等程序,主要以通用财务报告的形式向与企业有利害关系的外部信息使用者提供反映企业的财务状况、经营成果及现金流量等方面的财务信息,以便信息使用者据此进行决策。

二、财务会计的作用

财务会计是现代企业中的一项重要的基础性工作,通过一系列会计程序,提供对决策有用的信息,并积极参与经营管理决策,提高企业经济效益,维护市场经济健康有序的发展。具体来说,财务会计在社会主义市场经济中的作用主要包括以下两个方面。

(一)财务会计有助于向财务报告使用者提供对决策有用的信息,提高企业的透明度,规范企业的行为

1. 会计信息的外部使用者

(1) 投资者。企业的投资者最关心的是公司的经营业绩。投资者是否投资或投资多少主要是根据企业向外提供财务报告的有关信息作出决策的。

(2) 债权人。企业的经营与发展离不开债权人提供的资金。要想获得债权人所提供的贷款,企业就必须具备到期偿还借款和利息的能力。只有债权人获得了这些信息,才愿意将资金贷给企业。

(3) 政府机关。政府机关需要会计信息的主要原因是为了对国家经济实行宏观管理。国家在制定或调整经济政策时,必须以经济信息作为依据,而这些信息需要通过企业来提供。

(4) 有关部门。企业的生产与经营活动不是孤立的,需要有不同的客户参与,如供应商、代理商等需要知悉合作企业的相关信息才能决定是否与之合作。此外,民间中介机构,如会计师事务所等也需要企业提供会计信息。

(5) 社会公众。顾客是社会公众的主要代表,而企业信誉、产品质量、产品价格、经营状况等信息是顾客决定是否购买该企业产品的主要因素。

2. 会计信息的内部使用者

如果企业会计信息仅仅对企业外部的会计信息使用者有用,那么财务会计就失去了存在的必要。会计不仅是"管家",也是"参谋",企业的生产与经营决策也离不开会计信息。会计信息的内部使用者主要包括企业管理层、工会和员工等。

(二)财务会计有助于考核企业管理层经济责任的履行情况

企业接受了包括国家在内的所有投资者和债权人的投资,就有责任按照其预定的发展目标和要求,合理利用资源,加强经营管理,提高经济效益,接受考核和评价。会计信息有助于评价企业的业绩,有助于考核企业管理层经济责任的履行情况。例如,对于作为企业所有者的投资者来说,他们为了了解企业当年度的经营活动成果和当年度的资产保值与增值情况,需要将利润表中的净利润与上一年度进行对比,以反映企业的盈利发展趋势;需要将其与同行业的进行对比,以反映企业在与同行业竞争时所处的位置,从而考核企业管理层经济责任的履行情况。

三、会计核算的基本前提

会计核算主要是通过计量、计算、记录与登记,提供有用的会计信息,这是整个会计工作的基础。

会计核算的基本前提也称会计基本假设,即会计假设,是对会计核算所处的时间、空间环境所做的合理设定。《企业会计准则》中所规定的各种程序和方法只能在满足会计核算基本前提的基础上才能进行选择使用。因此,会计人员在进行会计核算之前,必须对所处的经济环境是否符合会计核算的基本前提作出正确的判断。按照我国2006年修订的《企业会计准则——基本准则》的规定,我国企业会计核算的基本前提包括会计主体、持续经营、会计分期和货币计量四项。

(一)会计主体

会计主体是指企业会计确认、计量和报告的空间范围。为了向财务报告使用者反映企业的财务状况、经营成果和现金流量,提供对其决策有用的信息,会计核算和财务报告的编制应当集中于反映特定对象的活动,并与其他经济实体区别开来,才能实现财务报告的目标。

在会计主体的假设下,企业应当对其本身发生的交易或事项进行会计确认、计量和报告,反映企业本身所从事的各项生产经营活动。明确界定会计主体是开展会计确认、计量和报告工作的重要前提。

首先,只有明确会计主体才能划定会计所要处理的各项交易或事项的范围。在会计工作中,只有那些影响企业本身经济利益的各项交易或事项才能加以确认、计量和报告,而那些不影响企业本身经济利益的各项交易或事项则不能加以确认、计量和报告。会计工作中通常所讲的资产或负债的确认、收入的实现、费用的发生等,都是针对特定会计主体而言的。

其次,只有明确会计主体才能将会计主体的交易或事项与会计主体所有者的交易或事项以及其他会计主体的交易或事项区分开来。例如,企业所有者的经济交易或事项是属于企业所有者主体所发生的,不应纳入企业会计核算的范围。但是,企业所有者投入到企业的资本或者企业所有者的利润,则属于企业主体所发生的交易或事项,应当纳入企业会计核算的范围。

会计主体不同于法律主体。一般来说，法律主体必然是一个会计主体。例如，一个企业作为一个法律主体，应当建立财务会计系统，独立反映其财务状况、经营成果和现金流量。但是，会计主体不一定是法律主体。

【案例 1-1】

某母公司拥有 8 家子公司，母、子公司均属于不同的法律主体，但母公司对子公司拥有控制权。为了全面反映由母公司组成的企业集团整体的财务状况、经营成果和现金流量，就需要将企业集团作为一个会计主体，编制合并财务报表。

(二)持续经营

持续经营是指在可以预见的将来，企业将会按照当前的规模和状态继续经营下去，不会停业，也不会大规模削减业务。在持续经营的前提下，会计确认、计量和报告应当以企业持续、正常的生产经营活动为前提。

企业是否持续经营，在会计原则、会计方法的选择上有很大差别。一般情况下，应当假定企业将会按照当前的规模和状态继续经营下去。明确这个基本假设，就意味着会计主体将按照既定的用途使用资产，按照既定的合约条件清偿债务，会计人员就可以在此基础上选择会计原则和会计方法。如果判断企业持续经营，就可以假定企业的固定资产会在持续经营的生产过程中长期发挥作用，并服务于生产经营过程，固定资产就可以根据历史成本进行记录，并采用折旧的方法将历史成本分摊到各个会计期间或相关产品的成本中。如果假定企业不会持续经营，固定资产就不应该用历史成本进行记录并按期计提折旧。如果一个企业在不能持续经营时仍按持续经营的基本假设选择会计确认、计量和报告的原则与方法，就不能客观地反映企业的财务状况、经营成果和现金流量，从而误导会计信息使用者的经济决策。

【案例 1-2】

某企业购入一条生产线，预计使用寿命为 12 年，考虑到企业将会持续经营下去，因此可以假定企业的固定资产会在持续经营的生产经营过程中长期发挥作用，并服务于生产经营过程，即不断地为企业生产产品，直至生产线使用寿命结束。为此，固定资产就应当根据历史成本进行记录，并采用折旧的方法将历史成本分摊到预计使用寿命期间所生产的相关产品成本中。

(三)会计分期

会计分期是指将一个企业持续经营的生产经营活动划分为一个个连续的、长短相同的期间。会计分期的目的在于通过会计期间的划分，将持续经营的生产经营活动划分成连续的、长短相同的期间，据以结算盈亏，按期编制财务会计报告，从而及时向财务会计报告使用者提供有关企业的财务状况、经营成果和现金流量的信息。

根据持续经营假设，一个企业将按照当前的规模和状态持续经营下去。但是，无论是企业的生产经营决策还是投资者、债权人等的决策都需要及时的信息，都需要将企业持续的生产经营活动划分为一个个连续的、长短相同的期间，分期确认、计量和报告企业的财务状况、经营成果和现金流量。明确会计分期假设的意义重大，会计分期产生了当期与以前期间、以后期间的差别，使不同类型的会计主体有了记账的基准，进而出现了折旧、摊销等会计处理方法。

在会计分期假设下，企业应当划分会计期间，分期结算账目和编制财务会计报告。会计期间分为年度和中期，其中中期是指短于一个完整的会计年度的报告期间。

(四)货币计量

货币计量是指会计主体在财务会计确认、计量和报告时，以货币计量反映会计主体的生产经营活动。

在会计的确认、计量和报告过程中之所以选择货币为基础进行计量，是由货币的本身属性决定的。货币是商品的一般等价物，是衡量一般商品价值的共同尺度，具有价值尺度、流通手段、贮藏手段和支付手段等特点。其他计量单位，如重量、长度、容积、台、件等，只能从一个侧面反映企业的生产经营情况，无法在量上进行汇总和比较，不便于会计计量和经营管理，只有选择货币尺度进行计量，才能充分反映企业的生产经营情况，因此，《企业会计准则——基本准则》规定：会计确认、计量和报告选择货币作为计量单位。

我国《企业会计准则——外币折算》规定：企业通常应选择人民币作为记账本位币。业务收支以人民币以外的货币为主的企业，也可以选定某种外币作为记账本位币，但编制的财务报表应当折算为人民币反映。企业的记账本位币一经确定，不得随意变更，除非企业经营所处的主要经济环境发生重大变化。同时，在企业选择哪种货币作为记账本位币时，还应考虑币值的稳定因素，即一种价值变动频繁的货币不宜作为记账本位币。

同时，理解货币计量前提时，需要注意货币计量是会计核算的统一计量单位，但不是唯一计量单位。在进行明细分类核算时，会计核算也可以采用重量、长度、容积、台、件、小时等实物量单位和劳动量单位进行补充。

四、会计基础

《企业会计准则——基本准则》明确规定：企业应当以权责发生制为基础进行会计确认、计量和报告。按照这个基础，凡是当期已经实现的收入和已经发生或应当负担的费用，不论款项是否收付，都应当作为当期的收入和费用进行会计处理。反之，凡是不属于当期的收入和费用，即使款项已在当期收付，也不应当作为当期的收入和费用，而应将其计入所属的期间。

在实务中，企业交易或事项的发生时间与相关货币收支时间有时并不完全一致。例如，款项已经收到，但销售并未实现；或者款项已经支付，但并不是为本期生产经营活动而发生的。目前，我国的企业会计必须采用权责发生制计算损益。采用权责发生制，可以正确地反映各会计期间所实现的收入和为实现收入而应负担的费用，从而可以将各期的收入与其相关的费用、成本进行配比，正确地确定各期的财务成果。

收付实现制是与权责发生制相对应的一种会计基础，是以收到或支付的现金作为确认收入和费用等的依据。目前，在我国，政府会计由预算会计和财务会计构成。其中，预算会计采用收付实现制，国务院另有规定的，依照其规定；财务会计采用权责发生制。

任务二　认知会计信息质量要求

会计信息质量要求是对企业财务报告中所提供会计信息质量的基本要求，是使财务报告中所提供的会计信息对投资者等使用者决策有用所应具备的基本特征，包括可靠性、相关性、可理解性、可比性、实质重于形式、重要性、谨慎性和及时性等。

一、可靠性

可靠性要求企业应当以实际发生的交易或事项为依据进行确认、计量和报告，如实反映符合确认和计量要求的各项会计要素及其他相关信息，保证会计信息真实可靠、内容完整。

会计信息要有用，必须以可靠为基础，如果财务报告所提供的会计信息是不可靠的，就会对投资者等使用者的决策产生误导甚至造成损失。为了贯彻可靠性要求，企业应当做到以下三个方面。

(1) 以实际发生的交易或事项为依据进行确认、计量和报告，将符合会计要素定义及其确认条件的资产、负债、所有者权益、收入、费用和利润等如实地反映在财务报表中，不得根据虚构的、没有发生的或者尚未发生的交易或事项进行确认、计量和报告。

(2) 在符合重要性和成本效益原则的前提下，保证会计信息的完整性。其中包括：应当编报的报表及其附注内容等要保持完整；不能随意遗漏或者减少应予披露的信息；与使用者决策相关的有用信息都应当充分披露。

(3) 包括在财务报告中的会计信息应当是中立的、无偏的。如果企业在财务报告中为了达到事先设定的结果或效果，通过选择或列示有关会计信息以影响决策和判断的，这样的财务报告信息就不是中立的。

【案例1-3】

某公司于2020年年末发现公司的销售额萎缩，无法实现年初确定的销售收入目标，但考虑到在2021年春节前后，公司销售额可能会出现较大幅度的增长，为此公司提前预计库存商品销售额，在2020年年末制作了若干存货出库凭证，并确认销售收入实现。该公司的这种处理不是以其实际发生的交易或事项为依据，而是虚构了交易或事项，违背了会计信息质量要求的可靠性原则，也违背了我国《会计法》的规定。

二、相关性

相关性要求企业提供的会计信息应当与投资者等财务报告使用者的经济决策需要相关，有助于他们对企业过去、现在或未来的情况作出评价或预测。

会计信息是否有用、是否具有价值，关键是看其与使用者的决策需要是否相关，是否有助于决策或者提高决策水平。相关的会计信息应当能够有助于使用者评价企业过去的决策，证实或修正过去的有关预测，因而具有反馈价值。相关的会计信息还应当具有预测价值，有助于使用者根据财务报告所提供的会计信息预测企业未来的财务状况、经营成果和现金流量。例如，区分收入与利得、费用与损失，区分流动资产与非流动资产、流动负债与非流动负债以及适度引入公允价值等，都可以提高会计信息的预测价值，进而提升会计信息的相关性。

会计信息质量的相关性要求，企业在确认、计量和报告会计信息的过程中，需要充分考虑使用者的决策模式和信息需求。但是，相关性是以可靠性为基础的，两者之间并不矛盾，不应将两者对立起来。也就是说，会计信息在可靠性的前提下，尽可能做到相关性，以满足投资者等财务报告使用者的决策需要。

三、可理解性

可理解性要求企业提供的会计信息应当清晰明了，便于投资者等财务报告使用者理解和使用。

企业编制财务报告、提供会计信息的目的在于使用，而要使使用者有效使用会计信息，应当能让其了解会计信息的内涵，明白会计信息的内容，这就要求财务报告所提供的会计信息清晰明了、易于理解。只有这样，才能提高会计信息的有用性，实现财务报告的目标，满足向投资者等财务报告使用者提供对决策有用信息的要求。

会计信息毕竟是一种专业性较强的信息产品，在强调会计信息的可理解性要求的同时，还应假定使用者具有一定的有关企业经营活动和会计方面的知识，并且愿意付出努力去研究这些信息。对于某些复杂的信息，企业应当在财务报告中予以充分披露。例如，交易本身较为复杂或者会计处理较为复杂，但其与使用者的经济决策是相关的。

四、可比性

可比性要求企业提供的会计信息应当相互可比。这主要包括以下两层含义。

(一)同一企业不同时期可比

同一企业不同时期可比是为了便于投资者等财务报告使用者了解企业的财务状况、经营成果和现金流量的变化趋势，比较企业在不同时期的财务报告信息，全面、客观地评价过去，预测未来，从而作出决策。会计信息质量的可比性要求同一企业不同时期发生的相同或相似的交易或事项，应当采用一致的会计政策，不得随意变更。但是，满足会计信息可比性要求，并非表明企业不得变更会计政策，如果按照规定或者在会计政策变更后可以提供更可靠、更相关的会计信息，就可以变更会计政策。有关会计政策变更的情况，应当在附注中予以说明。

(二)不同企业相同会计期间可比

不同企业相同会计期间可比是为了便于投资者等财务报告使用者评价不同企业的财务状况、经营成果和现金流量及其变动情况。会计信息质量的可比性要求不同企业同一会计期间发生的相同或相似的交易或事项，应当采用规定的会计政策，确保会计信息口径一致、相互可比，以使不同企业按照一致的确认、计量和报告要求提供有关会计信息。

五、实质重于形式

实质重于形式要求企业应当按照交易或事项的经济实质进行会计确认、计量和报告，不应仅以交易或事项的法律形式为依据。

在多数情况下，企业发生的交易或事项，其经济实质和法律形式是一致的，但在有些情况下，是不一致的。例如，企业租入的资产(短期租赁和低值资产租赁除外)，虽然从法律形式来讲企业并不拥有其所有权，但是由于租赁合同中规定的租赁期相当长，往往接近于该资产的使用寿命；租赁期结束时承租企业有优先购买该资产的选择权，在租赁期内承租企业有权支配资产并从中受益等。从其经济实质来看，企业能够控制租入资产所创造的未来经济利益，在会计确认、计量和报告时就应当将租入的资产视为企业的资产，在企业的资产负债表中进行反映。

六、重要性

重要性要求企业提供的会计信息应当反映与企业的财务状况、经营成果和现金流量有关的所有重要交易或事项。

会计信息的重要性是指财务报告在全面反映企业的财务状况和经营成果的同时，应当区别经济事项的重要程度，从而采用不同的会计处理程序和方法。对于重要的会计事项，应单独核算、分项反映，保证其高准确度，并在会计报表中加以重点披露；而对于不重要的会计事项，则可以简化核算或合并披露。这也是从会计核算的成本效益原则考虑的。

在实务中，如果会计信息的省略或错报会影响投资者等财务报告使用者据此作出决策的，该信息就具有重要性。重要性的应用需要依赖职业判断，企业应当根据其所处环境和实际情况，从项目的性质和金额大小两方面加以判断。

七、谨慎性

谨慎性要求企业对交易或事项进行会计确认、计量和报告应当保持应有的谨慎，不应高估资产或收益、低估负债或费用。

在市场经济环境下，企业的生产经营活动面临着许多风险和不确定性，如应收款项的可收回性、固定资产的使用寿命、无形资产的使用寿命、售出存货可能发生的退货或返修等。会计信息质量的谨慎性要求，企业在面临不确定性因素的情况下需要作出职业判断时，应当保持应有的谨慎，充分估计到各种风险和损失，既不高估资产或收益，也不低估负债或费用。例如，要求企业对可能发生的资产减值损失计提资产减值准备、对售出商品可能发生的保修义务等确认预计负债等，就体现了会计信息质量的谨慎性。

谨慎性的应用也不允许企业设置秘密准备，如果企业故意低估资产或收益，或者故意高估负债或费用，将不符合会计信息的可靠性和相关性要求，损害会计信息质量，扭曲企业实际的财务状况和经营成果，从而对会计信息使用者的决策产生误导，这是会计准则所不允许的。

八、及时性

及时性要求企业对已经发生的交易或事项,应当及时进行确认、计量和报告,不得提前或延后。

会计信息的价值在于能帮助其使用者作出经济决策,因此具有时效性。即使是可靠的、相关的会计信息,如果不及时提供,就失去了时效性,对其使用者的效用也就大大降低了,甚至不再具有实际意义。在会计确认、计量和报告过程中贯彻及时性,一是要求及时收集会计信息,即在经济交易或事项发生后,及时收集整理各种原始单据或凭证;二是要求及时处理会计信息,即按照《企业会计准则》的规定,及时对经济交易或事项进行确认或计量,并编制出财务报告;三是要求及时传递会计信息,即按照国家规定的有关时限,及时将编制的财务报告传递给财务报告使用者,便于其及时使用和作出决策。

任务三 认知会计要素及会计计量

一、会计要素

会计要素是指按照交易或事项的经济特征所做的基本分类,分为反映企业财务状况(资产、负债、所有者权益)的会计要素和反映企业经营成果(收入、费用、利润)的会计要素。

(一)反映企业财务状况的会计要素及其确认

1. 资产

1) 资产的定义

资产是指企业过去的交易或事项形成的、由企业拥有或控制的、预期会给企业带来经济利益的资源。

2) 资产的特征

根据资产的定义,资产具有以下三个方面的特征。

(1) 资产预期会给企业带来经济利益。资产预期会给企业带来经济利益是指资产直接或间接导致现金或现金等价物流入企业的潜力。这种潜力可以来自企业日常的生产经营活动,也可以来自非日常生产经营活动;带来的经济利益可以是现金或现金等价物,也可以是能转化为现金或现金等价物的形式,或者是可以减少现金或现金等价物流出的形式。

资产预期能否会给企业带来经济利益是资产的重要特征。例如,企业采购的原材料、购置的固定资产等可以用于生产经营过程,制造商品或者提供劳务,对外出售后收回货款,货款即为企业所获得的经济利益。如果某一项目预期不能给企业带来经济利益,那么就不能将其确认为企业的资产。前期已经确认为资产的项目,如果不能再为企业带来经济利益,也不能再确认为企业的资产。

(2) 资产应为企业拥有或控制的资源。资产作为一项资源,应当由企业拥有或控制,具体是指企业享有某项资源的所有权或者虽然不享有某项资源的所有权,但该项资源能被企业所控制。

企业享有资产的所有权，通常表明企业能够排他性地从资产中获取经济利益。通常在判断资产是否存在时，所有权是需要考虑的首要因素。在某些情况下，资产虽然不为企业所拥有，即企业并不享有其所有权，但企业控制了这些资产，同样表明企业能够从资产中获取经济利益，符合会计上对资产的定义。如果企业既不拥有也不控制资产所能带来的经济利益，就不能将其作为企业的资产予以确认。

(3) 资产是由企业过去的交易或事项形成的。资产应当由企业过去的交易或事项形成，过去的交易或事项包括购买、生产、建造行为或者其他交易或事项。换句话说，只有过去的交易或事项才能产生资产，企业预期在未来发生的交易或事项不形成资产。例如，企业有购买某存货的意愿或计划，但是购买行为尚未发生，就不符合资产的定义，不能因此而确认存货资产。

3) 资产的确认条件

将一项资源确认为资产，需要符合资产的定义，还应同时满足以下两个条件。

(1) 与该资源有关的经济利益很可能流入企业。从资产的定义可以看到，能为企业带来经济利益是资产的一个本质特征，但在现实生活中，由于经济环境瞬息万变，与资源有关的经济利益能否流入企业或者能够流入多少，实际上带有不确定性。因此，资产的确认还应与经济利益流入企业的不确定性程度的判断结合起来。

如果根据编制财务报表时所取得的证据，与资源有关的经济利益很可能流入企业，那么就应当将其作为资产予以确认；反之，则不能确认为资产。例如，甲企业赊销一批商品给乙客户，形成了对该客户的应收账款，由于甲企业最终收到款项与销售实现之间有时间差，而且收款又在未来期间，因此带有一定的不确定性。如果甲企业在销售时判断未来很可能收到款项或者能够确定收到款项，甲企业就应当在销售实现时将该应收账款确认为一项资产。对于所形成的应收账款，如果甲企业判断很可能部分或全部无法收回，则表明该部分或全部应收账款已经不符合资产的确认条件，甲企业应当对该应收账款计提坏账准备，减少资产的价值。

(2) 该资源的成本或价值能够可靠地计量。只有当有关资源的成本或者价值能够可靠地计量时，资产才能予以确认。在实务中，企业取得的许多资产都需要付出成本。例如，企业购买或者生产的商品，企业购置的厂房或者设备等，对于这些资产，只有实际发生的成本或者生产成本能够可靠地计量，才符合资产确认的可计量性条件。

符合资产定义和资产确认条件的项目，应当列入资产负债表；符合资产定义，但不符合确认条件的项目，不应当列入资产负债表。例如，甲企业为一家高科技企业，于2020年度发生研究支出5 000万元。该研究支出尽管能够可靠地计量，但是很难判断其能否为企业带来经济利益，或者有关经济利益能否流入企业有很大的不确定性，因此不能将其作为资产予以确认。

2. 负债

1) 负债的定义

负债是指企业过去的交易或事项形成的、预期会导致经济利益流出企业的现时义务。

2) 负债的特征

根据负债的定义，负债具有以下三个方面的特征。

(1) 负债是企业承担的现时义务。这是负债的一个基本特征。其中,现时义务是指企业在现行条件下已承担的义务,未来发生的交易或事项形成的义务不属于现时义务,不应当确认为负债。

【案例1-4】

甲企业购买原材料,形成应付账款1 000万元;从银行贷入款项,形成借款10万元。按照税法规定应当缴纳的税款为100万元,这些均属于企业承担的义务,需要依法予以偿还,因此应当将其确认为一项负债。

(2) 负债预期会导致经济利益流出企业。这也是负债的一个本质特征。只有企业在履行义务时会导致经济利益流出企业的,才符合负债的定义;如果不会导致经济利益流出企业,就不符合负债的定义。在履行现时义务清偿负债时,导致经济利益流出企业的形式多种多样。例如,用现金形式偿还或以实物资产形式偿还,以提供劳务形式偿还,以部分转移资产、部分提供劳务形式偿还,将负债转为资本等。

(3) 负债是由企业过去的交易或事项形成的。也就是说,只有过去的交易或事项才能形成负债,企业在未来发生的承诺、签订的合同等交易或事项,不能形成负债。

【案例1-5】

某企业从银行借款500万元,即属于过去的交易或事项所形成的负债。企业同时还与银行达成了两个月后借入100万元的借款意向书,该交易不属于过去的交易或事项,因此不应形成企业的负债。

3) 负债的确认条件

将一项现时义务确认为负债,需要符合负债的定义,还需要同时满足以下两个条件。

(1) 与该义务有关的经济利益很可能流出企业。从负债的定义可以看出,预期会导致经济利益流出企业是负债的一个本质特征。在实务中,履行义务所需流出的经济利益带有不确定性。因此,负债的确认应当与经济利益流出的不确定性程度的判断结合起来,如果有确凿的证据证明,与现时义务有关的经济利益很可能流出企业,就应当将其作为负债予以确认;反之,如果企业承担了现时义务,但是会导致企业经济利益流出的可能性很小,就不符合负债的确认条件,不应将其作为负债予以确认。

(2) 未来流出的经济利益的金额能够可靠地计量。

3. 所有者权益

1) 所有者权益的定义

所有者权益是指企业资产扣除负债后,由所有者享有的剩余权益。公司的所有者权益又称为股东权益。所有者权益是所有者对企业资产的剩余索取权,是企业资产中扣除债权人权益后应由所有者享有的部分。

2) 所有者权益的来源构成

所有者权益的来源包括所有者投入的资本、直接计入所有者权益的利得和损失(其他综合收益)、留存收益等,通常由股本(或实收资本)、资本公积(含股本溢价或资本溢价、其他资本公积)、其他综合收益、盈余公积和未分配利润等构成。

所有者投入的资本既包括构成企业注册资本或股本部分的金额，也包括投入资本超过注册资本或股本部分的金额，即资本溢价或股本溢价，这部分投入资本在我国企业会计准则体系中被计入资本公积，并在资产负债表中的"资本公积"项目下反映。

直接计入所有者权益的利得和损失，是指不应计入当期损益的、会导致所有者权益发生增减变动的、与所有者投入资本或者向所有者分配利润无关的利得或损失。其中，利得是指由企业非日常活动所形成的、会导致所有者权益增加的、与所有者投入资本无关的经济利益的流入。损失是指由企业非日常活动所发生的、会导致所有者权益减少的、与向所有者分配利润无关的经济利益的流出。直接计入所有者权益的利得和损失主要包括其他权益工具投资的公允价值变动额、现金流量套期中套期工具公允价值变动额(有效套期部分)等。

留存收益是企业历年实现的净利润留存于企业的部分，主要包括累计计提的盈余公积和未分配利润。

3) 所有者权益的确认条件

所有者权益体现的是所有者在企业中的剩余权益，因此所有者权益的确认主要依赖于其他会计要素，尤其是资产和负债的确认。所有者权益金额的确定也主要取决于资产和负债的计量。例如，企业接受投资者投入的资产，当该资产符合企业资产的确认条件时，就相应地符合了所有者权益的确认条件；当该资产的价值能够可靠地计量时，所有者权益的金额也就可以确定了。

(二)反映企业经营成果的会计要素及其确认

1. 收入

1) 收入的定义

收入是指企业在日常活动中形成的、会导致所有者权益增加的、与所有者投入资本无关的经济利益的总流入。

2) 收入的特征

根据收入的定义，收入具有以下三个方面的特征。

(1) 收入是企业在日常活动中形成的。日常活动是指企业为完成其经营目标所从事的经常性活动以及与之相关的活动。例如，工业企业制造并销售产品、商业企业销售商品、保险公司签发保单、咨询公司提供咨询服务、软件企业为客户开发软件、安装公司提供安装服务、商业银行对外贷款、租赁公司出租资产等，均属于企业的日常活动。明确界定日常活动是为了将收入与利得相区分，因为企业非日常活动所形成的经济利益的流入不能确认为收入，而应当计入利得。

(2) 收入应当会导致经济利益的流入，该流入不包括所有者投入的资本。

(3) 收入最终导致所有者权益的增加，但是导致所有者权益增加的并不都是收入，如投资者投入的资本。

3) 收入的确认条件

当企业与客户之间的合同同时满足下列条件时，企业应当在客户取得相关商品控制权时确认收入：①合同各方已批准该合同并承诺将履行各自义务；②该合同明确了合同各方与所转让商品或提供劳务相关的权利和义务；③该合同有明确的与所转让商品或提供劳务相关的支付条款;④该合同具有商业实质,即履行该合同将改变企业未来现金流量的风险、时间分布或金额;⑤企业因向客户转让商品或提供劳务而有权取得的对价很可能被收回。

2. 费用

1) 费用的定义

费用是指企业在日常活动中发生的、会导致所有者权益减少的、与向所有者分配利润无关的经济利益的总流出。

2) 费用的特征

根据费用的定义,费用具有以下三个方面的特征。

(1) 费用是企业在日常活动中形成的。费用必须是企业在其日常活动中所形成的,这些日常活动的界定与收入定义中涉及的日常活动的界定相一致。日常活动所产生的费用通常包括销售成本(营业成本)、职工薪酬、折旧费、无形资产摊销费等。将费用界定为在日常活动中形成的,目的是将其与损失相区分,因为企业非日常活动所形成的经济利益的流出不能确认为费用,而应计入损失。

(2) 费用是与向所有者分配利润无关的经济利益的总流出。费用的发生应当会导致经济利益的流出,从而导致资产的减少或者负债的增加(负债的增加最终也会导致资产的减少)。其表现形式包括现金或现金等价物的流出,存货、固定资产和无形资产等的流出或消耗等。鉴于企业向所有者分配利润时也会导致经济利益的流出,而该经济利益的流出显然属于所有者权益的抵减项目,不应确认为费用,故应当将其排除在费用的定义之外。

(3) 费用会导致所有者权益的减少。与费用相关的经济利益的流出应当会导致所有者权益的减少,不会导致所有者权益减少的经济利益的流出不符合费用的定义,故不应当确认为费用。

【案例 1-6】

某企业用银行存款偿还了一笔应付账款 500 万元,该偿付行为尽管导致企业经济利益流出 500 万元,但是该流出没有导致企业所有者权益的减少,而是使企业负债(应付账款)减少了,因此不应将该经济利益的流出作为费用予以确认。

3) 费用的确认条件

费用的确认除了应当符合费用的定义外,还应当满足严格的确认条件,即费用只有在经济利益很可能流出,从而导致企业资产的减少或者负债的增加,且经济利益的流出额能够可靠地计量时,才能予以确认。因此,费用的确认至少应当同时满足以下三个条件。

(1) 与费用相关的经济利益应当很可能流出企业。
(2) 经济利益流出企业的结果会导致企业资产的减少或者负债的增加。
(3) 经济利益的流出额能够可靠地计量。

3. 利润

1) 利润的定义

利润是指企业在一定会计期间的经营成果。通常情况下,如果企业实现了利润,表明企业的所有者权益将增加,业绩会提升;反之,如果企业发生了亏损(利润为负数),表明企业的所有者权益将减少,业绩会下滑。因此,利润往往是评价企业管理层业绩的一项重要指标，也是投资者等财务报告使用者进行决策时的重要参考指标。

2) 利润的来源构成

利润的来源包括收入减去费用后的净额、直接计入当期利润的利得和损失等。其中，收入减去费用后的净额反映的是企业日常活动的业绩。直接计入当期利润的利得和损失反映的是企业非日常活动的业绩。直接计入当期利润的利得和损失，是指应当计入当期损益的、最终会引起所有者权益发生增减变动的、与所有者投入资本或者向所有者分配利润无关的利得或损失。企业应当严格区分收入与利得、费用与损失之间的区别，以更加全面地反映企业的经营业绩。

3) 利润的确认条件

利润反映的是收入减去费用、利得减去损失后的净额，因此利润的确认主要依赖于收入和费用以及利得和损失的确认。其金额的确定也主要取决于收入、费用、利得和损失的金额的计量。

二、会计计量

(一)会计计量属性及其构成

会计计量是指为了将符合确认条件的会计要素登记入账并列报于财务报表而确定其金额的过程。企业应当按照规定的会计计量属性进行计量，确定相关金额。会计计量属性包括以下五个方面。

1．历史成本

历史成本又称实际成本，是指取得或制造某项财产物资时实际所支付的现金或现金等价物。在历史成本计量下，资产按照购置时支付的现金或现金等价物的金额，或者按照购置资产时所付出的对价的公允价值计量；负债按照其因承担现时义务而实际收到的款项或资产的金额，或者承担现时义务的合同金额，或者按照日常活动中为偿还负债预期需要支付的现金或现金等价物的金额计量。

2．重置成本

重置成本又称现行成本，是指按照当前市场条件，重新取得同样一项资产所需支付的现金或现金等价物的金额。在重置成本计量下，资产按照现在购买相同或相似资产所需支付的现金或现金等价物的金额计量；负债按照现在偿付该项债务所需支付的现金或现金等价物的金额计量。

3．可变现净值

可变现净值是指在正常生产经营过程中，以预计售价减去进一步加工成本和销售所必需的预计税金、费用后的净值。在可变现净值计量下，资产按照其正常对外销售所能收到的现金或现金等价物的金额扣减该资产至完工时估计将要发生的成本、估计的销售费用以及相关税金后的金额计量。

4．现值

现值是指对未来的现金流量以恰当的折现率进行折现后的价值，是考虑货币时间价值因素等的一种计量属性。在现值计量下,资产按照预计从其持续使用和最终处置中所产生的未来净现金流入量的折现金额计量;负债按照预计期限内需要偿还的未来净现金流出量的折现金额计量。

5. 公允价值

公允价值是指市场参与者在计量日发生的有序交易中,出售一项资产所能收到或者转移一项负债所需支付的价格。

(二)会计计量属性的应用原则

企业在对会计要素进行计量时,一般应当采用历史成本。在某些特殊情况下,如果采用历史成本计量属性不能达到会计信息质量要求时,可以采用重置成本、可变现净值、现值、公允价值计量,但是应当保证所确定的会计要素金额能够取得并可靠计量。

项 目 小 结

财务会计是现代企业会计的一个分支,也称对外报告会计。它以货币为主要计量单位,以《企业会计准则》为依据,对企业已发生的交易或事项进行全面、连续、系统、综合的核算和监督,运用确认、计量、记录和报告等程序,主要以通用财务报告的形式向与企业有利害关系的外部信息使用者提供反映企业的财务状况、经营成果及现金流量等方面的财务信息,以便信息使用者据此进行决策。

财务会计的作用:①财务会计有助于向财务报告使用者提供对决策有用的信息,提高企业的透明度,规范企业的行为;②财务会计有助于考核企业管理层经济责任的履行情况。

财务会计的基本前提包括会计主体、持续经营、会计分期和货币计量四项。

会计信息质量要求主要包括可靠性、相关性、可理解性、可比性、实质重于形式、重要性、谨慎性和及时性等。

会计要素可分为两类六种,即反映企业财务状况的会计要素——资产、负债、所有者权益;反映企业经营成果的会计要素——收入、费用、利润。

会计计量是指为了将符合确认条件的会计要素登记入账并列报于财务报表而确定其金额的过程。会计计量属性包括历史成本、重置成本、可变现净值、现值和公允价值。

微课视频资源

财务会计认知.mp4

项目二 货币资金的核算

知识目标

- 理解现金和银行存款管理的相关规定。
- 掌握各种银行转账结算方式的程序及核算。
- 掌握库存现金清查核算、银行存款清查核对的方法。

技能目标

- 熟练掌握对现金、银行存款和其他货币资金业务进行账务处理。
- 熟练掌握银行存款余额调节表的编制。
- 会填列有关银行支付结算的凭证,并能办理各种银行转账结算。

任务一　库存现金的核算

一、库存现金管理的内容

库存现金是指存放在企业并由出纳人员保管的现钞，包括库存的人民币和各种外币。现金是流动性最强的一种货币资金，它可以随时用于购买所需物资、支付日常零星开支、偿还债务等。企业必须加强对现金的管理，严格遵守国家有关现金管理制度，保证现金使用的合法性和合理性。

国务院颁布的《现金管理暂行条例》规定了现金管理的内容，主要包括以下三个方面。

(一)现金的使用范围

企业在经济往来的结算业务中，直接用现金收付的叫现金结算。企业可以在以下范围内使用现金结算。

(1) 职工工资、津贴。
(2) 个人劳务报酬。
(3) 根据国家规定颁发给个人的科学技术、文化艺术、体育比赛等各种奖金。
(4) 各种劳保、福利费用以及国家规定的对个人的其他支出。
(5) 向个人收购农副产品和其他物资的价款。
(6) 出差人员必须随身携带的差旅费。
(7) 结算起点(1 000 元)以下的零星支出。
(8) 中国人民银行确定需要支付现金的其他支出。

凡是超出上述范围的一切经济往来，即不属于现金结算范围的，企业都应通过开户银行进行转账结算。

(二)库存现金限额

企业的库存现金限额由其开户银行根据实际需要核定，一般为企业 3～5 日的日常零星开支需要量。边远地区和交通不便地区的企业的库存现金限额为，可以多于 5 日、但最多不得超过 15 日的日常零星开支。企业必须严格遵守核定的库存现金限额，超过限额的现金必须及时送存银行；库存现金低于限额时，可以签发现金支票从银行提取现金，以补足限额。若开户单位需要增加或减少库存现金限额，应按必要手续向开户银行提出申请。

(三)现金日常收支管理

企业办理现金收支业务时，应当遵守以下规定。

(1) 企业现金收入应于当日送存开户银行，如当日送存确有困难的，由开户银行确定送存时间。
(2) 企业支付现金时，可以从本单位的库存现金限额中支付或者从开户银行提取，不得从本单位的现金收入中直接支付(即坐支)。因特殊情况需要坐支现金的，应当事先报经开户银行审查批准,由开户银行核定坐支范围和限额。企业应当定期向开户银行报送坐支金额及其使用情况。

(3) 企业从开户银行提取现金时,应当在取款凭证上写明具体用途,由本单位财会部门负责人签字盖章,交开户银行审核后予以支付。

(4) 企业因采购地点不固定、交通不便、生产或市场急需、抢险救灾以及其他特殊情况必须使用现金的,应当向开户银行提出申请,由本单位财会部门负责人签字盖章,经开户银行审核批准后予以支付。

二、库存现金的具体核算

(一)库存现金的总分类核算

为了总括地反映企业库存现金的收入、支出及结存情况,企业应设置"库存现金"账户。该账户属于资产类账户,其借方登记库存现金的增加数,贷方登记库存现金的减少数,期末余额在借方,反映企业实际持有的库存现金的金额。

现金总分类账由负责总账的财会人员进行总分类核算,可以根据现金收付款凭证和银行存款付款凭证直接登记。如果企业日常现金收支量较大,为了简化核算工作,可以根据实际情况,采用科目汇总表或汇总记账凭证的核算形式。根据科目汇总表或汇总记账凭证可以定期或月终登记。

企业收入现金时,借记"库存现金"账户,贷记相关账户。企业支出现金时,借记相关账户,贷记"库存现金"账户。

【案例2-1】

某企业销售商品,货款7 000元,增值税税额910元,共计收入现金7 910元。应根据增值税专用发票记账联填制收款凭证,并编制会计分录如下。

借:库存现金　　　　　　　　　　　　　　　　　　　　　　　7 910
　　贷:主营业务收入　　　　　　　　　　　　　　　　　　　　7 000
　　　　应交税费——应交增值税(销项税额)　　　　　　　　　　910

【案例2-2】

某企业用现金购买办公用品,取得增值税普通发票所列含税价款共计180元。根据增值税普通发票填制付款凭证,并编制会计分录如下。

借:管理费用　　　　　　　　　　　　　　　　　　　　　　　180
　　贷:库存现金　　　　　　　　　　　　　　　　　　　　　　180

(二)库存现金的明细分类核算

为了加强对现金的管理,随时掌握现金收付的动态和库存余额,保证现金的安全,企业必须设置现金日记账。现金日记账的格式一般采用三栏式,由出纳人员根据审核无误的现金收付款凭证和银行存款付款凭证直接登记。按照现金业务发生的先后顺序,逐日逐笔登记,每日终了,应计算全天的现金收入合计数、现金支出合计数和现金结余数,并将结余数与实际库存数进行核对,做到账款相符。如发现账款不符,应及时查明原因并进行处理。月份终了,现金日记账的余额应与库存现金的总账余额核对相符。

有外币现金的企业,应当分别按人民币和外币设置现金日记账,进行明细核算。

(三)库存现金清查的核算

库存现金清查是指对库存现金的盘点与核对,包括出纳人员每日终了前进行的现金账款核对和清查小组进行的定期或不定期的现金盘点与核对。现金清查一般采用实地盘点法。清查小组清查时,出纳人员必须在场。清查的内容主要是:检查是否存在挪用现金、白条抵库、超限额留存现金以及账款是否相符等。对于现金清查的结果,应编制现金盘点报告表。如发现账款不符,按管理权限报经批准后,分情况予以处理。

1. 现金短缺

现金清查结果如为现金短缺,则按实际短缺的金额,借记"待处理财产损溢——待处理流动资产损溢"账户,贷记"库存现金"账户。查明原因报经批准后,分不同情况进行处理。

(1) 属于应由责任人或保险公司赔偿的部分,计入"其他应收款"账户。

(2) 属于无法查明原因的部分,计入"管理费用"账户。

【案例2-3】

企业现金清查时发现账款不符,现金短缺150元,则编制会计分录如下。

借:待处理财产损溢——待处理流动资产损溢　　　　150
　　贷:库存现金　　　　　　　　　　　　　　　　　　　150

经查,其中100元属于出纳员陈灵工作失误造成,责令其赔款;另外50元原因不明,批准予以转销。查明原因报经批准后,作如下账务处理。

借:其他应收款——陈灵　　　　　　　　　　　　　100
　　管理费用　　　　　　　　　　　　　　　　　　　50
　　贷:待处理财产损溢——待处理流动资产损溢　　　　150

2. 现金溢余

现金清查结果如为现金溢余,则按溢余的金额,借记"库存现金"账户,贷记"待处理财产损溢——待处理流动资产损溢"账户。查明原因报经批准后,分不同情况进行处理。

(1) 属于应支付给有关人员或单位的部分,借记"待处理财产损溢——待处理流动资产损溢"账户,贷记"其他应付款"或"库存现金"账户。

(2) 属于无法查明原因的部分,计入"营业外收入"账户。

【案例2-4】

企业在现金突击检查中发现现金溢余200元,根据清查结果编制会计分录如下。

借:库存现金　　　　　　　　　　　　　　　　　　　200
　　贷:待处理财产损溢——待处理流动资产损溢　　　　200

经查，发现出纳员在支付工资时，少支付给员工许琳100元，其余100元不能查明原因。报经批准后，作如下账务处理。

借：待处理财产损溢——待处理流动资产损溢　　　　　　　　　　200
　　贷：其他应付款——许琳　　　　　　　　　　　　　　　　　　　100
　　　　营业外收入　　　　　　　　　　　　　　　　　　　　　　　100

(四)定额备用金的核算

采用定额备用金制度的企业，一般应事先由会计部门根据实际需要提出一笔金额固定的备用金。备用金采用先领后用、用后报销的办法，即由财会部门根据企业内部各部门或职工日常零星开支的需要，预先付给一定数额的现金，这些职工或部门支出以后凭单据向财会部门报销，以补足备用金，达到规定的固定金额。收回备用金时再结清。单独设置"其他应收款——备用金"账户的企业，由企业财会部门单独拨给企业内部各部门周转使用的备用金，借记"其他应收款——备用金"账户，贷记"库存现金"账户或"银行存款"账户。从备用金中支付零星支出，应根据有关的备用金报销清单，定期补足备用金，借记"管理费用"账户，贷记"库存现金"账户或"银行存款"账户。除了增加或减少拨入的备用金外，使用或报销有关备用金支出时不再通过"其他应收款——备用金"账户核算。

【案例2-5】

某企业后勤部经常发生零星支出。2020年2月初，经领导批准，财会部门决定在该部门设立备用金，核定其定额为3 000元，并由后勤部李丽具体保管。该企业的账务处理如下。

① 2月1日，财会部门开出金额为3 000元的现金支票一张，交给后勤部设立备用金。

借：其他应收款——备用金(后勤部)　　　　　　　　　　　　　3 000
　　贷：银行存款　　　　　　　　　　　　　　　　　　　　　　3 000

② 2月15日，李丽持有关票据来财会部门报账，具体支出为：文具费150元，差旅费100元，报纸杂志费500元，招待费350元。出纳员以现金支付，补足其备用金。

借：管理费用　　　　　　　　　　　　　　　　　　　　　　　1 100
　　贷：库存现金　　　　　　　　　　　　　　　　　　　　　　1 100

③ 5月31日，经过几个月的试行，发现后勤部的备用金定额过低，经批准，将其增加到4 000元。出纳员以现金支付差额1 000元。

借：其他应收款——备用金(后勤部)　　　　　　　　　　　　　1 000
　　贷：库存现金　　　　　　　　　　　　　　　　　　　　　　1 000

④ 12月31日，由于后勤部的一些职能归并到经理办公室，后勤部的备用金没有继续设置的必要。李丽最后一次报销各项费用2 628元，并交回剩余款项。

借：管理费用　　　　　　　　　　　　　　　　　　　　　　　2 628
　　库存现金　　　　　　　　　　　　　　　　　　　　　　　1 372
　　贷：其他应收款——备用金(后勤部)　　　　　　　　　　　4 000

在领用备用金的单位或职工较多、备用金总额较大的企业，可以专设"备用金"账户进行总分类核算。"备用金"账户是资产类账户，其借方登记备用金的领用数，贷方登记备用金的核销数。备用金经管人员一般应设置备用金登记簿，用于记录各项零星开支。

任务二　银行存款的核算

一、银行存款管理的内容

银行存款就是企业存放在银行或其他金融机构的货币资金。按国家有关规定，凡是独立核算的单位都必须在当地银行开设账户。企业在银行开设账户以后，除了按核定的限额保留库存现金外，超过限额的必须存入银行；除了在规定的范围内可以用现金直接支付的款项外，在经营过程中所发生的一切货币收支业务，都必须通过银行存款账户进行结算。

一般企业的银行存款是指人民币存款，而对于涉外企业，如外商投资企业、外贸企业等，由于不仅有人民币的收支业务，还有各种外币收支业务，因而其存款不仅有人民币存款，往往还有各种外币存款，如美元存款、日元存款等。

银行存款的管理制度主要包括银行存款开户的有关规定、银行结算的纪律和原则。

(一)银行存款开户的有关规定

按照我国现金管理和结算制度的规定，凡独立核算的企业都必须在当地银行开立账户，用来办理货币资金的存取及各种收支的转账结算业务。银行存款账户分为四类：基本存款账户、一般存款账户、临时存款账户和专用存款账户。

(1) 基本存款账户是存款人办理日常转账结算和现金收付的账户。存款人的工资、奖金等现金的支取，只能通过本账户办理。存款人只能在一家银行的一个营业机构开立一个基本存款账户。

(2) 一般存款账户是存款人在基本存款账户以外的银行借款转存、与基本存款账户的存款人不在同一地点的附属非独立核算单位开立的账户。存款人可以通过本账户办理转账结算和现金缴存，但不能办理现金支取。

(3) 临时存款账户是存款人因临时经营活动需要开立的账户。存款人可以通过本账户办理转账结算，也可按规定办理现金收付。例如，企业在外地设临时机构可以申请开立该账户。

(4) 专用存款账户是存款人因特定用途需要开立的账户，如基本建设项目专项资金、更新改造资金等。

存款人的账户只能办理存款人本身的业务活动，不得出租和转让账户，不得公款私存。有外币收付的企业，应开立有关外币存款账户，与人民币存款分别管理与核算。

企业在银行开立账户后，可到开户银行购买各种银行往来使用的凭证(如送款单、进账单、现金支票、转账支票等)，用以办理银行存款的收付。

(二)银行结算的纪律和原则

1. 银行结算的纪律

银行结算的纪律要求：单位和个人办理支付结算，不准签发没有资金保证的票据或远期支票，套取银行信用；不准签发、取得和转让没有真实交易和债权债务的票据，套取银行和他人的资金；不准无理拒绝付款，任意占用他人资金；不准违反规定开立和使用账户。

2. 银行结算的原则

银行结算的原则规定：单位或个人要恪守信用，履约付款；谁的钱进谁的账，由谁支配；银行不垫款。结算行为中的各方对其各种违法行为应承担相应的责任，包括民事责任、行政责任乃至刑事责任。

二、银行存款的具体核算

(一)银行存款的总分类核算

为了总括地反映企业银行存款收入、支出和结存情况，企业应设置"银行存款"账户。该账户属于资产类账户，其借方登记企业银行存款的增加数，贷方登记企业银行存款的减少数，期末余额在借方，反映企业银行存款的结余额。企业在银行的其他存款，如外埠存款、银行本票存款、银行汇票存款、信用卡存款、信用证存款等，在"其他货币资金"账户核算，不通过"银行存款"账户核算。银行存款总分类账可以根据银行存款的收付款凭证和现金付款凭证直接登记，也可以根据实际情况，采用科目汇总表或汇总记账凭证的核算形式，根据科目汇总表或汇总记账凭证定期或月终登记，还可以根据多栏式银行存款日记账汇总登记。"银行存款"总分类账与"库存现金"总分类账一样，应由不从事出纳工作的会计人员负责登记。企业收入银行存款时，借记"银行存款"账户，贷记相关账户；企业提取现金和支出银行存款时，借记"库存现金"账户和相关账户，贷记"银行存款"账户。

【案例2-6】

某企业2020年6月发生了如下银行存款业务，请分别进行账务处理。

① 将现金30 000元存入银行。

借：银行存款　　　　　　　　　　　　　　　　　　　　30 000
　　贷：库存现金　　　　　　　　　　　　　　　　　　　　30 000

② 销售商品，货款10 000元，增值税税额1 300元，共计11 300元，收到转账支票一张。

借：银行存款　　　　　　　　　　　　　　　　　　　　11 300
　　贷：主营业务收入　　　　　　　　　　　　　　　　　　10 000
　　　　应交税费——应交增值税(销项税额)　　　　　　　　 1 300

③ 开出转账支票一张，支付当月的电话费1 850元。

借：管理费用　　　　　　　　　　　　　　　　　　　　 1 850
　　贷：银行存款　　　　　　　　　　　　　　　　　　　　 1 850

(二)银行存款的明细分类核算

企业应设置银行存款日记账，进行银行存款的明细分类核算。银行存款日记账由出纳人员根据审核无误的收付款凭证，按照业务发生的先后顺序逐笔登记，每日终了时应结出余额。银行存款日记账应当按银行和其他金融机构、存款种类等开设，对于有外币存款的还应按不同币种和开户银行分别设置日记账。

银行存款日记账应定期与银行对账单核对。每到月末，将银行存款日记账的余额与银行存款总账的余额核对，做到账账相符。

(三)银行存款的核对

为了保证银行存款的安全与完整以及核算的正确性，出纳人员应定期对银行存款进行核对。银行存款的核对包括三个方面：一是银行存款日记账与银行存款收付款凭证及现金付款凭证核对，做到账证相符；二是银行存款日记账与银行存款总账相互核对，做到账账相符；三是银行存款日记账与银行转来的对账单逐日逐笔核对(每月至少核对一次)，保证账实相符。若不相符，其原因主要有以下两种。

(1) 企业或银行记账发生错误。例如，借贷方记错、金额错误、账目漏记和重记等。对于记账错误，属于企业发生的错误，应及时予以更正；属于银行发生的错误，应立即通知银行核查更正。

(2) 存在未达账项。所谓未达账项，是指银行与企业之间，由于结算凭证传递上的时间差，导致一方已入账而另一方尚未入账的款项。未达账项主要有以下四种情况。

① 银行已经收款入账，而企业尚未收到有关凭证，尚未收款入账的款项。
② 银行已经付款入账，而企业尚未收到有关凭证，尚未付款入账的款项。
③ 企业已经收款入账，而银行尚未收到有关凭证，尚未收款入账的款项。
④ 企业已经付款入账，而银行尚未收到有关凭证，尚未付款入账的款项。

上述任何一种未达账项的存在，都会导致企业银行存款日记账余额与银行对账单的余额不一致。对于未达账项，应编制"银行存款余额调节表"进行调节，调节后，双方余额如果不相等，表明记账有差错，需要进一步查对，找出原因，更正错误的记录；双方余额如果相等，一般说明双方记账没有错误，同时也表明调节后的余额为企业可以动用的银行存款数额。

银行存款余额调节表是在企业银行存款日记账余额与银行对账单余额的基础上加减双方的未达账项，使其达到平衡。其计算公式如下。

企业银行存款日记账余额+银行已收入账而企业尚未入账的款项-银行已付入账而企业尚未入账的款项=银行对账单余额+企业已收入账而银行尚未入账的款项-企业已付入账而银行尚未入账的款项

【案例2-7】

某企业2020年10月末银行存款日记账的账面余额为615 932元，银行对账单上的余额为668 232元。经逐笔核对，发现存在如下未达账项。

① 企业开出的编号为2001006、2001009的支票，金额分别为42 000元和31 500元，企业已记入日记账，而银行尚未记录。

② 企业从客户处收到编号为9123049的支票，金额为68 000元，并已交开户银行办理收款手续，企业已入账，而银行因尚在收款途中，故未入账。

③ 银行已扣除本月手续费1 200元，计算本月企业存款利息12 000元，收到企业客户电汇款项36 000元，因有单据尚在寄出途中，故企业未入账。

根据以上内容，企业可编制银行存款余额调节表，如表2-1所示。

表2-1 银行存款余额调节表

2020年10月31日

项　目	金额/元	项　目	金额/元
企业银行存款日记账余额	615 932	银行对账单余额	668 232
加：银行已收入账而企业尚未入账	12 000 36 000	加：企业已收入账而银行尚未入账	68 000
减：银行已付入账而企业尚未入账	1 200	减：企业已付入账而银行尚未入账	42 000 31 500
调节后余额	662 732	调节后余额	662 732

需要说明的是，银行存款余额调节表主要是用来核对企业和银行双方的记账有无差错，不能作为记账的依据。对于因未达账项而使双方账面余额出现的差异，无须作账面调整，待结算凭证到达后再进行账务处理并登记入账。

三、银行结算方式及其账务处理

银行结算方式共有以下九种。

(一)支票

支票是由付款单位签发，委托办理支票存款业务的银行在见票时无条件支付确定的金额给收款人或者持票人的一种结算方式。

支票适用于单位和个人在同一票据交换区域的各种款项结算。

支票分为现金支票、转账支票和普通支票三种。支票上印有"现金"字样的为现金支票，只能用于支取现金；印有"转账"字样的为转账支票，只能用于转账；未印有"现金"或"转账"字样的为普通支票，既可用于支取现金，也可用于转账。在普通支票左上角画两条平行线的为划线支票，只能用于转账，不得支取现金。

支票的提示付款期为自出票日起10日内，中国人民银行另有规定的除外。超过提示付款期的，持票人开户银行不予受理，付款人不予付款。支票一律记名，转账支票可以根据需要在票据交换区域内背书转让。存款人领购支票，必须将剩余的空白支票全部交回银行注销。出票人不得签发空头支票，签发空头支票的，银行除退票外，还按票面金额处以5%但不低于1 000元的罚款。持票人有权要求出票人赔偿支票金额2%的赔偿金。签发支票时，应使用蓝黑墨水，将支票上的各种要素填写齐全，并在支票上加盖其预留银行的印鉴。出票人预留银行的印鉴是银行审核支票的依据。银行也可以与出票人约定使用支票密码，作为银行审核支付支票金额的条件。

企业进行账务处理时，收款单位对于收到的支票，应在收到支票的当日填制进账单且连同支票送交银行，根据银行盖章退回的进账单第一联和有关的原始凭证编制收款凭证，借记"银行存款"账户,贷记有关账户;付款单位对于付出的支票,应根据支票存根和有关原始凭证及时编制付款凭证,借记有关账户,贷记"银行存款"账户。

(二)汇兑

汇兑是汇款人委托银行将款项汇往异地收款人的一种结算方式。

汇兑适用于汇款人向异地收款人主动付款的款项结算,单位和个人的各种款项结算均可使用。

汇兑分为信汇和电汇两种。信汇是汇款人向银行提出申请,同时交存一定金额及手续费,汇出行将信汇委托书以邮寄方式寄给汇入行,授权汇入行向收款人解付一定金额的一种汇兑结算方式。电汇是汇款人将一定款项交存汇款银行,汇款银行通过电报或电传给汇入行,指示汇入行向收款人支付一定金额的一种汇款方式。

汇兑划拨款项简便、灵活。企业采用这一结算方式,付款单位汇出款项时,应填写银行印发的汇款凭证,列明收款单位名称、汇款金额及汇款的用途等项目,送达开户银行,委托银行将款项汇往收汇银行,收汇银行将汇款收进收款单位存款账户后,向收款单位发出收款通知。

企业进行账务处理时,收款单位对于汇入的款项,应在收到银行的收账通知时,据以编制收款凭证,借记"银行存款"账户,贷记有关账户;付款单位对于汇出的款项,应在向银行办理汇款后,根据汇款回单编制付款凭证,借记有关账户,贷记"银行存款"账户。

(三)委托收款

委托收款是收款人委托银行向付款人收取款项的一种结算方式。

委托收款适用于同城或异地的款项结算,单位和个人都可凭已承兑商业汇票、债券、存单等付款人债务证明办理款项的结算。委托收款还适用于收取电费、电话费等付款人众多、分散的有关款项。

委托收款结算款项的划回方式分为邮寄和电报两种,由收款人选用。收款人办理委托收款应向银行提交委托收款凭证和有关的债务证明。在委托收款凭证上写明付款单位的名称,收款单位的名称、账户及开户银行,委托收款金额的大小写,款项内容,委托收款凭据名称及附寄单证张数等。企业的开户银行受理委托收款后,将委托收款凭证寄交付款单位的开户银行,由付款单位开户银行审核,并通知付款单位。

付款单位收到银行交给的委托收款凭证及债务证明后,应签收并在 3 日内审查债务证明是否真实、是否是本单位的债务,确认之后通知银行付款。付款单位应在收到委托收款的通知次日起 3 日内,主动通知银行是否付款。如果不通知银行,银行视同企业同意付款并在第 4 日银行开始营业时,将款项主动划给收款人的开户银行。付款人在 3 日内审查有关债务证明后,认为债务证明或与此有关的事项符合拒绝付款的规定,应出具拒绝付款理由书和委托收款凭证第五联及持有的债务证明,并送交银行,向银行提出拒绝付款,由银行将拒绝付款理由书和有关单证寄给收款人开户银行转交收款人。付款人在付款期满日营业终了前,若无足够的资金支付全部款项,即为无款支付,银行于次日上午开始营业时,通知付款人将有关单证在 2 日内退回开户银行,由银行将有关凭证连同单证退回收款人开户行转交收款人。

企业进行账务处理时，收款单位对于托收款项，根据银行的收账通知，据以编制收款凭证，借记"银行存款"账户，贷记"应收账款"等账户；付款单位在收到银行转来的委托收款凭证后，根据委托收款凭证的付款通知和有关原始凭证，编制付款凭证，借记"应付账款"等账户，贷记"银行存款"账户。如在付款期满前提前付款，应于通知银行付款之日，编制付款凭证；如拒绝付款，则不作账务处理。

(四)托收承付

托收承付是根据购销合同的约定，由收款人发货后委托银行向异地付款人收取款项，由付款人向银行承认付款的一种结算方式。

托收承付适用于异地款项的结算。使用托收承付结算方式的收款单位和付款单位必须是国有企业、供销合作社，以及经营管理较好并经开户银行审查同意的城乡集体所有制工业企业。办理托收承付结算的款项必须是商品交易，以及因商品交易而产生的劳务供应的款项。代销、寄销、赊销商品的款项，不得办理托收承付结算。收付双方使用托收承付结算还必须签订有符合《经济合同法》的购销合同，并在合同上注明使用托收承付的结算方式。收款人办理托收，必须具有商品确已发运的证件(包括运输部门签发的运单、运单副本和邮局包裹回执)。

托收承付结算款项的划回方式分为邮寄和电报两种，由收款人根据需要选用。收款单位办理托收承付，必须具有商品发出的证明或其他证明。托收承付结算每笔金额的起点为10 000元。新华书店系统每笔金额的起点为1 000元。销货企业开户银行接受委托后，将托收结算凭证回单联退给企业，作为企业进行账务处理的依据，并将其他结算凭证寄往付款单位开户银行，由付款单位开户银行通知付款单位承认付款。

购货企业收到托收承付结算凭证和所附单据后，应立即审核是否符合订货合同的规定。按照《支付结算办法》的规定，承付货款分为验单付款与验货付款两种，具体选用哪一种由双方在签订合同时约定。验单付款是指购货企业根据经济合同对银行转来的托收结算凭证、发票账单、托运单及代垫运杂费等单据进行审查无误后，即可承认付款。为了便于购货企业对凭证的审核和筹措资金，《支付结算办法》规定承付期为3日，从付款人开户银行发出承付通知的次日算起(承付期内遇法定休假日顺延)。购货企业在承付期内，未向银行表示拒绝付款的，银行视作承付，并在承付期满的次日上午银行开始营业时，将款项主动从付款人的账户内付出，按照销货企业指定的划款方式，划给销货企业。

验货付款是指购货企业待货物运达企业，对其进行检验与合同完全相符后才承认付款。为了满足购货企业组织验货的需要，《支付结算办法》规定承付期为10日，从运输部门向购货企业发出提货通知的次日算起。承付期内购货企业未表示拒绝付款的，银行视为同意承付，于10日期满的次日上午银行开始营业时，将款项划给收款人。在承付期内，如果购货企业发现与购销合同不符，应在承付期满之前向银行提出全部或部分拒绝付款，并填写"拒绝付款理由书"，注明拒绝付款的理由。银行同意部分或全部拒绝付款的，应在拒绝付款理由书上签注意见，并将拒绝付款理由书、拒付证明、拒付商品清单和有关单证寄往收款人开户银行交销货企业。

企业进行账务处理时，收款单位对于托收款项，根据银行的收账通知和有关原始凭证编制收款凭证，借记"银行存款"账户，贷记"应收账款"等账户；付款单位对于承付的款项,应于承付时根据托收承付结算凭证的承付款通知和有关发票账单等原始凭证,编制付款凭证,借记"材料采购""应交税费——应交增值税(进项税额)"等账户,贷记"银行存款"账户。如拒绝付款,属于全部拒付的,则不作账务处理;属于部分拒付的,付款部分按上述规定处理,拒付部分则不作账务处理。

(五)银行汇票

银行汇票是汇款人将款项交存当地开户银行,由出票银行签发汇票,并在见票时按照实际结算金额无条件支付给收款人或持票人的一种结算方式。

银行汇票适用于同城和异地结算、先收款后发货或钱货两清的商品交易,以及单位和个人的各种款项结算。

汇款人使用银行汇票,应向出票银行填写"银行汇票申请书",详细列明汇款人名称或姓名、汇款人账号或住址、用途、汇款金额、收款人名称或姓名、收款人账号或住址、代理付款行等事项并签章,签章为其预留银行的印鉴,并将款项交存银行。出票银行受理银行汇票申请书,收妥款项后签发银行汇票。如需支取现金的,应在汇票的"汇款金额"栏填明"现金"字样后填写汇款金额,并用压数机压印出票金额,将银行汇票和解讫通知一并交给汇款人。

收款企业在收到付款单位送来的银行汇票时,应在出票金额以内,根据实际需要的款项办理结算,并将实际结算金额和多余金额准确、清晰地填入银行汇票和解讫通知的相关栏内,银行汇票的实际结算金额低于出票金额的,其多余金额由出票银行退交汇款人。收款企业还应填写进账单,并在汇票背面"持票人向银行提示付款签章"处签章,签章应与预留银行的印鉴相同,然后将银行汇票、解讫通知、进账单一并交汇入银行办理结算,银行审核无误后,办理转账。银行汇票一律记名,可以背书转让。背书是指在票据背面记载有关事项并签章的票据行为。汇款人取得银行汇票后即可持银行汇票向银行汇票上所填明的收款单位办理结算。银行汇票的收款人还可以将银行汇票背书转让给他人。背书转让以不超过出票金额为限。未填写实际结算金额或实际结算金额超过出票金额的银行汇票不得背书转让。银行汇票可以用于转账,填明"现金"字样的银行汇票也可以用于支取现金。银行汇票的提示付款期为一个月,即自出票之日起一个月内(按次月对日计算),逾期的银行汇票送兑付,银行不予受理。银行汇票见票即付。银行汇票的当事人包括:①出票人和付款人,是指汇票的签发行;②受款人,是指收款人,既可以是汇款人,也可以是其他人;③代理付款行,是指汇票的兑付行。

银行汇票的账务处理参见本项目的任务三。

(六)银行本票

银行本票是申请人将款项交存银行,由银行签发本票,承诺自己在见票时无条件支付确定的金额给收款人或持票人的结算方式。

银行本票适用于单位和个人在同一票据交换区域支付各种款项的结算。

银行本票可以用于转账,注明"现金"字样的银行本票还可以用于支取现金。银行本票分为不定额银行本票和定额银行本票两种。定额银行本票面额为1 000元、5 000元、10 000元和50 000元。

银行本票的提示付款期自出票日起最长不得超过两个月。在付款期内银行见票即付。申请人使用银行本票，应向银行填写"银行本票申请书"，填明收款人名称、申请人名称、支付金额、申请日期等事项并签章。申请人或收款人为单位的，不得申请签发现金银行本票。出票银行受理银行本票申请书，收妥款项后签发银行本票。不定额银行本票用压数机压印出票金额。出票银行在银行本票上签章后交给申请人，申请人取得银行本票后，即可向银行本票上所填明的收款单位办理结算。收款单位可以根据需要在票据交换区域内背书转让银行本票。收款企业在收到银行本票时，应该在提示付款时在本票背面"持票人向银行提示付款签章"处加盖预留银行印鉴，同时填写进账单，连同银行本票一并交开户银行转账。

银行本票的账务处理参见本项目的任务三。

(七)商业汇票

商业汇票是由出票人(收款人或付款人)签发商业汇票，由承兑人承兑，委托付款人在指定日期无条件支付确定的金额给收款人或持票人的一种结算方式。

商业汇票适用于同城、异地结算，必须在银行开立存款账户的法人及其他组织之间，具有真实的交易关系或债权债务关系，才能使用商业汇票。

商业汇票结算方式仅限于先发货后收款或企业之间订有赊销合同约定延期付款的商品交易和劳务供应，没有约定延期付款合同的商品交易和劳务供应，以及非商品交易不得采用这种结算方式。

商业汇票的承兑是指汇票付款人承诺在汇票到期日支付汇票金额的票据行为。商业汇票的承兑期限由交易双方商定，但最长不得超过 6 个月。商业汇票的提示付款期限为自汇票到期日起 10 日内。汇票的承兑人负有在汇票到期时无条件支付票据的责任。付款人应当自收到提示承兑的汇票之日起 3 日内承兑或拒绝承兑。付款人拒绝承兑的必须出具拒绝承兑的证明。存款人领购商业汇票，必须填写"票据和结算凭证领用单"，并加盖预留银行印鉴，银行账户结清时，必须将剩余的空白商业汇票全部交回银行注销。

商业汇票一律记名。商业汇票可以进行背书转让。符合条件的商业承兑汇票的持票人可持未到期的商业承兑汇票连同贴现凭证，向银行申请贴现。商业汇票按承兑人的不同分为商业承兑汇票和银行承兑汇票。商业承兑汇票由银行以外的付款人承兑；银行承兑汇票由银行承兑。

1. 商业承兑汇票

商业承兑汇票是指由收款人签发，付款人承兑，或者由付款人签发并承兑的票据。商业承兑汇票按双方约定签发。由收款人签发的商业承兑汇票应交付款人承兑，由付款人签发的商业承兑汇票应经付款人本人承兑。付款人须在商业承兑汇票正面签署"承兑"字样和承兑日期并签章后，将商业承兑汇票交给收款人。承兑不得附有条件，否则视为拒绝承兑。商业承兑汇票的承兑人是付款方，因此付款人应于商业承兑汇票到期之前准备好足够的资金交存其开户银行，开户银行根据收到的到期商业承兑汇票将款项转给收款人、被背书人或贴现银行；如果汇票到期，付款人的存款余额不足支付，其开户银行将商业承兑汇票退还给收款人由其自行处理，同时银行按规定对付款人处以一定金额的罚款；如果商业承兑汇票到期前已办理贴现，贴现银行则将已贴现的商业承兑汇票退还给贴现人，并对贴现人执行扣款，扣款不足按逾期贷款处理，同时对付款人处以罚款。

2. 银行承兑汇票

银行承兑汇票是由收款人或承兑申请人签发，并由承兑申请人向其开户银行申请，经银行审查同意承兑的票据。签发银行承兑汇票，承兑银行按汇票金额的大小向承兑申请人收取一定的承兑手续费(票面金额的 0.05%)。承兑申请人应于汇票到期前将票款足额交存开户银行，以备由承兑银行在汇票到期日支付票款。持票人应在到期时将汇票连同进账单送交开户银行以便转账收款。承兑银行凭汇票将承兑款项无条件转给持票人，如果承兑申请人于汇票到期日未能足额交存票款，承兑银行除凭汇票向持票人无条件付款外，对承兑申请人尚未支付的汇票金额按照每天 0.05% 计收罚息。

商业汇票的账务处理参见项目三的任务一和项目八的任务二。

(八)信用卡

信用卡是指商业银行向个人和单位发行的，凭其向特约单位购物、消费和向银行存取现金，且具有消费信用的特制载体卡片。

信用卡按使用对象分为单位卡和个人卡；按信誉等级分为金卡和普通卡。

凡在中国境内金融机构开立基本存款账户的单位都可以申领单位卡。单位卡可申领若干张，持卡人资格由法定代表人或其委托的代理人书面指定和注销，持卡人不得出租或转借信用卡。

单位卡账户的资金一律从其基本存款账户存入，在使用过程中，需要向其账户续存现金的，也一律从其基本存款账户转入，不得交存现金，不得将销货收入的款项存入其账户。单位卡一律不得用于 10 万元以上的商品交易、劳务供应款项的结算，不得支取现金。

企业如不需要继续使用信用卡，应持单位卡主动到发卡银行办理销户。销户时，信用卡上的余额应转入基本存款账户，不得提取现金。

信用卡的账务处理参见本项目的任务三。

(九)信用证

信用证是银行根据开证申请人的请求和指示，向受益人开具有一定金额的信用证，并在一定期限内凭规定的单据承诺付款的一种结算方式。

信用证结算方式是国际结算的一种主要方式。经有关部门的批准，也可以用于办理国内企业之间的商品交易。信用证只限于转账结算，不得支取现金。

信用证的账务处理参见本项目的任务三。

任务三　其他货币资金的核算

其他货币资金是指企业除库存现金、银行存款以外的其他各种货币资金，包括外埠存款、银行汇票存款、银行本票存款、信用卡存款、信用证保证金存款和存出投资款等。由于这些资金的存放地点和用途都与库存现金和银行存款不同,因此在会计上作为其他货币资金进行单独核算。

为了总括地反映和监督其他货币资金的收支和结存情况,企业应设置"其他货币资金"账户。该账户属于资产类账户,其借方登记企业其他货币资金的增加额,贷方登记其他货币资金的减少额,期末余额在借方,表示企业其他货币资金的结余额。为了分别反映和监督各项其他货币资金的收支、结存情况,应按其他货币资金的种类分设"外埠存款""银行汇票存款""银行本票存款""信用卡存款""信用证保证金存款"和"存出投资款"等明细分类账户,进行明细分类核算。

一、外埠存款的核算

外埠存款是指企业到外地进行临时或零星采购时,汇往采购地银行开立采购专户的款项。企业将款项委托当地银行汇往采购地开立专户时,根据汇出款项凭证,编制付款凭证,进行账务处理,借记"其他货币资金——外埠存款"账户,贷记"银行存款"账户。外出采购人员报销用外埠存款支付材料的采购款项时,企业应根据供应单位发票账单等报销凭证,借记"材料采购"或"原材料"或"在途物资""库存商品""应交税费——应交增值税(进项税额)"等账户,贷记"其他货币资金——外埠存款"账户。采购员完成采购任务,将多余的外埠存款转回当地银行时,应根据银行的收款通知,编制收款凭证,借记"银行存款"账户,贷记"其他货币资金——外埠存款"账户。

【案例2-8】

甲公司派采购员到外地采购材料,开出汇款委托书,委托当地开户银行将采购款项50 000元汇往采购地银行开立采购专户。采购完成后,收到采购人员交来的材料发票账单,列明材料货款40 000元,增值税税额5 200元,材料已验收入库。采购专户存款余额4 800元已经汇回。

① 根据收到的银行汇款回单联,编制会计分录如下。
借:其他货币资金——外埠存款　　　　　　　　　　　　　50 000
　　贷:银行存款　　　　　　　　　　　　　　　　　　　　　　50 000
② 根据收到的有关发票账单,编制会计分录如下。
借:原材料　　　　　　　　　　　　　　　　　　　　　　40 000
　　应交税费——应交增值税(进项税额)　　　　　　　　　5 200
　　贷:其他货币资金——外埠存款　　　　　　　　　　　　　45 200
③ 根据银行的收账通知,编制会计分录如下。
借:银行存款　　　　　　　　　　　　　　　　　　　　　4 800
　　贷:其他货币资金——外埠存款　　　　　　　　　　　　　4 800

二、银行汇票存款的核算

银行汇票存款是企业为取得银行汇票,按照规定存入银行的款项。企业应向银行填送

"银行汇票申请书"并将款项交存开户银行,取得银行汇票后,根据银行盖章退回的申请书存根联,编制付款凭证,借记"其他货币资金——银行汇票存款"账户,贷记"银行存款"账户。企业使用银行汇票支付款项后,应根据发票账单等有关凭证,经核对无误后编制会计分录,借记"材料采购"或"原材料"或"在途物资""库存商品""应交税费——应交增值税(进项税额)"等账户,贷记"其他货币资金——银行汇票存款"账户。银行汇票使用完毕,应转销"其他货币资金——银行汇票存款"账户。当银行汇票有多余款或因汇票超过付款期等原因而退回款项时,应根据开户行转来的多余款收账通知,借记"银行存款"账户,贷记"其他货币资金——银行汇票存款"账户。

【案例2-9】

甲公司向银行交存100 000元,申请办理银行汇票,并取得银行汇票。采购员持银行汇票到异地采购材料,材料价款80 000元,增值税税额10 400元,材料已验收入库。多余款项已退回甲公司开户行。

① 根据银行盖章退回的银行汇票申请书(存根联),编制会计分录如下。

借:其他货币资金——银行汇票存款　　　　　　　　　　100 000
　　贷:银行存款　　　　　　　　　　　　　　　　　　100 000

② 根据收到的有关发票账单,编制会计分录如下。

借:原材料　　　　　　　　　　　　　　　　　　　　80 000
　　应交税费——应交增值税(进项税额)　　　　　　　10 400
　　贷:其他货币资金——银行汇票存款　　　　　　　　90 400

③ 根据银行的收账通知,编制会计分录如下。

借:银行存款　　　　　　　　　　　　　　　　　　　9 600
　　贷:其他货币资金——银行汇票存款　　　　　　　　9 600

三、银行本票存款的核算

银行本票存款是指企业为取得银行本票按规定存入银行的款项。企业应向银行提交银行本票申请书并将款项交存银行,取得银行本票后,根据银行盖章退回的申请书存根联,编制付款凭证,借记"其他货币资金——银行本票存款"账户,贷记"银行存款"账户。企业使用银行本票支付购货款项后,应根据发票账单等有关凭证,借记"材料采购"或"原材料"或"在途物资""库存商品""应交税费——应交增值税(进项税额)"等账户,贷记"其他货币资金——银行本票存款"账户。当企业因本票超过付款期等原因而要求银行退款时,应填制进账单一式两联,连同本票一并交给银行,根据收回本票时盖章退回的进账单第一联,借记"银行存款"账户,贷记"其他货币资金——银行本票存款"账户。

【案例2-10】

甲公司向银行交存50 000元,申请办理银行本票,并取得银行本票。采购员持银行本票采购材料,材料价款40 000元,增值税税额5 200元,材料已验收入库,多余款已退回甲公司开户行。

① 根据银行盖章退回的银行本票申请书(存根联)，编制会计分录如下。

借：其他货币资金——银行本票存款　　　　　　　　　　50 000
　　贷：银行存款　　　　　　　　　　　　　　　　　　　　50 000

② 根据收到的有关发票账单，编制会计分录如下。

借：原材料　　　　　　　　　　　　　　　　　　　　　40 000
　　应交税费——应交增值税(进项税额)　　　　　　　　 5200
　　贷：其他货币资金——银行本票存款　　　　　　　　　45 200

③ 根据银行的收账通知，编制会计分录如下。

借：银行存款　　　　　　　　　　　　　　　　　　　　4 800
　　贷：其他货币资金——银行本票存款　　　　　　　　　4 800

四、信用卡存款的核算

信用卡存款是指企业取得信用卡按规定存入银行的款项。企业应按规定填制申请表，连同支票和有关资料一同送交发卡银行，根据银行盖章退回的进账单第一联，借记"其他货币资金——信用卡存款"账户，贷记"银行存款"账户。企业用信用卡购物或支付有关费用，借记相关账户，贷记"其他货币资金——信用卡存款"账户。企业在使用信用卡的过程中，需要向其账户续存资金的，按实际续存的金额，借记"其他货币资金——信用卡存款"账户，贷记"银行存款"账户。

【案例2-11】

甲公司申请信用卡，将信用卡申请表和200 000元的支票一并交给开户银行，银行审核且同意后，从基本存款账户转账存入信用卡存款账户200 000元。

① 根据银行盖章退回的进账单第一联和支票存根，编制会计分录如下。

借：其他货币资金——信用卡存款　　　　　　　　　　200 000
　　贷：银行存款　　　　　　　　　　　　　　　　　　　200 000

② 甲公司用信用卡向特约单位购买办公用品9 000元。根据特约单位退回的信用卡签购单第一联及购货发票账单，经核对无误后，编制会计分录如下。

借：管理费用——办公用品　　　　　　　　　　　　　　9 000
　　贷：其他货币资金——信用卡存款　　　　　　　　　　9 000

五、信用证保证金存款的核算

信用证保证金存款是指企业为取得信用证按规定存入银行的保证金。企业向银行申请开立信用证，应按规定向银行提交开证申请书、信用证申请人承诺书和购销合同。企业向银行交纳保证金，根据银行退回的进账单第一联，借记"其他货币资金——信用证保证金存款"账户，贷记"银行存款"账户。根据开证行交来的信用证来单通知书及有关单据列明的金额，借记"材料采购"或"原材料"或"在途物资""库存商品""应交税费——

应交增值税(进项税额)"等账户,贷记"其他货币资金——信用证保证金存款"账户。如果企业收到未用完的信用证保证金存款余额,应借记"银行存款"账户,贷记"其他货币资金——信用证保证金存款"账户。

六、存出投资款的核算

存出投资款是指企业已存入证券公司尚未进行短期投资的货币。企业向证券公司划出资金时,应按实际划出的金额,借记"其他货币资金——存出投资款"账户,贷记"银行存款"账户;购买股票、债券等作为短期投资时,应按实际发生的金额,借记"交易性金融资产"账户,贷记"其他货币资金——存出投资款"账户。

【案例2-12】

甲公司将闲置资金500 000元划入某证券公司,委托其进行投资。
① 根据银行转来的转账通知,编制会计分录如下。

借:其他货币资金——存出投资款　　　　　　　　　　　　500 000
　　贷:银行存款　　　　　　　　　　　　　　　　　　　　　　500 000

② 该证券公司为企业买入某公司发行的股票500 000股,每股1元。根据实际发生的金额及有效凭证,编制会计分录如下。

借:交易性金融资产——股票投资　　　　　　　　　　　　500 000
　　贷:其他货币资金——存出投资款　　　　　　　　　　　　500 000

项 目 小 结

货币资金的核算包括库存现金的核算、银行存款的核算和其他货币资金的核算。库存现金的核算主要包括库存现金的总分类核算、库存现金的明细分类核算、库存现金清查的核算和定额备用金的核算。银行存款的核算主要包括银行存款的总分类核算、银行存款的明细分类核算和银行存款的核对。其他货币资金的核算主要包括外埠存款的核算、银行汇票存款的核算、银行本票存款的核算、信用卡存款的核算、信用证保证金存款的核算和存出投资款的核算等。

其他货币资金的核算通过设置"其他货币资金"账户集中核算。"其他货币资金"账户属于资产类账户,借方登记其他货币资金的增加额,贷方登记其他货币资金的减少额,期末余额在借方,反映其他货币资金的结余数额。在该账户下,按"外埠存款""银行汇票存款""银行本票存款""信用卡存款""信用证保证金存款"和"存出投资款"来分设明细账。

微课视频资源

 库存现金的核算.mp4

 银行存款的核算(1).mp4

 银行存款的核算(2).mp4

 其他货币资金的核算(1).mp4

 其他货币资金的核算(2).mp4

项目三 应收及预付款项的核算

知识目标

- 熟悉各种应收款项的内容。
- 掌握估计坏账损失的方法。

技能目标

- 能分析和处理各种应收款项的经济业务。
- 能分析和处理发生坏账损失的经济业务。

任务一　应收票据的核算

一、应收票据概述

(一)应收票据的概念

应收票据是指企业因销售商品、产品、提供劳务等而收到的商业汇票,包括商业承兑汇票和银行承兑汇票两种。商业汇票按是否计息又可分为不带息商业汇票和带息商业汇票两种。

(二)应收票据的计价

在我国,商业票据的期限一般较短(6个月),利息金额相对来说不大,因此应收票据一般按面值计价,即企业收到应收票据时,按照票据的票面价值或票面金额入账。

(三)票据到期日的确定

企业取得应收票据至票据到期日有一个时间期限,票据到期日的确定一般有以下两种方式。

1. 按月份定期

按月份定期的应收票据是在票据上以月份数来注明其期限的票据。按月份定期的应收票据应以到期月份中与出票日相同的那一天为到期日。例如,6月10日签发的期限为3个月的票据,到期日应为9月10日。月末签发的票据,不论月份大小,都以到期月份的月末那一天为到期日。例如,1月31日签发的期限为1个月的票据,到期日应为2月28日(非闰年,若为闰年则为2月29日)。与此同时,计算利息使用的利率要换算成月利率(年利率÷12)。

2. 按日数定期

按日数定期的应收票据是在票据上以日数来注明其期限的票据。按日数定期的应收票据应从出票日期起按实际经历的天数计算。通常,出票日和到期日,只能计算其中一天,即"算头不算尾"或"算尾不算头"。例如,5月18日签发的期限为90天的票据,其到期日应为8月16日[90天-5月份剩余天数-6月份实有天数-7月份实有天数=90-(31-18)-30-31=16(天)]。同时,计算利息使用的利率,要换算成日利率(年利率÷360)。

二、应收票据的具体核算

为了总括地反映和监督企业应收票据的取得和到期收回等情况,企业应设置"应收票据"账户。该账户借方登记取得应收票据的票面金额,贷方登记背书转让或到期收回的应收票据的票面金额,期末余额在借方,反映未到期应收票据的票面金额。该账户应按开出、承兑商业汇票的客户名称分别设置明细账。

为了便于管理和分析各种票据的具体情况，企业应设置应收票据备查登记簿，逐笔记录每笔应收票据的种类、号数、出票日期、票面金额、交易合同号、付款人、承兑人、背书人的姓名或单位名称、到期日和利率、贴现日期、贴现率和贴现净额，以及收款日期和收回金额等资料。应收票据到期收清票款或转让、贴现后，应在应收票据备查登记簿上登记。

(一)不带息应收票据的核算

不带息应收票据的到期值等于应收票据的面值。企业收到开出、承兑的商业汇票时，按应收票据的面值，借记"应收票据"账户，贷记"主营业务收入"账户，按增值税专用发票上注明的增值税税额，贷记"应交税费——应交增值税(销项税额)"账户。企业收到用以抵偿应收账款的应收票据时，借记"应收票据"账户，贷记"应收账款"账户。商业承兑汇票到期，承兑人违约拒付或无力支付票款，企业收到银行退回的商业承兑汇票、委托收款凭证、未付票款通知或拒绝付款证明等单证，将到期票据的票面金额转入"应收账款"账户的借方，贷记"应收票据"账户。

【案例3-1】

M企业销售一批商品给N公司，货已发出，增值税专用发票上注明的商品价款为200 000元，增值税税额为26 000元。当日收到N公司签发的不带息商业承兑汇票一张，该票据的期限为3个月。M企业的账务处理如下。

① 收到票据时。

借：应收票据　　　　　　　　　　　　　　　　　　　226 000
　　贷：主营业务收入　　　　　　　　　　　　　　　　200 000
　　　　应交税费——应交增值税(销项税额)　　　　　　 26 000

② 3个月后，应收票据到期，M企业收回款项226 000元存入银行。

借：银行存款　　　　　　　　　　　　　　　　　　　226 000
　　贷：应收票据　　　　　　　　　　　　　　　　　　226 000

③ 如果该票据到期，N公司无力偿还票款，M企业应将到期票据的票面金额转入"应收账款"账户。

借：应收账款　　　　　　　　　　　　　　　　　　　226 000
　　贷：应收票据　　　　　　　　　　　　　　　　　　226 000

(二)带息应收票据的核算

企业收到的带息应收票据，除按照上述原则进行核算外，还应于会计期末(中期期末和年度终了)计算并提取利息，计提利息增加应收票据的票面价值，借记"应收票据"账户，贷记"财务费用"账户。应收票据利息的计算公式如下。

$$应收票据利息=应收票据票面金额×票面利率×期限$$

公式中的票面利率一般是指年利率，期限是指签发日至到期日的时间间隔(有效期)。票据的期限一般有按月表示的，那么公式中的期限为按月确定的月数÷12；也有按日表示的，那么公式中的期限为按日确定的天数÷360。

带息应收票据到期收回款项时,应按收到的本息,借记"银行存款"账户,按其账面价值,贷记"应收票据"账户,按其差额(未计提利息部分),贷记"财务费用"账户。

带息应收票据到期,如果因付款人无力支付票据,而收到由银行退回的商业承兑汇票、委托收款凭证、未付票款通知书或拒绝付款证明等单证,应将应收票据的账面余额转入"应收账款"账户,期末不再计提利息。对尚未计提利息的,只要求在有关备查簿中进行登记即可。

【案例3-2】

M企业于2019年11月1日销售一批产品给N公司,货已发出,增值税专用发票上注明的价款为100 000元,增值税税额为13 000元。当日收到N公司签发的商业承兑汇票一张,期限为6个月,票面年利率为6%。M企业的账务处理如下。

① 2019年11月1日收到票据时。

借:应收票据　　　　　　　　　　　　　　　　　　　113 000
　　贷:主营业务收入　　　　　　　　　　　　　　　　100 000
　　　　应交税费——应交增值税(销项税额)　　　　　　 13 000

② 2019年12月31日计提利息时。

应收票据利息=113 000×6%÷12×2=1 130(元)

借:应收票据　　　　　　　　　　　　　　　　　　　　1 130
　　贷:财务费用　　　　　　　　　　　　　　　　　　　1 130

③ 2020年5月1日票据到期收回款项时。

收款金额=应收票据票面金额+应收票据利息
　　　　=113 000+113 000×6%÷12×6
　　　　=116 390(元)

2020年1月1日至5月1日未计提利息=113 000×6%÷12×4=2 260(元)

借:银行存款　　　　　　　　　　　　　　　　　　　116 390
　　贷:应收票据　　　　　　　　　　　　　　　　　　114 130
　　　　财务费用　　　　　　　　　　　　　　　　　　　2 260

④ 2020年5月1日N公司无力支付票据款时。

借:应收账款　　　　　　　　　　　　　　　　　　　114 130
　　贷:应收票据　　　　　　　　　　　　　　　　　　114 130

(三)应收票据转让的核算

企业可以将自己持有的商业汇票背书转让给第三方,用以取得所需物资或偿还所欠货款等。背书是指持票人在票据的背面签字的行为,签字人称为背书人,背书人对票据的到期付款负连带责任。

企业将持有的不带息应收票据背书转让,以取得所需物资时,按应计入取得物资成本的价值,借记"在途物资"或"原材料"等账户;按专用发票上注明的增值税税额,借记"应交税费——应交增值税(进项税额)"账户;按应收票据的票据面值,贷记"应收票据"账户;如有差额(应收或应付金额),借记或贷记"银行存款"等账户。

如果企业将持有的带息应收票据背书转让,则按应收票据的账面余额,贷记"应收票据"账户；按尚未计提的利息，贷记"财务费用"账户；按应收或应付的金额，借记或贷记"银行存款"等账户。

【案例3-3】

M企业2020年2月1日销售一批产品，价税合计226 000元。收到N公司交来的商业承兑汇票一张，期限为6个月。2020年6月1日，M企业从W企业购进原材料一批，增值税专用发票上注明的价款为210 000元，增值税税额为27 300元，因资金不足，将持有的未到期商业承兑汇票背书转让，差价款以银行存款补足。材料已验收入库。

应支付的银行存款=210 000+27 300-226 000=11 300(元)

借：原材料　　　　　　　　　　　　　　　　　　　210 000
　　应交税费——应交增值税(进项税额)　　　　　　 27 300
　　贷：应收票据——N公司　　　　　　　　　　　　226 000
　　　　银行存款　　　　　　　　　　　　　　　　 11 300

(四) 应收票据贴现的核算

企业持有的应收票据在到期前，如果出现资金短缺，可持未到期的商业汇票向其开户银行申请贴现，以获得所需资金。贴现又称贴息取现，是指票据持有人将未到期的票据在背书后送交银行，银行受理后从票据到期值中扣除按银行贴现率计算确定的贴现利息，然后将余额付给持票人，作为银行对企业的短期贷款。

应收票据贴现的计算过程如下。

第一步：计算应收票据到期值，计算公式如下。

$$应收票据到期值=面值×(1+票面利率×期限)$$

注：不带息应收票据的到期值就是面值。

第二步：计算贴现利息，计算公式如下。

$$贴现利息=票据到期值×贴现率×贴现天数$$

其中，贴现天数=票据期限-已持有票据期限。

第三步：计算贴现收入，计算公式如下。

$$贴现收入=票据到期值-贴现利息$$

企业持未到期票据到银行贴现时，应按实际收到的金额，借记"银行存款"账户。如果是银行承兑汇票，按应收票据账面价值，贷记"应收票据"账户；如果是商业承兑汇票(带追索权)，按应收票据账面价值，贷记"短期借款"账户。两者的差额借记或贷记"财务费用"账户。

【案例3-4】

某企业于12月20日将11月26日收到的甲公司当日生效的商业承兑汇票带到银行贴现，该票据面值为72 000元，年利率为9%，期限为60天，年贴现率为6%。

票据到期值=72 000×(1+9%×60÷360)=73 080(元)

贴现天数=60-(30-26)-20=36(天)

贴现利息=73 080×6%×36÷360=438.48(元)

贴现收入=73 080-438.48=72 641.52(元)

借：银行存款　　　　　　　　　　　　　　　　　　　72 641.52
　　贷：短期借款　　　　　　　　　　　　　　　　　　72 000
　　　　财务费用　　　　　　　　　　　　　　　　　　641.52

任务二　应收账款的核算

一、应收账款概述

(一)应收账款的概念

应收账款是指企业因对外销售商品、产品或提供劳务等而形成的债权。它具体包括企业因销售商品、产品或提供劳务等原因，应向购货客户或接受劳务的客户收取的款项或垫付的款项等。

会计上所指的应收账款有其特定的范围，具体如下。

(1) 应收账款是指因销售活动或提供劳务活动而引起的债权，因此凡不是因销售活动或提供劳务活动而发生的应收账款，就不应列入应收账款，如应收取的各种赔款和罚款、应向职工收取的各种垫付款、应收债权的利息、应收已宣告分配的股利等。

(2) 应收账款是指流动资产性质的债权，不包括长期的债权，如购买的长期债权等。

(3) 应收账款是指本企业应收客户的款项，不包括本企业付出的各类存出保证金，如投标保证金、租入包装物保证金等。

(二)应收账款的入账时间

由于应收账款是赊销业务引起的，因此应收账款的入账时间与确认销售收入的时间是一致的，要根据确认销售收入实现的时间来定。对于收入实现的具体条件，将在有关收入的部分中详细介绍，这里不展开叙述。

(三)应收账款的入账价值

通常情况下，应收账款按其实际发生额计价入账，即按买卖双方成交时的实际金额(包括发票金额和代购货单位垫付的款项)确定。由于实际商业活动中存在商业折扣和现金折扣，因此应收账款的入账价值还需要考虑商业折扣和现金折扣等因素。

1. 商业折扣

商业折扣是指销售商品或提供劳务时，从货品价目单上规定的价格中扣减一定数额。商业折扣在交易成立时即已确定，对应收账款和营业收入的金额均不产生影响，应按扣除商业折扣以后的价格进行货款的结算，不需要对商业折扣进行单独的账务处理。

通常，商业折扣用百分比来表示。例如，某企业销售某型号电冰箱，产品价目单上的电冰箱单价为每台3 000元，购买500台，规定给予10%的商业折扣，则该企业销售电冰箱的实际销售单价为2 700(3 000-3 000×10%)元。

2. 现金折扣

现金折扣是指债权人为鼓励债务人在规定的期限内早日付款，而给予的债务扣除。现金折扣通常发生在以赊销方式销售商品或提供劳务的交易中。企业为鼓励客户提前偿付货款，通常与债务人达成协议，债务人在不同期限内付款可享受不同的现金折扣。

现金折扣一般用"折扣/付款期"的形式表示，如"2/10，1/20，n/30"。其含义为允许客户购货后延期付款天数为 30 日，2/10 表示在 10 日内付款，给予 2%的折扣；1/20 表示超过 10 日而在 20 日内付款，给予 1%的折扣；n/30 表示超过 20 日而在 30 日内付款，则应付全价，即无折扣。

由于现金折扣发生在交易成立之后，使得企业应收账款的实收金额随着购货单位付款的时间不同而有所差异。我国会计核算采用的是总价法核算，即按未减去现金折扣的金额确定应收账款的入账价值。

二、应收账款的具体核算

为了总括地反映和监督企业应收账款的发生和收回情况，企业应设置"应收账款"账户进行总分类核算。该账户属于资产类账户，借方登记赊销发生的应收账款金额，贷方登记客户归还，或已结转坏账损失，或转作商业汇票结算方式的应收账款金额。期末余额在借方，表示尚未收回的应收账款金额。该账户应按债务单位名称设置明细账户进行明细核算。当企业销售商品、产品、提供劳务而发生应收账款时，按应收金额，借记"应收账款"账户；按实现的营业收入，贷记"主营业务收入"账户；按增值税专用发票上注明的增值税税额，贷记"应交税费——应交增值税(销项税额)"账户。收回应收账款时，借记"银行存款"账户，贷记"应收账款"账户；如果应收账款改用商业汇票结算，在收到承兑的商业汇票时，按照票面金额，借记"应收票据"账户，贷记"应收账款"账户。下面举例说明应收账款的账务处理。

(一)企业发生的应收账款，在没有折扣的情况下，按应收的全部金额入账

【案例 3-5】

某企业向 M 公司销售产品，不含税价款为 10 000 元，按规定计算应收取的增值税税额为 1 300 元，为购货单位垫付运杂费 500 元，以现金支付，现已办妥委托银行收款手续。该企业的账务处理如下。

① 办妥委托银行收款手续时。

借：应收账款——M 公司　　　　　　　　　　　　　　11 800
　　贷：主营业务收入　　　　　　　　　　　　　　　　10 000
　　　　应交税费——应交增值税(销项税额)　　　　　　1 300
　　　　库存现金　　　　　　　　　　　　　　　　　　500

② 收到银行收款通知时。

借：银行存款　　　　　　　　　　　　　　　　　　　11 800
　　贷：应收账款——M 公司　　　　　　　　　　　　　11 800

(二)企业发生的应收账款,在有商业折扣的情况下,应按扣除商业折扣后的金额入账

【案例3-6】

某企业向M公司销售产品一批,按价目表标明的价格计算价款总额为10 000元,购货方享受10%的商业折扣,适用增值税税率为13%,现已办妥委托银行收款手续。该企业的账务处理如下。

① 办妥委托银行收款手续时。
借:应收账款——M公司　　　　　　　　　　　　　　　　10 170
　　贷:主营业务收入　　　　　　　　　　　　　　　　　　9 000
　　　　应交税费——应交增值税(销项税额)　　　　　　　1 170
② 收到银行收款通知时。
借:银行存款　　　　　　　　　　　　　　　　　　　　　10 170
　　贷:应收账款——M公司　　　　　　　　　　　　　　　10 170

(三)企业发生的应收账款,在有现金折扣的情况下,采用总价法入账,发生的现金折扣作为财务费用处理

【案例3-7】

某企业向M公司销售产品一批,不含税价款为100 000元,规定的现金折扣条件是2/10,n/30,适用增值税税率为13%,现已办妥委托银行收款手续,购货方在10日内向该企业支付了货款。假定计算现金折扣时不考虑增值税,则该企业的账务处理如下。

① 办妥委托银行收款手续时。
借:应收账款——M公司　　　　　　　　　　　　　　　　113 000
　　贷:主营业务收入　　　　　　　　　　　　　　　　　　100 000
　　　　应交税费——应交增值税(销项税额)　　　　　　　13 000
② 收到银行收款通知时(10日内收到货款)。
借:银行存款　　　　　　　　　　　　　　　　　　　　　111 000
　　财务费用　　　　　　　　　　　　　　　　　　　　　2 000
　　贷:应收账款——M公司　　　　　　　　　　　　　　　113 000
③ 若购货方超过10日才付清货款,则按全额付款。
借:银行存款　　　　　　　　　　　　　　　　　　　　　113 000
　　贷:应收账款——M公司　　　　　　　　　　　　　　　113 000

三、坏账及其核算

坏账是指企业无法收回或收回的可能性极小的应收款项。由于发生坏账而产生的损失称为坏账损失。我国《企业会计准则》规定,坏账损失应通过"信用减值损失"科目核算。

(一)坏账的确认

当企业的应收款项被证实很可能无法收回且金额能够合理估计时，应确认为坏账。

一般来讲，企业的应收款项符合下列条件之一的，应确认为坏账。

(1) 因债务人破产或死亡，以其破产财产或遗产偿债后仍然无法收回的。
(2) 因债务单位撤销、资不抵债或现金流量严重不足，确实无法收回的。
(3) 因发生严重的自然灾害等导致债务单位停产而在短时间内无法偿付债务，确实无法收回的。
(4) 因债务人逾期未履行偿债义务超过 3 年，经核查确实无法收回的。

应当指出，对于已确认为坏账的应收款项，并不意味着企业放弃了追索权，一旦重新收回，应及时登记入账。

(二)坏账的核算

坏账在会计上有两种处理方法，即直接转销法和备抵法。我国《企业会计准则》规定，企业对坏账只能采用备抵法进行核算。

备抵法是指采用一定的方法按期(至少每年末)估计坏账损失，提取坏账准备并转作当期费用。实际发生坏账时，直接冲减已计提坏账准备，同时转销相应的应收款项余额的一种处理方法。

在备抵法下，企业应设置"坏账准备"账户和"信用减值损失"账户。

"坏账准备"账户用于核算企业提取的坏账准备，可按应收款项的类别进行明细核算。该账户是"应收款项"账户的抵减调整账户，贷方登记坏账准备的提取额和已确认并转销的坏账损失重新收回的金额，借方登记已确认坏账损失的转销额和冲销的坏账损失多提数。期末余额在贷方，表示企业为期末应收款项所提取的坏账准备数额。

"信用减值损失"账户核算企业计提的金融资产减值准备所形成的损失。该账户借方登记金融资产发生减值而应计提的减值准备的金额，贷方登记金融资产价值得以恢复的金额。

企业提取坏账准备时，借记"信用减值损失"账户，贷记"坏账准备"账户。实际发生坏账时，借记"坏账准备"账户，贷记"应收账款"等账户；如果已确认并转销的坏账以后又收回，则应按实际收到的金额增加坏账准备的账面余额，借记"应收账款"等账户，贷记"坏账准备"账户；同时，借记"银行存款"账户，贷记"应收账款"等账户；也可以按照实际收回的金额，借记"银行存款"账户，贷记"坏账准备"账户。

坏账准备的计提方法有应收款项余额百分比法、账龄分析法、销货百分比法和个别认定法。

1. 应收款项余额百分比法

应收款项余额百分比法是指根据会计期末应收款项的余额乘以估计的坏账率(当期应估计的坏账损失)，据此计提坏账准备的方法。坏账率可以按照以往的数据资料加以确定，也可以根据规定的百分率计算。

如果当期按应收款项计算计提坏账准备金额大于"坏账准备"账户的贷方余额，应按其差额提取坏账准备；如果当期按应收款项计算计提坏账准备金额小于"坏账准备"账户的贷方余额，应按其差额冲回已计提的坏账准备；如果坏账准备的账面余额在借方时，应按应收款项计算应计提坏账准备金额加上坏账准备的账户借方余额的合计数提取。根据以上三种情况，总结计算公式如下。

当期应提取的坏账准备金额=当期按应收款项计算的坏账准备金额(期末应收款项×坏账率)-(或+)期末结账前"坏账准备"账户的贷方(或借方)余额

【案例3-8】

某企业从2017年开始计提坏账准备，2017年年末应收账款余额为1 200 000元。2018年9月，企业发现有2 000元的应收账款无法收回，按有关规定确认为坏账损失。2018年12月31日，该企业应收账款余额为1 400 000元。2019年3月15日，接到银行通知，企业上年度已冲销的2 000元坏账又收回，款项已存入银行。2019年12月31日，企业应收账款余额为1 250 000元。2020年5月，企业发现无法收回的款项有8 000元，按有关规定确认为坏账损失。2020年12月31日，企业应收账款余额为1 300 000元。该企业坏账准备的提取比例为5‰。该企业的账务处理如下。

① 2017年年末，应计提的坏账准备为6 000(1 200 000×5‰)元。

  借：信用减值损失   6 000
    贷：坏账准备   6000

② 2018年9月，确认并转销坏账损失。

  借：坏账准备   2 000
    贷：应收账款   2 000

③ 2018年年末，应计提的坏账准备为3 000(1 400 000×5‰-"坏账准备"账户贷方余额4 000)元。

2018年年末，企业应收账款余额为1 400 000元，年末坏账准备金额应为7 000(1 400 000×5‰)元，计提坏账准备前"坏账准备"账户有贷方余额4 000(6 000-2 000)元，应补提的坏账准备金额为3 000(7 000-4 000)元。

  借：信用减值损失   3 000
    贷：坏账准备   3 000

④ 2019年3月15日，上年度已冲销的2 000元坏账收回。

  借：应收账款   2 000
    贷：坏账准备   2 000

同时，

  借：银行存款   2 000
    贷：应收账款   2 000

⑤ 2019年年末，应冲回的坏账准备金额为2 750(1 250 000×5‰-"坏账准备"账户贷方余额9 000)元。

2019年年末，企业应收账款余额为1 250 000元，年末坏账准备余额应为6 250(1 250 000×5‰)元，计提坏账准备前，"坏账准备"账户有贷方金额9 000(7 000+2 000)元，应冲回多提的坏账准备金额2 750(6 250-9 000)元。

  借：坏账准备   2 750
    贷：信用减值损失   2 750

⑥ 2020 年 5 月，确认并转销坏账损失。

借：坏账准备　　　　　　　　　　　　　　　　　　　　　8 000
　　贷：应收账款　　　　　　　　　　　　　　　　　　　　　　8 000

⑦ 2020 年年末，应计提的坏账准备为 8 250(1 300 000×5‰+"坏账准备"账户借方余额 1 750)元。

2020 年年末，企业应收账款余额为 1 300 000 元，年末坏账准备金额应为 6 500(1 300 000×5‰)元，计提坏账准备前，"坏账准备"账户有借方余额 1 750(6 250-8 000)元，应补提的坏账准备金额为 8 250(6 500+1 750)元。

借：信用减值损失　　　　　　　　　　　　　　　　　　　8 250
　　贷：坏账准备　　　　　　　　　　　　　　　　　　　　　　8 250

2. 账龄分析法

账龄分析法是指根据应收款项账龄的长短来估计坏账的方法。账龄指的是客户所欠账款的时间，虽然应收账款能否收回及能收回多少不一定完全取决于时间的长短，但一般来说，账龄越长，发生坏账的可能性就越大。

【案例 3-9】

某企业 2020 年 12 月 31 日应收账款账龄及估计的坏账损失如表 3-1 所示。

表 3-1　应收账款账龄及估算的坏账损失表

应收账款账龄	应收账款金额/元	估计的损失/%	估计的损失金额/元
1 年以内	80 000	5	4 000
1～2 年(含 1 年)	50 000	10	5 000
2～3 年(含 2 年)	20 000	30	6 000
3～4 年(含 3 年)	5 000	100	5 000
合　计	155 000	—	20 000

从表 3-1 中可以看出，企业 2020 年 12 月 31 日估计的坏账损失为 20 000 元，因此年末坏账准备金额应为 20 000 元。假使在计提坏账准备前，"坏账准备"账户有贷方余额 22 000 元，则企业应冲回 2 000(20 000-22 000)元。该企业账务处理如下。

借：坏账准备　　　　　　　　　　　　　　　　　　　　　2 000
　　贷：信用减值损失　　　　　　　　　　　　　　　　　　　　2 000

3. 销货百分比法

销货百分比法就是根据赊销金额的一定百分比估计坏账损失的一种方法。用销货百分比法进行计算时，先估计不能收回的应收账款占赊销总额的百分比，期末用此百分比乘以赊销总额，即可估计出本会计期间的坏账损失。采用该方法计提坏账准备时，不用考虑上年度坏账准备的余额。

【案例 3-10】

某企业 2020 年全年赊销金额为 500 000 元，根据以往资料和经验，估计坏账损失率为 3%。试估计坏账损失并作相应的账务处理如下。

借：信用减值损失　　　　　　　　　　　　　　　　　　15 000
　　贷：坏账准备　　　　　　　　　　　　　　　　　　　　　15 000

在采用销货百分比法的情况下，估计的坏账损失的百分比可能由于企业生产经营情况的不断变化而不相适应，因此需要经常检查销货百分比法是否能足以反映企业坏账损失的实际情况，若发现过高或过低时，应及时调整百分比。

4．个别认定法

个别认定法是指根据每一项应收款项的具体情况来估计坏账损失的方法。

在采用账龄分析法和应收款项余额百分比法等方法的情况下，如果某项应收款项的可收回性与其他各项应收款项存在明显的差别(如债务单位处于特定地区)，导致该项应收款项如果按照与其他应收款项同样的方法计提坏账准备，将无法真实地反映其可收回金额的，可对该项应收款项采用个别认定法计提坏账准备。

任务三　预付账款及其他应收款的核算

一、预付账款的核算

预付账款是指企业按照购货合同或劳务合同，预先支付给供货方或提供劳务方的款项，如预付的材料款、商品采购款等。

为了反映和监督预付账款的支出和结算情况，企业应设置"预付账款"账户。该账户属于资产类账户，借方登记企业向供货单位预付或补付的款项，贷方登记企业收到所购货物时应结转或退回多付的预付款项，期末余额一般在借方，反映企业向供货方已预付尚未结算的款项；有时期末余额也会在贷方，此时反映企业所购货物或劳务大于预付款项的差额，属于负债性质，是企业应补付的款项。该账户应按单位或个人名称设置明细账。

企业向供货方或提供劳务方预付货款时，应按预付金额借记"预付账款"账户，贷记"银行存款"账户。收到预购的材料或商品时，按材料或商品的实际成本，借记"材料采购"或"原材料""库存商品"等账户；按增值税专用发票上注明的增值税税额，借记"应交税费——应交增值税(进项税额)"账户；按应付金额，贷记"预付账款"账户。补付货款时，按补付金额，借记"预付账款"账户，贷记"银行存款"账户；收到供货方退回多付的货款时，按退回金额，借记"银行存款"账户，贷记"预付账款"账户。

【案例 3-11】

某企业预付 M 公司材料款 10 000 元，其后收到材料和增值税专用发票，发票上所注明的价款为 10 000 元，增值税税额为 1 300 元，企业向 M 公司补付货款 1 300 元。该企业的账务处理如下。

① 预付款项时。

借：预付账款——M公司　　　　　　　　　　　　　　10 000
　　贷：银行存款　　　　　　　　　　　　　　　　　　　　10 000

② 收到发票账单时。

借：原材料　　　　　　　　　　　　　　　　　　　　　10 000
　　应交税费——应交增值税(进项税额)　　　　　　　　　1 300
　　贷：预付账款——M公司　　　　　　　　　　　　　　　11 300

③ 补交货款时。

借：预付账款——M公司　　　　　　　　　　　　　　　1 300
　　贷：银行存款　　　　　　　　　　　　　　　　　　　　1 300

预付账款业务不多的企业，也可以不设置"预付账款"账户，而将预付账款业务在"应付账款"账户中核算。

二、其他应收款的核算

其他应收款是指企业除应收票据、应收账款、预付账款等以外的其他各种应收、暂付给其他单位和个人的款项。其他应收款是企业因非购销活动而产生的应收债权，是一种短期债权。其具体包括以下几个方面。

(1) 预付给企业内部职能部门、车间和职工个人的备用款项。

(2) 应收取的各种赔款、罚款。

(3) 存出保证金，如支付的包装物押金。

(4) 应向职工个人收取的各种垫付款项。

(5) 应收、暂付上级单位或下属单位的款项等。

为了反映和监督其他应收款的结算情况，应设置"其他应收款"账户进行总分类核算。该账户属于资产类账户，借方登记企业发生的各种其他应收款项和按规定转入的预付账款，贷方登记企业收到的款项和结转款项，期末余额在借方，反映企业应收而未收到的其他应收款项。该账户按债务人名称设置明细账。

企业发生应收而未收的赔款、罚款、租金和其他款项，以及支付备用金、包装物押金和其他各种暂付款项时，借记"其他应收款"账户，贷记有关账户；收回应收、暂付款项或由单位、个人预支款项报销时，借记有关账户，贷记"其他应收款"账户。

【案例3-12】

陈斌出差预借差旅费5 000元，以现金支付。该企业的账务处理如下。

借：其他应收款——陈斌　　　　　　　　　　　　　　5 000
　　贷：库存现金　　　　　　　　　　　　　　　　　　　　5 000

【案例 3-13】

某企业向其他单位购买商品时借用包装物一批,以银行存款支付押金 7 000 元。该企业的账务处理如下。

借:其他应收款——存出保证金　　　　　　　　　　　　　　7 000
　　贷:银行存款　　　　　　　　　　　　　　　　　　　　　　　　7 000

【案例 3-14】

某企业材料仓库在盘点中发现部分原材料损坏,价值 500 元,经查明是由于保管员失职所造成的,应由保管员负责赔偿损失的 60%。该企业的账务处理如下。

借:其他应收款——×××　　　　　　　　　　　　　　　　300
　　贷:待处理财产损溢——待处理流动资产损溢　　　　　　　　　　300

【案例 3-15】

某企业因往来单位违反合同应收赔款 2 000 元。该企业的账务处理如下。

借:其他应收款——×××单位　　　　　　　　　　　　　　2 000
　　贷:营业外收入　　　　　　　　　　　　　　　　　　　　　　　2 000

【案例 3-16】

某企业本月给职工垫付水电费 7 560 元,以转账支票支付。该企业的账务处理如下。

借:其他应收款——×××　　　　　　　　　　　　　　　　7 560
　　贷:银行存款　　　　　　　　　　　　　　　　　　　　　　　　7 560

企业应当定期或在年度终了时,对其他应收款进行检查,预计可能发生的坏账损失,并计提坏账准备。对于不能收回的其他应收款应查明原因,追究责任。对确实无法收回的其他应收款,按照企业的管理权限,经股东大会或董事会,或经理(厂长)会议,或类似机构批准,作为坏账损失,冲减提取的坏账准备。

经批准作为坏账的其他应收款,借记"坏账准备"账户,贷记"其他应收款"账户;已确认并转销的坏账,如果以后又收回,按实际收回的金额,借记"其他应收款"账户,贷记"坏账准备"账户,同时,借记"银行存款"账户,贷记"其他应收款"账户。

项 目 小 结

应收及预付款项的核算主要包括应收票据的核算、应收账款的核算、预付账款及其他应收款的核算。

应收票据是指企业因销售商品、产品、提供劳务等而收到的商业汇票。商业汇票按是否计息可分为不带息商业汇票和带息商业汇票两种。

应收账款是指企业因对外销售商品、产品或提供劳务等而形成的债权。若存在现金折扣，应收账款应采用总价法入账。

预付账款是指企业按照购货合同或劳务合同，预先支付给供货方或提供劳务方的款项。预付账款业务不多的企业，也可以不设置"预付账款"账户，而将预付账款业务在"应付账款"账户中核算。

其他应收款是指企业除应收票据、应收账款、预付账款等以外的其他各种应收、暂付给其他单位和个人的款项。

上述应收及预付款项都有可能发生坏账损失，企业应在每个会计期末计提坏账准备，实际发生坏账损失时，一方面冲减计提的坏账准备，另一方面冲减应收及预付款项。

微课视频资源

应收票据的核算(1).mp4

应收票据的核算(2).mp4

应收账款的核算(1).mp4

应收账款的核算(2).mp4

预付账款及其他应收款的核算.mp4

项目四 存货的核算

知识目标

- 了解存货的概念、性质。
- 掌握取得存货、发出存货及期末存货的计价方法。
- 熟悉委托加工物资、低值易耗品、包装物的核算。
- 了解存货清查的意义。

技能目标

- 能按实际成本法和计划成本法对原材料的收发进行核算。
- 能对委托加工物资的发出、收回进行核算。
- 能对存货清查发生的盘盈、盘亏进行核算。

任务一 存货概述及原材料的核算

一、存货的概念

存货是指企业在日常活动中持有以备出售的产成品或商品、处在生产过程中的在产品、在生产过程或提供劳务过程中耗用的材料、物料等。

存货区别于固定资产等非流动资产的最基本的特征是，企业持有存货的最终目的是出售，不论是可供直接出售的企业的产成品、商品等，还是需要经过进一步加工后才能出售的原材料等。

企业的存货通常包括以下内容。

(1) 原材料。它是指企业在生产过程中经加工改变其形态或性质并构成产品主要实体的各种原料及主要材料、辅助材料、外购半成品(外购件)、修理用备件(备品备件)、包装材料、燃料等。为建造固定资产等各项工程而储备的各种材料，虽然同属于材料，但是由于用于建造固定资产等各项工程，不符合存货的定义，因此不能作为企业的存货进行核算。

(2) 在产品。它是指企业正在制造但尚未完工的产品，包括正在各个生产工序加工的产品和已加工完毕但尚未检验或已检验但尚未办理入库手续的产品。

(3) 半成品。它是指经过一定生产过程并已检验合格交付半成品仓库保管，但尚未制造完工成为产成品，仍需要进一步加工的中间产品。

(4) 产成品。它是指工业企业已经完成全部生产过程并验收入库，可以按照合同规定的条件送交订货单位，或者可以作为商品对外销售的产品。企业接受外来原材料加工制造的代制品和为外单位加工修理的代修品，制造和修理完成验收入库后，应视同企业的产成品。

(5) 商品。它是指商品流通企业外购或委托加工完成验收入库用于销售的各种商品。

(6) 周转材料。它是指企业能够多次使用但不符合固定资产定义的材料，如为了包装本企业商品而储备的各种包装物、各种工具、管理用具、玻璃器皿、劳动保护用品以及在经营过程中周转使用的容器等低值易耗品和建造承包商的钢模板、木模板、脚手架等其他周转材料。但是，周转材料符合固定资产定义的，应当作为固定资产处理。

二、存货的确认

按照《企业会计准则第 1 号——存货》的规定，存货在同时满足以下两个条件时，才能加以确认。

(一)与该存货有关的经济利益很可能流入企业

资产最重要的特征是预期会给企业带来经济利益，如果某一项目预期不能给企业带来经济利益，就不能确认为企业的资产。

存货是企业的一项重要的流动资产，因此对存货的确认，关键是要判断其是否很可能给企业带来经济利益或所包含的经济利益是否很可能流入企业。通常,企业拥有存货的所有权是存货包含的经济利益很可能流入企业的一个重要标志。例如,一般情况下,根据销售合同已经售出(取得现金或收取现金的权利)、所有权已经转移的存货,因其所含经济利益已不能流入本企业,因而不能再作为企业的存货进行核算,即使该存货尚未运离企业。又如,委托代销商品,由于其所有权并未转移至受托方,因而委托代销的商品是委托企业存货的一部分。总之,企业在判断存货所含经济利益能否流入企业,通常应结合考虑该项存货所有权的归属,而不应当仅看其存放的地点等。

(二)该存货的成本能够可靠地计量

成本能够可靠地计量是资产确认的一项基本条件。存货作为企业资产的组成部分,要予以确认也必须能够对其成本进行可靠的计量。存货的成本能够可靠地计量必须以取得的确凿、可靠的证据为依据,并且具有可验证性。如果存货成本不能可靠地计量,则不能确认为一项存货。例如,企业承诺的订货合同,由于并未实际发生,不能可靠地确定其成本,因此就不能确认为购买企业的存货。又如,企业预计发生的制造费用,由于并未实际发生,不能可靠地确定其成本,因此不能计入产品成本。

某个项目要确认为存货,首先要符合存货的概念,在此前提下,还应当满足上述存货确认的两个条件。

三、存货的计量

(一)收入存货的计价

《企业会计准则第 1 号——存货》规定:"存货应当按照成本进行初始计量。存货成本包括采购成本、加工成本和其他成本。"企业存货的取得主要是通过外购和自制两个途径。

1. 外购的存货

原材料、商品、低值易耗品等通过购买而取得的存货的初始成本由采购成本构成。存货的采购成本包括购买价格、相关税费、运输费、装卸费、保险费以及其他可归属于存货采购成本的费用。

(1) 购买价格。它是指企业购入材料或商品的发票账单上列明的价款,但不包括按规定可以抵扣的增值税进项税额。

(2) 相关税费。它是指企业购买、自制或委托加工存货所发生的消费税、资源税和不能从增值税销项税额中抵扣的进项税额等。

(3) 其他可归属于存货采购成本的费用。这是采购成本中除上述各项以外的可归属于存货采购成本的费用,如在存货采购过程中发生的仓储费、包装费、运输费、运输途中的合理损耗、入库前的整理挑选费用等。这些费用能分清负担对象的,应直接计入存货的采购成本;不能分清负担对象的,应选择合理的分配方法,分配计入有关存货的采购成本。分配方法通常包括按所购买存货的重量或采购价格比例进行分配。

但是,对于采购过程中发生的物资毁损、短缺等,除途中合理的损耗应当作为存货的其他可归属于存货采购成本的费用计入采购成本外，应区别以下不同情况进行会计处理。

(1) 对于应向供应单位、外部运输机构等收回的物资短缺或其他赔款，应冲减物资的采购成本。

(2) 因遭受意外灾害发生的损失和尚待查明原因的途中损耗，不得增加物资的采购成本，应暂作为待处理财产损溢进行核算，查明原因后再作处理。

2. 通过进一步加工而取得的存货

通过进一步加工而取得的存货即自制的存货，其成本由采购成本、加工成本以及为使存货到达目前场所和状态所发生的其他成本构成。

(1) 委托外单位加工完成的存货。以实际耗用的原材料或半成品、加工费、运输费、装卸费以及按规定应计入成本的税金等费用作为实际成本。

(2) 自行生产的存货。初始成本包括投入的原材料或半成品、直接人工和按照一定方法分配的制造费用。

3. 其他方式取得的存货

企业取得存货的途径除了外购和自制以外还有其他方式，如投资者投入的存货、通过非货币性资产交换取得的存货、通过债务重组方式取得的存货、盘盈的存货等。通过这些方式取得的存货，其实际成本的具体内容各有不同。

(1) 投资者投入存货的成本，应按投资合同或协议约定的价值确定，但合同或协议约定的价值不公允时，应以公允价值确定。

(2) 通过非货币性资产交换取得的存货成本，应以换出资产的公允价值加上支付的相关税费，再加上支付的补价作为换入存货的成本；当公允价值不能可靠取得时，应以换出资产的账面价值加上支付的相关税费，再加上支付的补价或减去收到的补价作为换入存货的成本。

(3) 通过债务重组方式取得的存货成本，应以取得存货的公允价值确定。

(4) 盘盈的存货成本，按照同类或类似存货的市场价格(即重置成本)作为实际成本。

需要注意的是，在确定存货成本的过程中，下列费用不应当包括在存货成本中，而应当在发生时确认为当期费用。

(1) 非正常消耗的直接材料、直接人工和制造费用。

(2) 仓储费用(不包括在生产过程中为达到下一个生产阶段所必需的仓储费用)。

(3) 不能归属于使存货达到目前场所和状态的其他支出。

(二)发出存货的计价

发出存货的计价方法是指对发出存货和每次发出后结存存货价值的计算方法。发出存货价值的确定是否正确，直接影响到当期销售成本，影响当期损益和有关税金的计算，也直接影响到各期期末存货价值的确定，从而影响到资产负债表中的相关项目。

发出存货的计价方法有很多种。我国《企业会计准则第 1 号——存货》规定，各种存货发出时，按照实际成本进行日常核算的，可采用先进先出法、加权平均法(包括月末一次加权平均法和移动加权平均法)或个别计价法等方法确定其实际成本；采用计划成本方法进行日常核算的，应当按期结转其成本差异，将计划成本调整为实际成本。

1. 先进先出法

先进先出法是指假定先收到的存货先发出或先耗用,并根据这种假定的成本流转次序对发出存货和期末存货进行计价的一种方法。其具体做法是:收到有关存货时,逐笔登记每一批存货的数量、单价和金额;发出存货时,按照先进先出的原则计价,并逐笔登记存货的发出和结存金额。

【案例 4-1】

某企业采用先进先出法计算 A 材料发出金额和结存金额。2020 年 3 月份 A 材料的收发结存明细账如表 4-1 所示。

表 4-1 材料明细分类账(采用先进先出法)

计量单位:件
总账科目:原材料   明细科目:A 材料   金额:元

2020年		凭证字号	摘要	收入			发出			结存		
月	日			数量	单价	金额	数量	单价	金额	数量	单价	金额
3	1	(略)	期初余额							520	1.00	520.00
	5		购入	300	1.20	360.00				520 300	1.00 1.20	520.00 360.00
	10		发出				520 80	1.00 1.20	520.00 96.00	220	1.20	264.00
	15		购入	450	1.10	495.00				220 450	1.20 1.10	264.00 495.00
	21		发出				220 180	1.20 1.10	264.00 198.00	270	1.10	297.00
	25		购入	230	1.21	278.30				270 230	1.10 1.21	297.00 278.30
	31		本月合计	980		1 133.30	1 000		1 078.00	270 230	1.10 1.21	297.00 278.30

在采用先进先出法时,能随时计算出发出存货和库存存货的成本。先进先出法的特点是:本期发出存货的成本反映较早购进存货的成本,而期末库存存货的账面价值则接近存货近期的成本水平。

2. 加权平均法

1) 月末一次加权平均法

月末一次加权平均法是指本月全部收货数量加月初库存存货数量作为权数,除以本月全部收货成本加月初存货成本,计算出存货的加权平均单位成本,据以确定存货的发出成本和期末结存存货成本的一种方法。其计算公式如下。

$$存货单位成本 = \frac{月初库存存货的实际成本 + \sum\left(本月某批进货的实际单位成本 \times 本月某批进货的数量\right)}{月初库存存货数量 + 本月各批进货数量之和}$$

本月发出存货的成本=本月发出存货的数量×存货单位成本
本月月末库存存货成本=月末库存存货的数量×存货单位成本

或

本月月末库存存货成本=月初库存存货的实际成本+本月收入存货的实际成本-
本月发出存货的实际成本

【案例 4-2】

以案例 4-1 为例，采用月末一次加权平均法计算 A 材料发出成本和期末成本。

加权平均单位成本=(520+1 133.30)÷(520+980)=1.10(元/件)

本月发出材料成本=1 000×1.10=1 100(元)

期末结存材料成本=520+1 133.30-1 100=553.30(元)

采用加权平均法只在月末计算一次加权平均单价，比较简单，但平时无法从账上提供存货的收、发、存情况，不利于存货的日常管理与控制。

2) 移动加权平均法

移动加权平均法是指以每次进货的成本加上原有库存存货的成本，除以每次进货数量加上原有库存存货的数量，据以计算加权平均单位成本，作为在下次进货前计算各次发出存货成本依据的一种方法。其计算公式如下。

$$存货单位成本=\frac{原有库存存货的实际成本+本次进货的实际成本}{原有库存存货数量+本次进货数量}$$

本次发出存货的成本=本次发出存货数量×本次发货前存货的单位成本
本月月末库存存货成本=月末库存存货的数量×本月月末存货的单位成本

【案例 4-3】

仍以案例 4-1 为例，采用移动加权平均法计算 A 材料发出成本和期末成本，如表 4-2 所示。

表 4-2 材料明细分类账(采用移动加权平均法)

计量单位：件
总账科目：原材料　　　　　　　明细科目：A 材料　　　　　　　金额：元

2020年		凭证字号	摘要	收入			发出			结存		
月	日			数量	单价	金额	数量	单价	金额	数量	单价	金额
3	1	(略)	期初余额							520	1.00	520.00
	5		购入	300	1.20	360.00				820	1.07	877.40
	10		发出				600	1.07	642.00	220	1.07	235.40
	15		购入	450	1.10	495.00				670	1.09	730.30
	21		发出				400	1.09	436.00	270	1.09	294.30
	25		购入	230	1.21	278.30				500	1.15	575.00
	31		本月合计	980		1 133.30	1 000		1 078.00	500	1.15	575.00

5 日，购入材料后的加权平均单位成本=(520.00+360.00)÷(520+300)=1.07(元/件)

15 日，购入材料后的加权平均单位成本=(235.40+495.00)÷(220+450)=1.09(元/件)
25 日，购入材料后的加权平均单位成本=(294.30+278.30)÷(270+230)=1.15(元/件)

移动加权平均法能够使企业管理当局及时了解存货的结存情况，计算的平均单位成本及发出和结存的存货成本比较客观，但计算工作量较大，对收发货较频繁的企业不适用。

3. 个别计价法

个别计价法也称个别认定法、具体辨认法、分批实际法，采用这一方法是假设存货具体项目的实物流转与成本流转相一致，按照各种存货逐一辨认各批发出存货和期末存货所属的购进批别或生产批别，分别按其购入或生产时所确定的单位成本计算各批发出存货和期末存货成本的方法。在这种方法下，是把每一种存货的实际成本作为计算发出存货成本和期末存货成本的基础。

用这种方法反映发出的存货的实际成本最为准确，而且可以随时结转成本。但是，采用此方法要求具备两个条件：一是各批存货是可以辨别认定的；二是各批存货必须要有详细的批号、数量及单位成本等记录。因此，个别计价法适用于容易识别品种、存货数量不多、单位成本较高的存货计价，如房产、船舶、飞机、重型设备、珠宝和名画等贵重物品。

4. 计划成本法

计划成本法是指对企业每种存货的收入、发出和结存，都采用计划成本进行日常核算，同时，将实际成本与计划成本的差额另行设置有关成本差异账户(如"材料成本差异"账户)进行反映，期末计算发出存货和结存存货应分摊的成本差异，将发出存货和结存存货由计划成本调整为实际成本的一种计价方法。实际成本大于计划成本的差额称为超支差异；实际成本小于计划成本的差额称为节约差异。其计算公式如下：

存货成本差异率=(期初结存存货成本差异+本期收入存货成本差异)÷
(期初结存存货计划成本+本期收入存货计划成本)×100%
发出存货应负担的成本差异=发出存货的计划成本×存货成本差异率
发出存货的实际成本=发出存货的计划成本±发出存货应负担的成本差异
期末结存存货应负担的成本差异=期末结存存货的计划成本×存货成本差异率
期末结存存货的实际成本=期末结存存货的计划成本±期末结存存货应负担的成本差异

【案例4-4】

某企业月初库存存货的计划成本为24 000元，本月收入存货的计划成本为39 200元，本月收入存货的实际存货成本为39 800元，本月发出存货的计划成本为60 000元，存货成本差异的月初数为284元(节约)。请计算本月存货成本差异率及发出存货应负担的成本差异。

本月存货成本差异率=(-284+600)÷(24 000+39 200)×100%=0.5%
本月发出存货应负担的成本差异=60 000×0.5%=300(元)
本月月末结存存货应负担的成本差异=(24 000+39 200-60 000)×0.5%=16(元)
本月发出存货的实际成本=60 000+300=60 300(元)
本月月末结存存货的实际成本=3 200+16=3 216(元)

四、原材料的核算

原材料是指企业在生产过程中经过加工改变其形态或性质并构成产品主要实体的各种原料、主要材料和外购半成品,以及不构成产品实体但有助于产品形成的辅助材料。

原材料日常核算可以按实际成本计价核算,也可以按计划成本计价核算。

(一)原材料按实际成本计价的核算

原材料按实际成本计价进行核算的特点是:企业材料的收发凭证、材料的总分类账和明细分类账全部按实际成本计价并进行核算。

1. 账户设置

为了总括地反映企业材料资金的增减变化和占用情况,企业应设置"原材料"账户和"在途物资"账户。

(1)"原材料"账户。为了反映和监督原材料的收入、发出和结存情况,企业应设置"原材料"账户,用来核算企业库存的各种原材料的实际成本。该账户属于资产类账户,借方登记因外购、自制、委托加工完成、其他单位投入、盘盈等原因而增加的库存原材料的实际成本,贷方登记因企业领用、发出加工、对外销售,以及盘亏、毁损等原因而减少的库存原材料的实际成本。期末余额在借方,反映库存原材料的实际成本。该账户可按原材料的保管地点(仓库)、材料类别、品种和规格设置材料明细账。

(2)"在途物资"账户。该账户用于核算企业已经付款或已开出、承兑的商业汇票,但尚未到达或尚未验收入库的材料物资。该账户属于资产类账户,借方登记已支付或已开出、承兑商业汇票的材料物资的实际成本,贷方登记已验收入库材料物资的实际成本。期末余额在借方,反映已经付款或已开出、承兑的商业汇票,但尚未验收入库的在途物资的实际成本。该账户应按供货单位设置明细账户,进行明细分类核算。

2. 收入原材料的核算

下面主要说明外购原材料的核算。

企业的材料主要是从外部购入的,由于结算方式和采购地点不同,材料入库与货款支付在时间上不一定同步,特别是从异地购进的材料,往往由于材料运输时间和结算凭证的传递及承付时间不一致,在不同的情况下,物资采购的账务处理往往也不同。在实际工作中,主要有三种情况:结算凭证与外购材料同时到达企业(货单同时到);已经支付货款或开出承兑的商业汇票,但材料尚未运达企业(单到货未到);所购材料已达企业,而结算凭证尚未到达(货到单未到)。

(1) 货单同时到。对于结算凭证等单据与材料同时到达的采购业务,企业在材料验收入库后,应根据结算凭证、发票账单等单据确定的材料实际成本,借记"原材料"账户;根据取得增值税专用发票上注明的增值税税额,借记"应交税费——应交增值税(进项税额)"账户(一般纳税人,下同);按照实际支付或应支付的款项,贷记"银行存款""应付账款""应付票据"等账户。

【案例 4-5】

某企业为增值税一般纳税人，2020 年 9 月 5 日购进材料一批，增值税专用发票注明的材料价款为 80 000 元，增值税税额为 10 400 元。发票等结算凭证已收到，货款已通过银行转账支付，材料已验收入库。该企业的账务处理如下。

借：原材料　　　　　　　　　　　　　　　　　　　　　　　80 000
　　应交税费——应交增值税(进项税额)　　　　　　　　　　10 400
　　贷：银行存款　　　　　　　　　　　　　　　　　　　　　　　90 400

(2) 单到货未到。对于已支付货款或已开出、承兑的商业汇票，但材料尚未运达的采购业务，应根据结算凭证、发票账单等单据确定的材料实际成本，借记"在途物资"账户；根据取得的增值税专用发票上注明的增值税税额，借记"应交税费——应交增值税(进项税额)"账户；按照实际支付或应支付的款项，贷记"银行存款""应付账款""应付票据"等账户。待材料到达验收入库后，再根据收料单，借记"原材料"账户，贷记"在途物资"账户。

【案例 4-6】

某企业为一般纳税人，2020 年 9 月 8 日向甲公司购入一批材料，取得的增值税专用发票上注明的材料价款为 200 000 元，增值税税额为 26 000 元。发票等结算凭证已收到，货款已支付，但材料尚未到达。该企业的账务处理如下。

借：在途物资——甲公司　　　　　　　　　　　　　　　　　200 000
　　应交税费——应交增值税(进项税额)　　　　　　　　　　 26 000
　　贷：银行存款　　　　　　　　　　　　　　　　　　　　　　 226 000

2020 年 9 月 23 日，上述材料到达，验收入库后，根据收料单编制会计分录如下。

借：原材料　　　　　　　　　　　　　　　　　　　　　　　200 000
　　贷：在途物资——甲公司　　　　　　　　　　　　　　　　 200 000

(3) 货到单未到。对于材料已到达并验收入库，但发票账单等结算凭证未到，货款尚未支付的采购业务，一般在短时间内，发票账单等凭证即可到达。为了简化核算手续，在本月内发生的该项业务，可以暂不进行账务处理，而只将收到的材料在明细分类账中登记；待到月末，如发票账单等凭证仍未收到时，为真实反映企业库存材料的实际情况，对于已验收入库而发票账单等凭证尚未到达的材料，应按合同价格或计划价格，暂估入账，借记"原材料"账户，贷记"应付账款——暂估应付账款"账户，下月初用红字冲回。企业于下月实际付款或开出、承兑的商业汇票时，按正常程序，借记"原材料""应交税费——应交增值税(进项税额)"账户，贷记"银行存款"或"应付票据"账户。

【案例 4-7】

假设案例 4-6 中购入材料的业务，材料已经运到并验收入库，但发票账单等结算凭证到月末仍未到达，货款尚未支付。月末按暂估价入账，暂估价为 180 000 元。该企业的账务处理如下。

① 当月月末，按暂估价入账。

借：原材料　　　　　　　　　　　　　　　　　　　　180 000
　　贷：应付账款——暂估应付账款　　　　　　　　　　　　　180 000

② 下月初，将上述会计分录用红字冲回。

借：原材料　　　　　　　　　　　　　　　　　　　　180 000
　　贷：应付账款——暂估应付账款　　　　　　　　　　　　　180 000

3. 发出原材料的核算

企业各部门领用的原材料，根据填制的发料凭证，借记"生产成本""制造费用""销售费用""管理费用"等账户，贷记"原材料"账户。出售原材料：按售价和应收的增值税，借记"银行存款""应收账款"等账户；按实现的营业收入，贷记"其他业务收入"账户；按专用发票上注明的增值税税额，贷记"应交税费——应交增值税(销项税额)"账户；按出售原材料的实际成本，借记"其他业务成本"账户，贷记"原材料"账户。

【案例4-8】

某企业对原材料采用实际成本核算，2020年9月共发出原料及主要材料215 000元，其中生产产品领用205 000元，车间管理部门领用10 000元；发出辅助材料64 000元，其中生产产品领用60 000元，车间管理部门领用3 500元，行政管理部门领用500元。根据发料凭证编制会计分录如下。

借：生产成本　　　　　　　　　　　　　　　　　　　265 000
　　制造费用　　　　　　　　　　　　　　　　　　　 13 500
　　管理费用　　　　　　　　　　　　　　　　　　　　　 500
　　贷：原材料——原料及主要材料　　　　　　　　　　　　215 000
　　　　　　——辅助材料　　　　　　　　　　　　　　　　 64 000

原材料按实际成本计价的核算，从材料日常收发凭证到明细分类账和总分类账，都是按照实际成本计价并进行核算的。这对于材料收发业务频繁的企业，材料计价的工作量是极为繁重的，而且这种计价方法难以看出收入材料的实际成本与计划成本相比是节约还是超支，难以从账簿中反映材料采购业务的经营成果。因此，这种计价方法一般只适合材料收发业务较少的企业；而对于材料收发业务频繁的企业，则应在其具备材料计划成本资料的条件下，采用计划成本计价方法。

(二)原材料按计划成本计价的核算

原材料按计划成本计价进行核算的特点是：材料收发凭证、材料总分类账及明细分类账均采用计划成本计价并进行核算，实际成本与计划成本的差异，通过"材料成本差异"账户进行核算。

1. 账户设置

采用按计划成本计价方法进行材料收发核算的企业，除应设置"原材料"账户外，还应设置"材料采购"账户和"材料成本差异"账户。

(1)"原材料"账户。"原材料"账户用来核算企业原材料收、发、结存的计划成本。该账户借方登记已验收入库材料的计划成本,贷方登记发出材料的计划成本。期末余额在借方,反映库存材料的计划成本。

(2)"材料采购"账户。"材料采购"账户用来核算采用计划成本进行材料日常核算的企业所购入的各种材料的采购成本,借方登记购入材料的实际成本和结转的实际成本小于计划成本的差异数(节约额),贷方登记已经付款或已开出、承兑的商业汇票并已验收入库的材料的计划成本,以及结转实际成本大于计划成本的差异额(超支额)。期末余额在借方,反映已经付款或已开出、承兑的商业汇票,但尚未到达或尚未验收入库的在途物资的实际成本。

(3)"材料成本差异"账户。这是采用计划成本进行材料日常核算的企业设置和使用的账户。该账户核算企业各种材料的实际成本与计划成本的差异,借方登记验收入库材料实际成本大于计划成本的超支差异和已发出材料应分摊的节约差异,贷方登记验收入库材料实际成本小于计划成本的节约差异和已发出材料应分摊的超支差异。期末余额若在借方,反映库存各种材料的实际成本大于计划成本的超支差异;期末余额若在贷方,反映库存各种材料的实际成本小于计划成本的节约差异。"材料成本差异"账户,按"原材料""包装物"和"低值易耗品"等类别或品种设置明细账,进行明细分类核算。

2. 收入原材料的核算

在按计划成本计价的情况下,企业购入原材料时,一般采用"材料采购"账户核算采购的实际成本,因此企业不论材料是否入库,都必须先通过这个账户进行核算。待验收入库后,再转入"原材料"账户,同时结转成本差异,这是材料按计划成本计价进行核算的程序。

1)外购原材料

(1)货单同时到。对于结算凭证等单据与材料同时到达的采购业务,企业在材料验收入库后,应根据结算凭证、发票账单等单据确定的材料实际成本,借记"材料采购"账户;根据取得的增值税专用发票上注明的增值税税额,借记"应交税费——应交增值税(进项税额)"账户;根据实际支付或应支付的款项,贷记"银行存款""应付账款""应付票据"等账户。材料验收入库后,应根据收料单并按计划成本,借记"原材料"账户,贷记"材料采购"账户,同时结转外购材料实际成本与计划成本的差异额。当实际成本大于计划成本时,借记"材料成本差异"账户,贷记"材料采购"账户;当实际成本小于计划成本时,借记"材料采购"账户,贷记"材料成本差异"账户。为减少日常核算工作量,成本差异的结转可在月末一次进行。

【案例4-9】

某企业为增值税一般纳税人,增值税税率为13%。材料按计划成本核算,甲材料计划单位成本为80元/千克。2020年9月16日,该企业从本市购入甲材料7 500千克,增值税专用发票上注明的材料价款为615 000元,增值税税额为79 950元。企业已用银行存款支付材料价款及增值税。材料已验收入库。该企业的账务处理如下。

① 付款时。

借:材料采购——甲材料　　　　　　　　　　　　　　　615 000

应交税费——应交增值税(进项税额)	79 950	
贷：银行存款		694 950

② 材料验收入库，按计划成本结转。

借：原材料——甲材料	600 000	
贷：材料采购——甲材料		600 000

同时，结转入库材料的成本差异(超支差异)。

借：材料成本差异	15 000	
贷：材料采购——甲材料		15 000

(2) 单到货未到。对于已支付货款或已开出、承兑的商业汇票，但材料尚未运达的采购业务，应根据结算凭证、发票账单等单据确定的材料实际成本，借记"材料采购"账户；根据取得的增值税专用发票上注明的增值税税额，借记"应交税费——应交增值税(进项税额)"账户；按照实际支付或应支付的款项，贷记"银行存款""应付账款""应付票据"等账户。待材料到达验收入库后，再根据收料单，借记"原材料"账户，贷记"材料采购"账户，同时结转入库材料的差异。

【案例 4-10】

某企业 2020 年 9 月 4 日向某公司购入甲材料一批，增值税专用发票上注明的材料价款为 3 000 元，增值税税额为 390 元。价税款已用银行存款支付。9 月 30 日收到该材料并验收入库，其计划成本为 3 100 元。该企业的账务处理如下。

① 9 月 4 日付款时。

借：材料采购——甲材料	3 000	
应交税费——应交增值税(进项税额)	390	
贷：银行存款		3 390

② 9 月 30 日，材料验收入库，按计划成本结转。

借：原材料——甲材料	3 100	
贷：材料采购——甲材料		3 100

同时，结转入库材料的成本差异(节约差异)。

借：材料采购——甲材料	100	
贷：材料成本差异		100

(3) 货到单未到。对于材料已到并验收入库但发票账单等结算凭证未到，货款尚未支付的采购业务，月末时，应按计划价格暂估入账，借记"原材料"账户，贷记"应付账款——暂估应付账款"账户，下月初再冲回。企业于下月实际付款或开出、承兑的商业汇票时，按正常程序进行账务处理，即借记"材料采购""应交税费——应交增值税(进项税额)"账户，贷记"银行存款"等账户。对已入库的材料，按计划成本结转，借记"原材料"账户，贷记"材料采购"账户，同时结转入库材料的成本差异。

项目四 存货的核算

【案例4-11】

假设案例4-10中购入材料的业务,材料已经运到并验收入库,但发票账单等结算凭证到月末仍未到达,货款尚未支付。月末按计划价格暂估入账。该企业的账务处理如下。

① 9月末,按计划价格暂估入账。

借:原材料　　　　　　　　　　　　　　　　　　　　　3 100
　　贷:应付账款——暂估应付账款　　　　　　　　　　　3 100

② 10月初,将上述会计分录用红字冲回。

借:原材料　　　　　　　　　　　　　　　　　　　　　3 100
　　贷:应付账款——暂估应付账款　　　　　　　　　　　3 100

2) 自制材料

企业自制材料入库时,应按计划成本,借记"原材料"账户,贷记"生产成本"账户,并结转入库材料的差异。当实际成本大于计划成本时,借记"材料成本差异"账户,贷记"生产成本"账户;当实际成本小于计划成本时,借记"生产成本"账户,贷记"材料成本差异"账户。

3. 发出原材料的核算

日常材料发出,根据发出材料的计划成本及发出材料的用途计入相关资产的成本或当期损益,借记"生产成本""管理费用""委托加工物资""其他业务成本"等账户,贷记"原材料"账户。月末结转发出材料应负担的材料成本差异,如果是实际成本大于计划成本的差异(超支差异),借记"生产成本""管理费用""委托加工物资""其他业务成本"等账户,贷记"材料成本差异"账户;如果是实际成本小于计划成本的差异(节约差异),作相反的会计分录。

在实际工作中,材料发出的总分类核算一般在月末进行,根据按计划成本计价的发料凭证,按领用部门的用途,汇总编制发料凭证汇总表,据以登记总分类账,进行材料发出的总分类核算。

【案例4-12】

某企业对原材料采用计划成本核算。2020年11月,企业财务部门对消耗的甲材料进行汇总,编制发料凭证汇总表,在表中列明:基本生产车间领用80 000元,辅助生产车间领用20 000元,车间管理部门领用4 000元,厂部管理部门领用6 000元,销售部门领用2 000元。本月该材料的成本差异率为1%。该企业的账务处理如下。

① 月末,根据发料凭证汇总表结转发出材料的计划成本。

借:生产成本——基本生产成本　　　　　　　　　　　80 000
　　　　　　——辅助生产成本　　　　　　　　　　　20 000
　　制造费用　　　　　　　　　　　　　　　　　　　4 000
　　管理费用　　　　　　　　　　　　　　　　　　　6 000
　　销售费用　　　　　　　　　　　　　　　　　　　2 000
　　贷:原材料　　　　　　　　　　　　　　　　　　　112 000

② 月末，结转发出材料应负担的成本差异(超支差异)。

借：生产成本——基本生产成本	800
——辅助生产成本	200
制造费用	40
管理费用	60
销售费用	20
贷：材料成本差异	1 120

任务二　其他存货的核算

一、库存商品的核算

库存商品是指企业已完成全部生产过程并已验收入库，合乎标准规格和技术条件，可以按照合同规定的条件送交订货单位或可以作为商品对外销售的产品，以及外购或委托加工完成验收入库用于销售的各种商品。

企业应当设置"库存商品"账户，借方登记验收入库的库存商品的成本，贷方登记发出库存商品的成本，期末余额在借方，反映各种库存商品的实际成本或计划成本。

(一)产品验收入库

企业生产的产品一般按实际成本核算，产品的入库平时只记数量不记金额，期(月)末计算入库产成品的成本。生产完成并验收入库的产成品，应根据库存商品入库单及其实际成本，借记"库存商品"账户，贷记"生产成本"账户。

【案例4-13】

某企业9月份的产品入库汇总表中记载，本月入库甲产品200台，实际单位成本1 000元，共计200 000元。根据产品入库汇总表编制会计分录如下。

借：库存商品——甲产品	200 000
贷：生产成本——甲产品	200 000

(二)产品销售

企业销售商品、确认收入时，应结转已销产品的成本。结转已销产品成本时，一般于月末根据产品发出汇总表，借记"主营业务成本"账户，贷记"库存商品"账户。

【案例4-14】

某企业9月份的产品发出汇总表中记载，本月销售甲产品50台，实际单位成本1 000元，共计50 000元。根据产品发出汇总表编制会计分录如下。

借：主营业务成本——甲产品	50 000
贷：库存商品——甲产品	50 000

二、委托加工物资的核算

(一)委托加工物资的概念

委托加工物资是指企业由于本身生产条件的限制或其他原因,委托其他单位加工的各种材料、商品等物资。

企业发往外单位加工的材料物资,与材料物资的销售不同,只是改变了材料物资的存放地点,而对它的所有权并未改变,所有权仍属于企业,即属于企业的存货范畴。

委托加工物资一般要经过物资发出→加工改制→完工入库这一过程。委托加工物资在加工后,其实物形态、性能都会发生变化,使用价值也发生相应的变化,在加工中要消耗原材料,还要发生各种费用支出,从而使其价值相应增加。企业进行委托加工物资的核算就是要正确反映和监督委托加工物资的发出、加工费用的发生、加工完工后的验收入库等,以便正确确定委托加工物资的成本。

(二)委托加工物资的计价

企业委托其他单位加工的物资,其实际成本应包括:①加工中耗用物资的实际成本;②支付的加工费用;③支付委托加工物资的往返运杂费;④支付的税金,即委托加工物资应负担的增值税和消费税。

对于委托加工物资应负担的增值税和消费税,应分不同情况予以区别对待。

(1) 委托加工物资应负担的增值税。凡属于加工物资用于应交增值税项目并取得增值税专用发票的一般纳税人,可将这部分增值税作为进项税额予以抵扣,不计入委托加工物资的成本;凡属于加工物资用于非应税项目或用于免税项目,以及未取得增值税专用发票的一般纳税人或小规模纳税人,则应将这部分增值税计入委托加工物资成本。

(2) 委托加工物资应负担的消费税。按照消费税的有关规定,如果企业委托加工物资属于应纳消费税的应税消费品,应由受托方向委托方交货时代扣代缴消费税。企业应纳的消费税,应区别不同情况进行处理。委托加工应税消费品收回后直接销售的,委托方支付给受托方的消费税,计入委托加工物资成本;委托加工应税消费品收回后用于连续生产应税消费品,委托方支付给受托方的消费税,按规定准予抵扣,计入"应交税费——应交消费税"账户的借方,待委托加工的应税消费品生产出应纳消费税的产品销售时,再抵扣其应交的销售环节的消费税。

(三)账户的设置及应用

为了核算企业委托外单位加工物资的实际成本,应设置"委托加工物资"账户。该账户属于资产类账户,借方登记委托加工物资耗用物资的实际成本、支付的加工费和往返的运杂费及相关的税金,贷方登记加工完毕收回物资的实际成本和退回物资的实际成本。期末余额在借方,反映尚未加工完成物资的实际成本。该账户应按加工合同和受托单位设置明细账户,进行明细分类核算。

委托加工物资的具体核算包括以下几个方面。

(1) 发出委托加工物资。企业发出委托外单位加工的物资时，应按发出材料物资的实际成本，借记"委托加工物资"账户，贷记"原材料"账户。采用计划成本计价的企业，应按计划成本，借记"委托加工物资"账户，贷记"原材料"账户，同时结转发出材料应负担的成本差异，借记或贷记"委托加工物资"账户，贷记或借记"材料成本差异"账户。

(2) 支付的加工费、增值税和运杂费等。企业支付的加工费、应负担的运杂费等，应计入委托加工物资的成本，借记"委托加工物资"账户，贷记"银行存款"等账户。企业支付的增值税，准予抵扣的，作为进项税额处理，借记"应交税费——应交增值税(进项税额)"账户，贷记"银行存款"等账户；凡不准予抵扣的，借记"委托加工物资"账户，贷记"银行存款"等账户。

(3) 缴纳的消费税。委托加工物资(金银首饰除外)收回后直接出售的，应按委托方支付给受托方的消费税，借记"委托加工物资"账户，贷记"银行存款""应付账款"等账户。如果委托加工物资收回后用于连续生产应税消费品的，应按委托方支付给受托方的消费税，借记"应交税费——应交消费税"账户，贷记"银行存款""应付账款"等账户。

(4) 加工完成收回加工物资。委托加工物资加工完毕收回后，应按加工收回物资的实际成本和剩余物资的实际成本，借记"原材料""库存商品"等账户，贷记"委托加工物资"账户。

下面以加工材料为例说明其账务处理。

【案例 4-15】

某企业委托×××公司加工一批乙材料(属于应税消费品)。发出的甲原材料计划成本为 20 000 元，实际成本为 19 500 元，支付加工费 2 000 元(不含增值税)，增值税税率为 13%，消费税税率为 10%。材料加工完成并验收入库，加工费用、税金等尚未支付。该企业的账务处理如下。

① 委托加工发出原材料时。

借：委托加工物资——乙材料　　　　　　　　　　　　20 000
　　贷：原材料——甲材料　　　　　　　　　　　　　　　　20 000

同时，结转发出材料应负担的成本差异(节约差异)。

借：材料成本差异　　　　　　　　　　　　　　　　　　500
　　贷：委托加工物资——乙材料(19 500-20 000)　　　　　　500

② 应支付委托加工材料的加工费和增值税。

应交增值税=2 000×13%=260(元)

借：委托加工物资——乙材料　　　　　　　　　　　　2 000
　　应交税费——应交增值税(进项税额)　　　　　　　　260
　　贷：应付账款——×××公司　　　　　　　　　　　　　2 260

③ 应支付的消费税。

消费税的组成计税价格=(19 500+2 000)÷(1-10%)=23 888.89(元)
受托方代扣代缴的消费税=23 888.89×10%=2 388.89(元)

若该企业乙材料加工完成收回后直接出售，则
 借：委托加工物资——乙材料　　　　　　　　　　　2 388.89
  贷：应付账款——×××公司　　　　　　　　　　　　2 388.89
若该企业乙材料加工完成收回后，继续用于生产应税消费品，则
 借：应交税费——应交消费税　　　　　　　　　　　2 388.89
  贷：应付账款——×××公司　　　　　　　　　　　　2 388.89
 ④ 企业乙材料加工完成收回，计划成本为22 000元。
 借：原材料——乙材料　　　　　　　　　　　　　　22 000
  贷：委托加工物资——乙材料　　　　　　　　　　　　22 000
同时，结转入库乙材料的成本差异。

若企业乙材料加工完成收回后直接出售，则入库乙材料的成本差异为超支差异1 888.89元[委托加工乙材料的实际成本(20 000-500+2 000+2 388.89)-委托加工乙材料的计划成本22 000]。
 借：材料成本差异　　　　　　　　　　　　　　　　1 888.89
  贷：委托加工物资——乙材料　　　　　　　　　　　　1 888.89

若企业乙材料加工完成收回后，继续用于生产应税消费品，则入库乙材料的成本差异为节约差异500元[委托加工乙材料的实际成本(20 000-500+2000)-委托加工乙材料的计划成本22 000]。
 借：委托加工物资——乙材料　　　　　　　　　　　　500
  贷：材料成本差异　　　　　　　　　　　　　　　　　500

三、周转材料的核算

周转材料是指企业在生产经营过程中能够多次使用，逐渐转移其价值但仍保持原有形态，不确定为固定资产的材料，主要包括低值易耗品和包装物等。

(一)低值易耗品

低值易耗品是指不能作为固定资产的各种用具物品，如工具、管理用具、玻璃器皿，以及在经营过程中周转使用的包装容器等。

低值易耗品按用途可分为一般工具、专用工具、替换设备、管理用具、劳动保护用品和其他用具等。

企业应设置"周转材料——低值易耗品"账户(也可单独设置"低值易耗品"账户)，反映和监督低值易耗品的增减变化及其结存情况，借方登记低值易耗品的增加，贷方登记低值易耗品的减少，期末余额在借方，反映企业期末结存低值易耗品的成本。

低值易耗品收入核算方法参照原材料的核算。低值易耗品的摊销方法有一次转销法和五五摊销法。

1. 一次转销法

采用一次转销法，领用低值易耗品，按全部价值，借记"制造费用""管理费用""销

售费用""其他业务成本"等账户,贷记"周转材料——低值易耗品"账户。报废时,应按其残值作为当月低值易耗品转销额的减少,冲减上述有关成本费用。一次转销法主要适用于价值较低或极易损坏的低值易耗品的摊销。

【案例 4-16】

某企业基本生产车间本月领用一般工具一批,实际成本为 30 000 元,管理部门领用管理用具一批,实际成本为 3 500 元。本月还报废了一批上月生产车间领用的专用工具,回收残料价值 200 元。若采用一次转销法,则该企业的账务处理如下。

① 领用时。

借:制造费用——低值易耗品摊销　　　　　　　　　　　　30 000
　　管理费用——低值易耗品摊销　　　　　　　　　　　　 3 500
　　贷:周转材料——低值易耗品——一般工具　　　　　　30 000
　　　　　　　　——低值易耗品——专用工具　　　　　　 3 500

② 报废时。

借:原材料　　　　　　　　　　　　　　　　　　　　　　　200
　　贷:制造费用——低值易耗品摊销　　　　　　　　　　　　200

2. 五五摊销法

采用五五摊销法,在第一次领用低值易耗品时,按所领用低值易耗品的实际成本或计划成本,借记"周转材料——低值易耗品——在用低值易耗品"账户,贷记"周转材料——低值易耗品——在库低值易耗品"账户;同时,按领用低值易耗品实际成本或计划成本的50%,借记"管理费用""制造费用""销售费用"等账户,贷记"周转材料——低值易耗品——低值易耗品摊销"账户。报废时,摊销报废低值易耗品的价值的另一半,借记"管理费用""制造费用""销售费用"等账户,贷记"周转材料——低值易耗品——低值易耗品摊销"账户;按报废低值易耗品的残值,借记"原材料"或"库存现金"账户,贷记"管理费用""制造费用""销售费用"等账户,同时,注销报废低值易耗品已摊销价值,借记"周转材料——低值易耗品——低值易耗品摊销"账户,贷记"周转材料——低值易耗品——在用低值易耗品"账户;若低值易耗品按计划成本核算,还应结转报废低值易耗品负担的成本差异。此方法一般适用于单位价值较低、使用期限较短、经常领用且领用与报废在数量上大体相当的低价易耗品。

【案例 4-17】

某企业领用管理工具一批,计划成本为 8 000 元,低值易耗品的成本差异率为 2%。使用两个月后全部报废,收回残料变卖得现金 200 元。若采用五五摊销法,则该企业的账务处理如下。

① 领用低值易耗品时。

● 低值易耗品由在库转为在用。

借:周转材料——低值易耗品——在用低值易耗品　　　　8 000
　　贷:周转材料——低值易耗品——在库低值易耗品　　　　8 000

- 摊销其价值的50%。

借：管理费用 4 000
　　贷：周转材料——低值易耗品——低值易耗品摊销 4 000

② 报废低值易耗品时。
- 摊销报废低值易耗品价值的一半。

借：管理费用 4 000
　　贷：周转材料——低值易耗品——低值易耗品摊销 4 000

- 报废低值易耗品收回残值。

借：库存现金 200
　　贷：管理费用 200

- 注销报废低值易耗品已摊销数。

借：周转材料——低值易耗品——低值易耗品摊销 8 000
　　贷：周转材料——低值易耗品——在用低值易耗品 8 000

- 结转报废低值易耗品应负担的成本差异(超支差异)。

借：管理费用 160
　　贷：材料成本差异——低值易耗品 160

(二)包装物

包装物是指为包装本企业商品而储备的各种包装容器，如桶、箱、瓶、坛、袋等。

包装物的核算内容包括：①生产过程中用于包装产品作为产品组成部分的包装物；②随同商品出售并单独计价的包装物；③随同商品出售不单独计价的包装物；④出租或出借给购买单位使用的包装物。

需要注意的是，各种包装材料，如纸、绳、铁丝、铁皮等，应在"原材料"账户中核算；用于储存和保管产品、材料，而不对外销售的包装物，应作为固定资产或低值易耗品管理。

企业应设置"周转材料——包装物"账户(也可单独设置"包装物"账户)，用以反映和监督包装物的增减变化及其价值损耗、结存等情况，借方登记验收入库包装物的成本，贷方登记发出包装物的成本，期末余额在借方，反映企业库存未用包装物的成本。

包装物收入核算方法参照原材料的核算。包装物的摊销方法与低值易耗品相同，但要区别包装物的用途进行核算。

1. 生产领用包装物

生产过程中领用的包装物，在包装产品后，成为产品的一部分，应按领用包装物的实际成本，借记"生产成本"账户，贷记"周转材料——包装物"账户。若采用计划成本核算，按照应负担的材料成本差异，借记或贷记"材料成本差异"账户。

【案例4-18】

某企业对包装物采用计划成本核算，某月生产产品领用包装物的计划成本为200 000元，材料成本差异率为2%。该企业的账务处理如下。

借：生产成本	204 000	
贷：周转材料——包装物		200 000
材料成本差异		4 000

2. 随同商品出售单独计价的包装物

随同商品出售单独计价的包装物，一方面要反映其销售收入，另一方面要反映其实际销售成本。取得的收入计入"其他业务收入"账户，结转的成本计入"其他业务成本"账户。

【案例 4-19】

某企业在商品销售过程中领用单独计价的包装物计划成本为 40 000 元，单独计算销售收入为 50 000 元，增值税税额为 6 500 元，款项已收到。该包装物的材料成本差异率为 1%。该企业的账务处理如下。

① 出售单独计价的包装物。

借：银行存款	56 500	
贷：其他业务收入		50 000
应交税费——应交增值税(销项税额)		6 500

② 结转所售单独计价包装物的成本。

借：其他业务成本	40 400	
贷：周转材料——包装物		40 000
材料成本差异		400

3. 随同商品出售不单独计价的包装物

随同商品出售不单独计价的包装物，主要是为确保销售商品的质量或提供较好的销售服务，因此将这部分包装物的成本作为企业发生的销售费用处理。

【案例 4-20】

假设案例 4-19 中，领用的包装物不单独计价，则该企业的账务处理如下。

借：销售费用	40 400	
贷：周转材料——包装物		40 000
材料成本差异		400

4. 出租、出借包装物

出租、出借包装物，既要核算有关收入及收取押金问题，也要核算有关成本、费用问题。出租包装物取得的租金收入，通过"其他业务收入"账户核算，所发生的成本及有关修理费用通过"其他业务成本"账户核算；出借包装物无业务收入，相应发生的成本及修理费用通过"销售费用"账户核算；出租、出借包装物所收取的押金，通过"其他应付款"账户核算。

【案例 4-21】

企业领用包装物一批用于出租，实际成本为 30 000 元，租期 3 个月，每月收取租金 500 元。包装物采用一次摊销法。另外，收取出租包装物的押金 15 000 元，款项已收存银行。3 个月后，出租包装物按期收回。该企业的账务处理如下。

① 发出包装物时。

借：其他业务成本——包装物出租　　　　　　　　　　30 000
　　贷：周转材料——包装物　　　　　　　　　　　　　　　　30 000

② 收取押金时。

借：银行存款　　　　　　　　　　　　　　　　　　　15 000
　　贷：其他应付款——存入保证金　　　　　　　　　　　　　15 000

③ 每月收取租金时。

借：银行存款　　　　　　　　　　　　　　　　　　　　　500
　　贷：其他业务收入　　　　　　　　　　　　　　　　　　　　500

④ 收回包装物，退还押金时。

借：其他应付款——存入保证金　　　　　　　　　　　15 000
　　贷：银行存款　　　　　　　　　　　　　　　　　　　　　15 000

对没收逾期未退包装物押金的，应通过"其他业务收入"账户核算；而对逾期未退包装物没收的加收押金，应通过"营业外收入"账户核算。同时还要考虑增值税、消费税的核算。

任务三　存货清查及存货期末计量的核算

一、存货清查的核算

企业的各种存货在日常收发及保管过程中，因各种原因(如计量差错、管理不当、自然损耗、发生偷盗和贪污、非常事项等)造成存货的溢余、短缺和毁损，导致存货实际结存数量与账面结存数量不符。因此，企业必须对存货进行清查。

存货清查是通过对存货的实物进行盘点，确定存货的实际数量，并与存货账存数量核对是否相符的一种专门方法。通过存货清查，一是可以如实反映存货的数量和实际成本，确保存货的安全完整，做到账实相符；二是可以弄清企业有无属于呆滞积压物资的存货，以便及时处理，挖掘潜力，加速资金的周转。

存货清查的形式可以分为定期全面清查和经常性轮流清查两种。定期全面清查一般于年度终了时进行，经常性轮流清查是在年度内计划安排进行。对于收发量较大、容易缺损的存货，清查的次数可适当增加，对于贵重存货则应每月清查。

存货清查中发现的盘盈、盘亏和毁损情况，应编制存货盘点报告表，格式如表 4-3 所示，并及时查明原因，分清责任。在按规定程序报请有关部门批准之前，应根据存货盘点报告表所列盈亏数,对存货的账存数进行调整;批准之后,应根据盘盈、盘亏和毁损的原因及批准意见,作相应的账务处理。

表4-3 存货盘点报告表

仓库： 2020年12月31日 单位:元

编号	名称规格	计量单位	单价	数量 实存	数量 账存	盘盈 数量	盘盈 金额	盘亏 数量	盘亏 金额	盈亏原因
0621	甲材料	千克	50	6 680	6 700			20	1 000	自然损耗
0531	丁材料	千克	30	6 860	6 830	30	900			收发计量原因
0226	乙材料	千克	200	650	652			2	400	管理不善短少

清查小组负责人： 盘点人签章： 保管人签章：

为了反映和监督存货盘盈、盘亏和毁损的发生及处理情况,企业应设置"待处理财产损溢"账户,借方登记发生的各种财产物资的盘亏金额和批准转销的盘盈金额,贷方登记发生各种财产物资的盘盈金额和按照规定转销的盘亏金额,期末一般不留余额。该账户应当设置"待处理流动资产损溢""待处理固定资产损溢"两个明细分类账户。

(一)存货盘盈的核算

存货盘盈是指盘点后存货的账面结存数小于实际结存数的情况,一般是由于收发计量或核算上的错误等原因造成的,企业应根据存货盘点报告表及时办理存货入账手续,调整存货的账面结存数,借记"原材料""周转材料——包装物""周转材料——低值易耗品""库存商品"等账户,贷记"待处理财产损溢——待处理流动资产损溢"账户。经有关部门批准后,再冲减管理费用。

【案例4-22】

某企业年末进行存货清查,清查结果见表4-3。编制会计分录如下。

借:原材料——丁材料 900
　　贷:待处理财产损溢——待处理流动资产损溢 900

经批准后。

借:待处理财产损溢——待处理流动资产损溢 900
　　贷:管理费用 900

(二)存货盘亏的核算

存货盘亏是指盘点后存货的账面结存数大于实际结存数的情况。发生盘亏或毁损的存货,在报经批准前,应根据存货盘点报告表,按盘亏存货的成本调整存货账面的结存数,借记"待处理财产损溢——待处理流动资产损溢"账户,贷记"原材料""周转材料——包装物""周转材料——低值易耗品""库存商品"等账户。需要指出的是,根据我国《增值税暂行条例》的规定,企业发生的非正常损失的在产品、产成品所耗用的购进货物或应税劳务的进项税额不得从销项税额中抵扣。因此，非正常损失的存货价值应包括其实际成本和应负担的进项税额两部分，发生非正常毁损(如因自然灾害、被盗窃及管理不善造成大量霉变等)时，应按非正常损失的价值借记"待处理财产损溢——待处理流动资产损溢"账户，按非正常损失的存货的实际成本贷记有关存货账户，按非正常损失存货应负担的进项税额贷记"应交税费——应交增值税(进项税额转出)"账户。在报经批准后，根据形成盘亏和毁损的不同原因，分别进行处理，具体如下。

(1) 收回的残料，按残料价值计入"原材料"账户。
(2) 应由保险赔偿或过失人赔偿的，记入"其他应收款"账户。
(3) 属于自然原因的定额内损耗、计量收发差错或管理不善等造成的，记入"管理费用"账户。
(4) 属于自然灾害或意外等造成的存货毁损的净损失，记入"营业外支出"账户。

【案例 4-23】

某企业年末进行存货清查，清查结果见表 4-3。假设应转出的进项税额为 52 元，编制会计分录如下。

```
借：待处理财产损溢——待处理流动资产损溢        1 452
    贷：原材料——甲材料                        1 000
              ——乙材料                          400
        应交税费——应交增值税(进项税额转出)       52
```

原因查明后。

```
借：管理费用                                  1 452
    贷：待处理财产损溢——待处理流动资产损溢    1 452
```

二、存货期末计量的核算

会计期末，为了客观、真实、准确地反映企业期末存货的实际价值，我国《企业会计准则第 1 号——存货》规定："资产负债表日，存货应当按照成本与可变现净值孰低法计量。存货成本高于其可变现净值的，应当计提存货跌价准备，计入当期损益。"

(一)成本与可变现净值孰低法的含义

成本与可变现净值孰低法是指对期末存货按照成本与可变现净值两者之中较低者进行计价的方法，即当成本低于可变现净值时，期末存货按成本计价，当成本高于可变现净值时，期末存货按可变现净值计价。

成本与可变现净值孰低法中，"成本"是指存货的历史成本，即前面所介绍的以历史成本为基础的存货计价方法(如先进先出法等)计算的期末存货价值，或者是采用存货的简化核算方法(如计划成本法)下调整为实际成本的期末存货价值；"可变现净值"是指企业在正常生产经营过程中，以存货的估计售价减去至完工估计将要发生的成本、销售费用及相关税金后的金额。

成本与可变现净值孰低法的理论基础主要是使存货符合资产的定义。当存货的可变现净值下跌至成本以下时,表明该存货给企业带来的未来经济利益低于其账面价值,因而应将这部分损失从资产价值中扣除,计入当期损益。否则,当存货的可变现净值低于其成本时,如果仍然以其历史成本计量,就会出现虚增资产的现象。

(二)存货减值迹象的判断

企业应当定期或至少在每年年度终了时对存货进行全面清查,确定存货是否减值。当存在下列情况之一时,表明存货的可变现净值低于成本。

(1) 该存货的市场价格持续下跌,并且在可预见的未来无回升的希望。

(2) 企业使用该项原材料生产的产品的成本大于产品的销售价格。

(3) 企业因产品更新换代,原有库存的原材料已不适应新产品的需要,而该原材料的市场价格又低于其账面成本。

(4) 因企业所提供的商品或劳务过时或消费者偏好改变使市场需求发生变化,导致市场价格逐渐下跌。

(5) 其他足以证明该项存货实质上已经发生减值的情形。

当存在以下一项或若干项情况时,表明存货的可变现净值为零。

(1) 已霉烂变质的存货。

(2) 已过期且无转让价值的存货。

(3) 生产中已不再需用,并且已无使用价值和转让价值的存货。

(4) 其他足以证明已无使用价值和转让价值的存货。

(三)存货可变现净值的确定

存货可变现净值的确定必须有可靠的证据,而且应当以取得的确凿证据为基础,并且考虑持有存货的目的、资产负债表日后事项的影响等因素。

确定可变现净值的确凿证据,是指对确定的可变现净值有直接影响的可靠依据,包括产品或商品的市场销售价格、与企业产品或商品相同或类似的商品的市场销售价格、供货方提供的有关资料、销货方提供的有关资料、生产成本资料等证据。持有存货的目的,是指持有存货是为了销售还是加工后销售等。资产负债表日后事项的影响因素,是指存货预计未来产品更新换代、消费者消费偏好等市场情况。企业应对直接销售的存货和用于生产的存货分别确定存货可变现净值。

(1) 产成品、商品和用于出售的材料等直接用于出售的商品存货。在正常生产经营过程中,应当以该存货的估计售价减去估计的销售费用和相关税费后的金额确定其可变现净值。

(2) 用于生产的材料、在产品或自制半成品等需要经过加工的材料存货。在正常生产经营过程中,应当以所生产的产成品的估计售价减去至完工时估计将要发生的成本、估计的销售费用和相关税费后的金额确定其可变现净值。

(3) 为执行销售合同或劳务合同持有的存货。通常应当以合同价格作为其可变现净值的计量基础,以合同售价减去估计的销售费用和相关税费,或减去至完工时估计将要发生的成本、估计的销售费用和相关税费后的金额确定其可变现净值。如果企业持有的存货数量多于销售合同的订货数量,超出订货合同部分的存货可变现净值应当以一般销售价格(公允价格)为计量基础,以一般销售价格减去估计的销售费用和相关税费,或减去至完工时估计将要发生的成本、估计的销售费用和相关税费后的金额确定其可变现净值。

【案例 4-24】

2019 年 11 月 1 日，甲公司与丙公司签订了一份不可撤销的销售合同，双方约定，2020 年 3 月 31 日，甲公司应按每台 15 万元的价格向丙公司提供 W1 型机器 120 台。

2019 年 12 月 31 日，甲公司 W1 型机器的成本为 1 960 万元，数量为 140 台，单位成本为 14 万元/台。

根据甲公司销售部门提供的资料表明，向丙公司销售的 W1 型机器的平均运杂费等销售费用为 0.12 万元/台；向其他客户销售 W1 型机器的平均运杂费等销售费用为 0.1 万元/台。

2019 年 12 月 31 日，W1 型机器的市场销售价格为 16 万元/台。

在本例中，能够证明 W1 型机器的可变现净值的确凿证据是甲公司与丙公司签订的有关 W1 型机器的销售合同、市场销售价格资料、账簿记录和公司销售部门提供的有关销售费用的资料等。

根据该销售合同规定，库存的 W1 型机器中的 120 台的销售价格已由销售合同约定，其余 20 台并没有由销售合同约定。因此，在这种情况下，对于销售合同约定的数量(120 台)的 W1 型机器的可变现净值应以销售合同约定的价格 15 万元/台作为计算基础，而对于超出部分(20 台)的 W1 型机器的可变现净值应以市场销售价格 16 万元/台作为计算基础。

W1 型机器的可变现净值=(15×120-0.12×120)+(16×20-0.1×20)=2 103.6(万元)

【案例 4-25】

2019 年 12 月 31 日，甲公司库存原材料——B 材料的账面成本为 3 000 万元，市场销售价格总额为 2 800 万元，假定不发生其他销售费用，用 B 材料生产的产成品——W2 型机器的可变现净值高于成本。

根据上述资料可知，2019 年 12 月 31 日，B 材料的账面成本高于其市场价格，但是由于用其生产的产成品——W2 型机器的可变现净值高于成本，也就是用该原材料生产的最终产品此时并没有发生价值减损，因此即使 B 材料的账面成本已高于市场价格，但也不应计提存货跌价准备，仍应按 3 000 万元列示在 2019 年 12 月 31 日的资产负债表的存货项目之中。

【案例 4-26】

2019 年 12 月 31 日，甲公司库存原材料——C 材料的账面成本为 600 万元，单位成本为 6 万元/件，数量为 100 件，可用于生产 100 台 W3 型机器。C 材料的市场销售价格为 5 万元/件。

C 材料的市场销售价格下跌，导致用 C 材料生产的 W3 型机器的市场销售价格也下跌，由此造成 W3 型机器的市场销售价格由 15 万元/台降为 13.5 万元/台，但生产成本仍为 14 万元/台。将每件 C 材料加工成 W3 型机器尚需投入 8 万元，估计发生运杂费、税费等销售费用 0.5 万元/台。

根据上述资料，可按照以下步骤确定 C 材料的可变现净值。

步骤 1：计算用 C 材料所生产的产成品的可变现净值。

W3 型机器的可变现净值=W3 型机器估计售价-估计销售费用-估计相关税费=13.5×100-0.5×100=1 300(万元)

步骤 2：将用 C 材料所生产的产成品的可变现净值与其成本进行比较。

W3 型机器的可变现净值 1 300 万元小于其成本 1 400 万元，即 C 材料价格的下降表明 W3 型机器的可变现净值低于成本，因此 C 材料应当按可变现净值计量。

步骤 3：计算 C 材料的可变现净值。

C 材料的可变现净值=W3 型机器的售价总额-将 C 材料加工成 W3 型机器尚需投入的成本-估计销售费用-估计相关税费=13.5×100-8×100-0.5×100=500(万元)

C 材料的可变现净值 500 万元小于其成本 600 万元，因此 C 材料的期末价值应为其可变现净值 500 万元，即 C 材料应按 500 万元列示在 2019 年 12 月 31 日资产负债表的存货项目之中。

(四)存货跌价准备的核算

1. 存货跌价准备的计提

企业按成本与可变现净值孰低法对存货计价时，通常有以下三种方法可供选择。

(1) 单项比较法。这种方法也称逐项比较法，是指按存货中每一种存货的成本和可变现净值逐一进行比较，每项存货均取较低者确定存货的期末成本。

(2) 分类比较法。这种方法也称类比法，是指按存货类别的成本与可变现净值进行比较，每类存货取其低者确定存货的期末成本。

(3) 总额比较法。这种方法也称综合比较法，是指按全部存货的总成本与可变现净值总额相比较，以较低者作为期末全部存货的成本。

【案例 4-27】

某企业有 A、B、C、D 四种存货，分为甲、乙两大类。各种存货分别按三种计算方式确定的期末存货成本如表 4-4 所示。

表 4-4 期末存货成本与可变现净值比较表

单位：元

项目		数量/件	单价		总额		单项比较法	分类比较法	总额比较法
			成本	市价	成本	市价			
甲类存货	A	30	70	65	2 100	1 950	1 950		
	B	35	100	105	3 500	3 675	3 500		
	小计				5 600	5 625		5 600	
乙类存货	C	40	100	102	4 000	4 080	4 000		
	D	50	160	140	8 000	7 000	7 000		
	小计				12 000	11 080		11 080	
合计					17 600	16 705	16 450	16 680	16 705

通过对以上三种方法的比较可见，单项比较法确定的结果最为准确，但工作量较大；

总额比较法工作量较小，但确定结果的准确性相对较差；分类比较法的优点介于两者之间。根据国际会计准则的规定，应当采用单项比较法或分类比较法，在成本与可变现净值之间比较确定期末存货的价值。我国《企业会计准则第 1 号——存货》规定："存货跌价准备应当按照单个存货项目计提。"即在一般情况下，企业应当按每个存货项目的成本与可变现净值进行比较，取其低者计量存货，并且将成本高于可变现净值的差额作为计提的存货跌价准备。无论采用何种方法，都要保持各期方法的一致性。

2. 存货跌价准备的账务处理

企业在选定某种比较方法确定了存货的期末价值之后，应视具体情况进行有关的账务处理。

(1) 成本低于可变现净值。如果期末存货的成本低于可变现净值，则不需作账务处理，资产负债表中的存货仍按期末账面价值列示。

(2) 可变现净值低于成本。如果期末存货的可变现净值低于成本，则必须在当期确认存货跌价损失，并进行有关的账务处理。

对于存货可变现净值低于成本的损失通过"存货跌价准备"账户反映。其具体做法是：每一会计期末，比较成本与可变现净值，计算出应计提的跌价准备，然后与"存货跌价准备"账户的余额进行比较，若应提数大于已提数，应补提；反之，应冲销部分已提数。提取和补提存货跌价准备时，借记"资产减值损失"账户，贷记"存货跌价准备"账户，如已计提跌价准备的存货的价值以后又得以恢复，此时应按恢复后增加的数额，借记"存货跌价准备"账户，贷记"资产减值损失"账户。但是，当已计提跌价准备的存货的价值以后又得以恢复，其冲减的跌价准备金额，应以"存货跌价准备"账户的余额冲减至零为限。以上方法实际上就是备抵法。在备抵法下，企业应设置"存货跌价准备"账户，用来核算企业提取的存货跌价准备。该账户是所有存货账户的备抵账户，贷方登记提取的存货跌价准备，借方登记冲销已提取的跌价准备，期末余额在贷方，反映已提取的存货跌价准备。该账户应该按存货项目设置明细分类账，进行明细分类核算。

【案例 4-28】

某企业采用成本与可变现净值孰低法进行期末存货的计价。2017 年年末存货的账面成本为 100 000 元，预计可变现净值为 90 000 元，"存货跌价准备"账户的贷方余额为 500 元。假设 2017—2020 年存货的账面成本不变，均为 100 000 元。该企业的账务处理如下。

① 2017 年年末，应提存货跌价准备 10 000(90 000-100 000)元，大于"存货跌价准备"账户已提数 500 元，因此应补提 9 500(10 000-500)元。

借：资产减值损失　　　　　　　　　　　　　　　　　　　　9 500
　　贷：存货跌价准备　　　　　　　　　　　　　　　　　　　9 500

② 2018 年年末，其预计可变现净值为 82 000 元，则应提存货跌价准备 18 000 (82 000-100 000)元，大于"存货跌价准备"账户已计提 10 000 元，因此应补提 8 000 (18 000-10 000)元。

借：资产减值损失　　　　　　　　　　　　　　　　　　　　8 000
　　贷：存货跌价准备　　　　　　　　　　　　　　　　　　　8 000

③ 2019 年年末，该存货可变现净值有所恢复，年末预计可变现净值为 95 000 元，则应提存货跌价准备 5000(95 000-100 000)元，而"存货跌价准备"账户已提 18 000 元，应冲减已计提的存货跌价准备 13 000(5000-18 000)元。

借：存货跌价准备　　　　　　　　　　　　　　　　　　13 000
　　贷：资产减值损失　　　　　　　　　　　　　　　　　　　13 000

④ 2020 年年末，该存货的可变现净值进一步恢复，预计可变现净值为 108 000 元，超过存货的账面成本 100 000 元，则不应计提存货跌价准备，已计提的存货跌价准备 5000 元应全部冲减(应以"存货跌价准备"账户的余额冲减至零为限)。

借：存货跌价准备　　　　　　　　　　　　　　　　　　5 000
　　贷：资产减值损失　　　　　　　　　　　　　　　　　　　5 000

项 目 小 结

存货是指企业在日常活动中持有以备出售的产成品或商品、处在生产过程中的在产品、在生产过程或提供劳务过程中耗用的材料和物料等。确认存货的原则是法定所有权。存货的计价以原始成本为基础。外购存货入账价值主要包括买价、运杂费及相关税费等。

存货发出计价方法主要有先进先出法、加权平均法、个别计价法和计划成本法。在会计期末，企业应采用成本与可变现净值孰低法确定期末存货价值。其中，成本是指存货的历史成本；可变现净值是指净现金流入，而不是指存货的售价或合同价。

原材料收入与发出可按实际成本法核算，也可按计划成本法核算。在计划成本法下，要设置"材料采购"账户核算购入原材料的实际成本，"原材料"账户核算收发材料的计划成本，在"材料成本差异"账户中反映超支差异或节约差异，期末分配发出本期材料应负担的材料成本差异。

企业其他存货如低值易耗品、包装物、委托加工物资的核算原理与原材料基本相同，但也有各自的特点。例如，低值易耗品和包装物的摊销方法可以分别采用一次转销法、五五摊销法等，包装物与低值易耗品可以在"周转材料"账户中进行核算。

企业应当定期或不定期进行存货清查盘点，编制存货盘点报告表。存货清查结果的会计处理程序要分两步进行：第一步，发生存货盘盈、盘亏或毁损时，先记入"待处理财产损溢"账户；第二步，查明原因后转出。

微课视频资源

存货概述及原材料的核算(1).mp4　存货概述及原材料的核算(2).mp4　其他存货的核算.mp4　存货清查及存货期末计量的核算.mp4

项目五 对外投资的核算

知识目标

- 理解投资的定义与分类。
- 理解交易性金融资产、债权投资、其他债权投资、其他权益工具投资和长期股权投资的概念。
- 明确成本法与权益法核算的范围。

技能目标

- 掌握交易性金融资产的计价与核算。
- 掌握债权投资的计价与核算。
- 掌握其他债权投资和其他权益工具投资的计价与核算。
- 掌握长期股权投资的计价与核算。

任务一　交易性金融资产的核算

一、交易性金融资产概述

在市场经济条件下，企业生产经营日趋多元化，除传统的通过原材料投入、加工、销售获取利润外，通常采用投资、收购、兼并、重组等方式拓宽生产经营渠道，提高获利能力，其中，投资是经常发生的。投资是企业为了获得收益或实现资本增值，向被投资单位投放资金的经济行为。

企业对外进行的投资，可以有不同的分类。从性质上划分，可以分为债权性投资与权益性投资等；从持有期间划分，可以分为短期投资与长期投资。

在企业全部资产中，库存现金、银行存款、应收账款、应收票据、贷款、其他应收款、应收利息、债券投资、股票投资、基金投资及衍生金融资产等统称为金融资产。根据企业管理金融资产的业务模式和金融资产的合同现金流量特征，《企业会计准则第22号——金融工具确认和计量》(2018)将金融资产划分为：①以摊余成本计量的金融资产；②以公允价值计量且其变动计入其他综合收益的金融资产；③以公允价值计量且其变动计入当期损益的金融资产。

以公允价值计量且其变动计入当期损益的金融资产称为交易性金融资产。它是企业为了近期内出售而持有的金融资产，如企业以赚取差价为目的从二级市场购入的股票、债券、基金等；或者是在初始确认时属于集中管理的可辨认金融工具组合的一部分，且有客观证据表明近期实际存在短期获利模式的金融资产等，如企业管理的以公允价值进行业绩考核的某项投资组合。

从企业管理金融资产的业务模式(即企业如何管理其金融资产以产生现金流量)看，企业关键管理人员决定对交易性金融资产进行管理的业务目标是以"交易"为目的的，而非为收取合同现金流量(即与基本借贷安排相一致，如本金加利息)而持有，也并非既以收取合同现金流量为目标又以出售该金融资产为目标而持有，仅是通过"交易性"活动，即频繁地购买和出售，从市场价格的短期波动中赚取买卖差价，使企业闲置的资金能获得较高的投资回报。

交易性金融资产预期能在短期内变现以满足日常经营的需要，因此，在资产负债表中作为流动资产列示。

需要说明的是，从金融资产的合同现金流量特征看，尽管交易性金融资产仍将收取合同现金流量，但只是偶尔为之，并非为了实现业务模式目标(收取合同现金流量)而不可或缺。

二、交易性金融资产的具体核算

(一)账户设置

为了反映和监督交易性金融资产的取得、收取现金股利或利息、出售等情况，企业应当设置"交易性金融资产""公允价值变动损益""投资收益"等账户。

1. "交易性金融资产"账户

"交易性金融资产"账户核算企业分类为以公允价值计量且其变动计入当期损益的金融资产。

"交易性金融资产"账户的借方登记交易性金融资产的取得成本、资产负债表日其公允价值高于账面余额的差额，以及出售交易性金融资产时结转公允价值低于账面余额的变动金额；贷方登记资产负债表日其公允价值低于账面余额的差额，以及企业出售交易性金融资产时结转的成本和公允价值高于账面余额的变动金额。企业应当按照交易性金融资产的类别和品种，分别设置"成本""公允价值变动"等明细账户进行核算。

2. "公允价值变动损益"账户

"公允价值变动损益"账户核算企业交易性金融资产等的公允价值变动而形成的应计入当期损益的利得或损失。"公允价值变动损益"账户的借方登记资产负债表日企业持有的交易性金融资产等的公允价值低于账面余额的差额；贷方登记资产负债表日企业持有的交易性金融资产等的公允价值高于账面余额的差额。

3. "投资收益"账户

"投资收益"账户核算企业持有交易性金融资产等的期间内取得的投资收益，以及出售交易性金融资产等实现的投资收益或投资损失，借方登记企业取得交易性金融资产时支付的交易费用、出售交易性金融资产等发生的投资损失，贷方登记企业持有交易性金融资产等的期间内取得的投资收益以及出售交易性金融资产等实现的投资收益。"投资收益"账户应当按照投资项目设置明细科目进行核算。

(二)取得交易性金融资产

企业取得交易性金融资产时，应当按照该金融资产取得时的公允价值作为其初始入账金额。金融资产的公允价值，应当以市场交易价格为基础确定。

企业取得交易性金融资产所支付价款中包含的已宣告但尚未发放的现金股利或已到付息期但尚未领取的债券利息，应当单独确认为应收项目。

企业取得交易性金融资产所发生的相关交易费用应当在发生时计入当期损益，冲减投资收益，发生交易费用取得增值税专用发票的，进项税额经认证后可从当月销项税额中扣除。交易费用是指可直接归属于购买、发行或处置金融工具的增量费用。增量费用是指企业没有发生购买、发行或处置相关金融工具的情形就不会发生的费用，包括支付给代理机构、咨询公司、券商、证券交易所、政府有关部门等的手续费、佣金、相关税费以及其他必要支出，不包括债券溢价、折价、融资费用、内部管理成本和持有成本等与交易不直接相关的费用。

企业取得交易性金融资产，应当按照该金融资产取得时的公允价值，借记"交易性金融资产——成本"账户；按照发生的交易费用，借记"投资收益"账户。发生交易费用取得增值税专用发票的，按其注明的增值税进项税额，借记"应交税费——应交增值税(进项税额)"账户；按照实际支付的金额，贷记"其他货币资金"等账户。

【案例 5-1】

2020年6月1日，A公司从上海证券交易所购入B上市公司股票2 000 000股，该笔股票投资在购买日的公允价值为20 000 000元，另支付相关交易费用50 000元，取得的增值税专用发票上注明的增值税税额为3 000元。A公司将其划分为交易性金融资产进行管理和核算。A公司应编制如下会计分录。

① 2020年6月1日，购买B上市公司股票时。

借：交易性金融资产——B上市公司股票——成本　　　　20 000 000
　　贷：其他货币资金——存出投资款　　　　　　　　　　　　20 000 000

② 2020年6月1日，支付相关交易费用时。

借：投资收益——B上市公司股票　　　　　　　　　　　　50 000
　　应交税费——应交增值税(进项税额)　　　　　　　　　 3 000
　　贷：其他货币资金——存出投资款　　　　　　　　　　　　53 000

在本例中，取得交易性金融资产所发生的相关交易费用50 000元，应当在发生时记入"投资收益"账户，而不应记入"交易性金融资产——成本"账户。

【案例 5-2】

假定2020年6月1日，A公司从上海证券交易所购入B上市公司股票2 000 000股，支付价款20 000 000元(其中包含已宣告但尚未发放的现金股利1 200 000元)，另支付相关交易费用50 000元，取得的增值税专用发票上注明的增值税税额为3 000元。A公司将其划分为交易性金融资产进行管理和核算。A公司应编制如下会计分录。

① 2020年6月1日，购买B上市公司股票时。

借：交易性金融资产——B上市公司股票——成本　　　　18 800 000
　　应收股利——B上市公司股票　　　　　　　　　　　　1 200 000
　　贷：其他货币资金——存出投资款　　　　　　　　　　　　20 000 000

② 2020年6月1日，支付相关交易费用时。

借：投资收益——B上市公司股票　　　　　　　　　　　　50 000
　　应交税费——应交增值税(进项税额)　　　　　　　　　 3 000
　　贷：其他货币资金——存出投资款　　　　　　　　　　　　53 000

在本例中，取得交易性金融资产所发生的相关交易费用50 000元，应当在发生时记入"投资收益"账户，而不记入"交易性金融资产——成本"账户。取得交易性金融资产支付价款20 000 000元中所包含的已宣告但尚未发放的现金股利1 200 000元，应当记入"应收股利"账户。

(三)持有交易性金融资产

(1) 企业持有交易性金融资产期间对于被投资单位宣告发放的现金股利或已到付息期但尚未领取的债券利息，应当确认为应收项目，并计入投资收益，即借记"应收股利"或"应收利息"账户，贷记"投资收益"账户；实际收到款项时作为冲减应收项目处理，即借记"其他货币资金"账户，贷记"应收股利"或"应收利息"账户。

需要强调的是，企业只有在同时满足三个条件时，才能确认交易性金融资产所取得的股利或利息收入并计入当期损益：一是企业收取股利或利息的权利已经确立(如被投资单位已宣告)；二是与股利或利息相关的经济利益很可能流入企业；三是股利或利息的金额能够可靠地计量。

【案例 5-3】

承案例 5-2，假定 2020 年 6 月 20 日，A 公司收到 B 上市公司向其发放的现金股利 1 200 000 元，并存入银行。假定不考虑相关税费。A 公司应编制如下会计分录。

借：其他货币资金——存出投资款　　　　　　　　　　1 200 000
　　贷：应收股利——B 上市公司股票　　　　　　　　　　1 200 000

【案例 5-4】

承案例 5-2，假定 2021 年 3 月 20 日，B 上市公司宣告发放 2020 年现金股利，A 公司按其持有该上市公司股份计算确定的应分得的现金股利为 1 600 000 元。假定不考虑相关税费。A 公司应编制如下会计分录。

借：应收股利——B 上市公司股票　　　　　　　　　　1 600 000
　　贷：投资收益——B 上市公司股票　　　　　　　　　　1 600 000

在本例中，A 公司取得 B 上市公司宣告发放的现金股利同时满足了前述确认股利收入并计入当期损益的三个条件。

【案例 5-5】

2020 年 6 月 1 日，甲公司购入乙公司发行的公司债券，支付价款 13 000 000 元(其中包含已到付息期但尚未领取的债券利息 250 000 元)，另支付交易费用 150 000 元，取得的增值税专用发票上注明的增值税税额为 9 000 元。该笔乙公司债券面值为 12 500 000 元。甲公司将其划分为交易性金融资产进行管理和核算。2020 年 6 月 10 日甲公司收到该笔债券利息 250 000 元。假定不考虑相关税费和其他因素。甲公司应编制如下会计分录。

① 2020 年 6 月 1 日，购入乙公司的公司债券时。

借：交易性金融资产——乙公司债券——成本　　　　　12 750 000
　　应收利息——乙公司债券　　　　　　　　　　　　　250 000
　　投资收益——乙公司债券　　　　　　　　　　　　　150 000
　　应交税费——应交增值税(进项税额)　　　　　　　　9 000
　　贷：其他货币资金——存出投资款　　　　　　　　　13 159 000

② 2020 年 6 月 10 日，收到购买价款中包含的已到付息期但尚未领取的债券利息时。

借：其他货币资金——存出投资款　　　　　　　　　　250 000
　　贷：应收利息——乙公司债券　　　　　　　　　　　　250 000

在本例中，甲公司取得交易性金融资产所支付的交易费用 150 000 元，应当计入"投资收益"账户。甲公司取得交易性金融资产所支付价款 13 000 000 元中包含的已到付息期但尚未领取的债券利息 250 000 元，应当计入"应收利息"账户。

(2) 资产负债表日，交易性金融资产应当按照公允价值计量，将公允价值与账面余额之间的差额计入当期损益。

企业应当在资产负债表日按照交易性金融资产公允价值高于其账面余额的差额，借记"交易性金融资产——公允价值变动"账户，贷记"公允价值变动损益"账户；公允价值低于其账面余额的差额作相反的会计分录，借记"公允价值变动损益"账户，贷记"交易性金融资产——公允价值变动"账户。

【案例 5-6】

承案例 5-2 和案例 5-3，假定 2020 年 6 月 30 日，A 公司持有 B 上市公司股票的公允价值为 17 200 000 元；2020 年 12 月 31 日，A 公司持有 B 上市公司股票的公允价值为 24 800 000 元。假定不考虑相关税费和其他因素。A 公司应编制如下会计分录。

① 2020 年 6 月 30 日，确认 B 上市公司股票的公允价值变动损益时。

借：公允价值变动损益——B 上市公司股票　　　　1 600 000
　　贷：交易性金融资产——B 上市公司股票——公允价值变动　　1 600 000

② 2020 年 12 月 31 日，确认 B 上市公司股票的公允价值变动损益时。

借：交易性金融资产——B 上市公司股票——公允价值变动　　7 600 000
　　贷：公允价值变动损益——B 上市公司股票　　　　7 600 000

在本例中，2020 年 6 月 30 日作为资产负债表日，A 公司持有 B 上市公司股票在该日公允价值为 17 200 000 元，账面余额为 18 800 000 元(即 2020 年 6 月 1 日的公允价值 18 800 000 元)，公允价值小于账面余额 1 600 000 元，应记入"公允价值变动损益"账户的借方；2020 年 12 月 31 日作为资产负债表日，A 公司持有 B 上市公司股票在该日公允价值 24 800 000 元，账面余额为 17 200 000 元(即 2020 年 6 月 30 日的公允价值为 17 200 000 元)，公允价值大于账面余额 7 600 000 元，应记入"公允价值变动损益"账户的贷方。

【案例 5-7】

承案例 5-5，假定 2020 年 6 月 30 日，甲公司购买的乙公司债券的公允价值为 13 350 000 元；2020 年 12 月 31 日，甲公司购买的乙公司债券的公允价值为 12 900 000 元。不考虑相关税费和其他因素。甲公司应编制如下会计分录。

① 2020 年 6 月 30 日，确认乙公司债券的公允价值变动损益时。

借：交易性金融资产——乙公司债券——公允价值变动　　600 000
　　贷：公允价值变动损益——乙公司债券　　　　　　　　600 000

② 2020 年 12 月 31 日，确认乙公司债券的公允价值变动损益时。

借：公允价值变动损益——乙公司债券　　　　　　　　450 000
　　贷：交易性金融资产——乙公司债券——公允价值变动　　450 000

在本例中，2020 年 6 月 30 日，乙公司债券的公允价值为 13 350 000 元，账面余额为 12 750 000 元，公允价值大于账面余额 600 000 元，应记入"公允价值变动损益"账户的贷方；2020 年 12 月 31 日，乙公司债券的公允价值为 12 900 000 元，账面余额为 13 350 000 元，公允价值小于账面余额 450 000 元，应记入"公允价值变动损益"账户的借方。

(四)出售交易性金融资产

企业出售交易性金融资产时,应当将该金融资产出售时的公允价值与其账面余额之间的差额作为投资损益进行会计处理。

企业出售交易性金融资产,应当按照实际收到的金额,借记"其他货币资金"等账户;按照该金融资产的账面余额的成本部分,贷记"交易性金融资产——成本"账户,按照该金融资产的账面余额的公允价值变动部分,贷记或借记"交易性金融资产——公允价值变动"账户,按照其差额,贷记或借记"投资收益"账户。

【案例5-8】

承案例5-2、案例5-3、案例5-4、案例5-6,假定2021年5月31日,A公司出售所持有的全部B上市公司股票,价款为24 200 000元。不考虑相关税费和其他因素。A公司应编制如下会计分录。

借:其他货币资金——存出投资款　　　　　　　　　　　　24 200 000
　　投资收益——B上市公司股票　　　　　　　　　　　　　 600 000
　　贷:交易性金融资产——B上市公司股票——成本　　　　18 800 000
　　　　　　　　　　　　　　　　　　　——公允价值变动　 6 000 000

在本例中,2021年5月31日,A公司出售所持有的全部B上市公司股票的价款24 200 000元与账面余额24 800 000元(即2020年12月31日的公允价值24 800 000元)之间的差额-600 000元应当作为投资损失,记入"投资收益"账户的借方。

【案例5-9】

承案例5-5和案例5-7,假定2021年3月15日,甲公司出售了所持有的全部乙公司债券,售价为17 750 000元。不考虑相关税费和其他因素。甲公司应编制如下会计分录。

借:其他货币资金——存出投资款　　　　　　　　　　　　17 750 000
　　贷:交易性金融资产——乙公司债券——成本　　　　　12 750 000
　　　　　　　　　　　　　　　　　　——公允价值变动　　 150 000
　　　　投资收益——乙公司债券　　　　　　　　　　　　　4 850 000

在本例中,甲公司出售交易性金融资产的售价17 750 000元与其账面余额12 900 000元(即2020年12月31日乙公司债券的公允价值12 900 000元)之间的差额4 850 000元应当作为投资收益,记入"投资收益"账户的贷方。

(五)转让金融商品应交增值税

金融商品转让按照卖出价扣除买入价(不需要扣除已宣告未发放现金股利和已到付息期未领取的利息)后的余额作为销售额计算增值税,即转让金融商品按盈亏相抵后的余额为销售额。若相抵后出现负差,可结转下一纳税期与下期转让金融商品销售额互抵,但年末时仍出现负差的,不得转入下一会计年度。

转让金融资产当月月末,如产生转让收益,则按应纳税额,借记"投资收益"等账户,贷记"应交税费——转让金融商品应交增值税"账户;如产生转让损失,则按可结转下月抵扣税额，借记"应交税费——转让金融商品应交增值税"账户，贷记"投资收益"等账户。

年末，如果"应交税费——转让金融商品应交增值税"账户有借方余额，说明本年度的金融商品转让损失无法弥补，且本年度的金融资产转让损失不可转入下年度继续抵减转让金融资产的收益，应将"应交税费——转让金融商品应交增值税"账户的借方余额转出。因此，应借记"投资收益"等账户，贷记"应交税费——转让金融商品应交增值税"账户。

【案例5-10】

承案例5-9，计算该项业务——转让金融商品应交的增值税。

转让金融商品应交增值税=(17 750 000－13 000 000)/(1+6%)×6%
　　　　　　　　　　=268 867.92(元)

甲公司应编制如下会计分录。

借：投资收益　　　　　　　　　　　　　　　　　　　　　268 867.92
　　贷：应交税费——转让金融商品应交增值税　　　　　　　　268 867.92

任务二　债权投资的核算

一、债权投资概述

(一)债权投资的含义

债权投资是指企业购入的到期日固定、回收金额固定或可确定，且企业有明确意图和能力持有至到期的国债和企业债券等各种债权投资。债权投资是一种通过分期或到期一次收取利息并收回本金的投资方式。

(二)债权投资的特征

债权投资的特征如下。

(1) 从企业管理该金融资产的业务模式来看，由于管理者的意图是持有到期，不准备随时出售，因而主要是以收取合同现金流量为目标的。

(2) 债权投资的合同现金流量特征是在到期日收取的合同现金流量仅为本金和以未偿付本金为基础的利息。

上述特征表明，债权投资应划分为以摊余成本计量的金融资产。

二、债权投资的具体核算

企业应设置"债权投资"账户，核算企业债权投资的价值。该账户应当按照债权投资的类别和品种，分"成本""利息调整""应计利息"进行明细核算。其相关的账务处理如下。

(1) 企业取得的债权投资，应按该投资的面值，借记"债权投资——成本"账户；按支付的价款中包含的已到付息期但尚未领取的利息，借记"应收利息"账户；按实际支付的金额，贷记"银行存款"等账户；按其差额，借记或贷记"债权投资——利息调整"账户。

(2) 持有期间主要是在资产负债表日计算利息。利息的计算方法如下。

应收利息=债券面值×票面利率×期限

利息收入=债权投资摊余成本×实际利率×期限

摊余成本是指该金融资产的初始确认金额经下列调整后的结果：扣除已偿还的本金；加上或减去采用实际利率法将该初始确认金额与到期日金额之间的差额进行摊销形成的累计摊销额；扣除已发生的减值损失。

实际利率是指将金融资产在预期存续期间或适用的更短期间内的未来现金流量，折现为该金融资产当前账面价值所使用的利率。实际利率在相关金融资产预期存续期间或适用的更短期间内保持不变。实际利率与票面利率差别较小的，也可按票面利率计算利息收入，计入投资收益。

① 资产负债表日，债权投资为分期付息、一次还本债券投资的，应按票面利率计算确定的应收未收利息，借记"应收利息"账户；按债权投资摊余成本和实际利率计算确定的利息收入，贷记"投资收益"账户；按其差额，借记或贷记"债权投资——利息调整"账户。

② 资产负债表日，债权投资为一次还本付息债券投资的，应按票面利率计算确定的应收未收利息，借记"债权投资——应计利息"账户；按债权投资摊余成本和实际利率计算确定的利息收入，贷记"投资收益"账户；按其差额，借记或贷记"债权投资——利息调整"账户。

(3) 出售债权投资，应按实际收到的金额，借记"银行存款"等账户；按其账面余额，贷记"债权投资——成本、利息调整、应计利息"账户；按其差额，贷记或借记"投资收益"账户。已计提减值准备的，还应同时结转减值准备。

(4) 债权投资的减值，企业应当在资产负债表日对债权投资的账面价值进行检查，有客观证据表明金融资产发生减值时，应当计提减值准备。企业确定债权投资发生减值时，借记"信用减值损失"账户，贷记"债权投资减值准备"账户；已计提减值准备的债权投资，其价值在以后期间又得以恢复的，应在原已计提的减值准备金额内，按应恢复增加的金额，借记"债权投资减值准备"账户，贷记"信用减值损失"账户。

【案例 5-11】

甲公司于 2016 年 1 月 1 日以 1 043.27 万元购入乙公司当日发行的面值总额为 1 000 万元、5 年期、票面年利率为 6%、按年付息、到期一次还本的公司债券，确认为债权投资，购买时市场实际年利率为 5%。合同约定，乙公司在遇到特定情况下可以将债券赎回，且不需要为提前支付额外款项。甲公司在购买该债券时，预计乙公司不会提前赎回。不考虑所得税、减值损失等因素。有关利息计算、摊销如表 5-1 所示。

表 5-1　甲公司购买的乙公司债券利息计算与摊销表

单位：万元

年　份	期初摊余成本(a)	实际利息(b)(按5%计算)	现金流入(c)	期末摊余成本(d=a+b-c)
2016	1 043.27	52.16	60	1 035.43
2017	1 035.43	51.77	60	1 027.20
2018	1 027.20	51.36	60	1 018.56
2019	1 018.56	50.93	60	1 009.49
2020	1 009.49	50.51	1 060	0

注：2020年实际利息50.51是尾数调整。

根据上述数据，甲公司的有关账务处理如下。

① 2016 年 1 月 1 日，购入债券时。

借：债权投资——成本　　　　　　　　　　　　　　　10 000 000
　　　　　　——利息调整　　　　　　　　　　　　　　　432 700
　　贷：银行存款　　　　　　　　　　　　　　　　　　10 432 700

② 2016 年 12 月 31 日，确认实际利息收入、收到票面利息时。

借：应收利息　　　　　　　　　　　　　　　　　　　　600 000
　　贷：投资收益　　　　　　　　　　　　　　　　　　　521 600
　　　　债权投资——利息调整　　　　　　　　　　　　　 78 400
借：银行存款　　　　　　　　　　　　　　　　　　　　600 000
　　贷：应收利息　　　　　　　　　　　　　　　　　　　600 000

③ 2017 年 12 月 31 日，确认实际利息收入、收到票面利息时。

借：应收利息　　　　　　　　　　　　　　　　　　　　600 000
　　贷：投资收益　　　　　　　　　　　　　　　　　　　517 700
　　　　债权投资——利息调整　　　　　　　　　　　　　 82 300
借：银行存款　　　　　　　　　　　　　　　　　　　　600 000
　　贷：应收利息　　　　　　　　　　　　　　　　　　　600 000

④ 2018 年 12 月 31 日，确认实际利息收入、收到票面利息时。

借：应收利息　　　　　　　　　　　　　　　　　　　　600 000
　　贷：投资收益　　　　　　　　　　　　　　　　　　　513 600
　　　　债权投资——利息调整　　　　　　　　　　　　　 86 400
借：银行存款　　　　　　　　　　　　　　　　　　　　600 000
　　贷：应收利息　　　　　　　　　　　　　　　　　　　600 000

⑤ 2019 年 12 月 31 日，确认实际利息收入、收到票面利息时。

借：应收利息　　　　　　　　　　　　　　　　　　　　600 000
　　贷：投资收益　　　　　　　　　　　　　　　　　　　509 300
　　　　债权投资——利息调整　　　　　　　　　　　　　 90 700
借：银行存款　　　　　　　　　　　　　　　　　　　　600 000
　　贷：应收利息　　　　　　　　　　　　　　　　　　　600 000

⑥ 2020年12月31日，确认实际利息收入、收到票面利息和本金时。

借：应收利息　　　　　　　　　　　　　　　　　　　　600 000
　　贷：投资收益　　　　　　　　　　　　　　　　　　505 100
　　　　债权投资——利息调整　　　　　　　　　　　　 94 900
借：银行存款　　　　　　　　　　　　　　　　　　　10 600 000
　　贷：债权投资——成本　　　　　　　　　　　　　10 000 000
　　　　应收利息　　　　　　　　　　　　　　　　　　600 000

任务三　其他债权投资和其他权益工具投资的核算

一、其他债权投资概述

(一)其他债权投资的概念

其他债权投资是指同时符合下列条件的金融资产。

(1) 企业管理该金融资产的业务模式既以收取合同现金流量为目标又以出售该金融资产为目标。

(2) 在特定日期产生的现金流量，仅为对本金和以未偿付本金金额为基础的利息支付。

也就是说，企业可能持有其他债权投资到期，也可能在到期前提前出售。该金融资产划分为以公允价值计量且其变动计入其他综合收益的金融资产。

为核算其他债权投资的取得、计算确认利息收益、公允价值变动、处置等情况，企业应设置"其他债权投资"账户，并在其下按投资的类别和品种设置"成本""利息调整""应计利息""公允价值变动"等明细分类账户进行明细分类核算。

(二)其他债权投资的取得

其他债权投资应当按照取得时的公允价值和相关交易费用(不含可以抵扣的增值税进项税额)之和作为初始入账价值。所支付的价款中包含已到付息期但尚未领取的利息，应单独确认为应收利息，不计入初始入账金额。企业取得其他债权投资时，应按照其面值，借记"其他债权投资——成本"账户；按支付的价款中包含已到付息期但尚未领取的利息，借记"应收利息"账户；按实际支付的价款，贷记"银行存款"等账户；按其差额，借记或贷记"其他债权投资——利息调整"账户。

(三)其他债权投资利息收入的确认

其他债权投资在持有期应参照债权投资，采用实际利率法计算确认利息收入并分摊利息调整，将实际利息收入计入投资收益，借记"应收利息"账户(分期付息、到期还本的债券投资)或者"其他债权投资——应计利息"账户(到期一次还本付息的债券投资)；按其摊余成本和实际利率计算确定的利息收入，贷记"投资收益"账户；按其差额，借记或贷记"其他债权投资——利息调整"账户。

(四) 其他债权投资的期末计价

资产负债表日，其他债权投资应以公允价值计量，公允价值与账面价值的差额(即公允价值的变动)应计入其他综合收益，直到该资产终止确认时才转入当期损益中。资产负债表日，其他债权投资的公允价值高于其账面余额的差额，借记"其他债权投资——公允价值变动"账户，贷记"其他综合收益——其他债权投资公允价值变动"账户；公允价值低于其账面余额的差额，作相反的会计分录。

(五) 其他债权投资的处置

出售其他债权投资时，应按实际收到的金额，借记"银行存款"等账户；按其他债权投资的账面余额，贷记"其他债权投资"账户；按其差额，贷记或借记"投资收益"账户。同时，将原记入"其他综合收益"账户的累计公允价值变动对应处置部分的金额转出，计入当期损益，借记或贷记"其他综合收益"账户；按其差额，贷记或借记"投资收益"账户。

(六) 其他债权投资的减值

如果其他债权投资的公允价值预期发生了信用损失，应当确认为减值损失，计提减值准备。

为核算其他债权投资的减值准备的计提、转回和核销等，企业应在"其他综合收益"账户下设置"信用减值准备"明细账户。该明细账户的贷方登记计提的其他债权投资减值准备，借方登记转回或核销的其他债权投资减值准备。其他债权投资的减值准备的计提、转回等不影响该项金融资产的账面价值。企业期末确认其他债权投资信用减值损失时，借记"信用减值损失"账户，贷记"其他综合收益——信用减值准备"账户；当该金融资产减值恢复时，应作相反的会计分录。

【案例 5-12】

2020 年 1 月 1 日，甲公司支付价款 10 282 440 元，用于购入乙公司发行的 3 年期公司债券，该公司债券的票面总金额为 10 000 000 元，票面利率为 4%，实际利率为 3%，利息每年年末支付，本金到期支付。甲公司将购买的乙公司债券划分为其他债权投资。2020 年 12 月 31 日，该债券的公允价值为 10 000 940 元，甲公司预计乙公司债券未来现金流量现值为 9 990 940 元，且逆转的可能性很小，期末计提减值准备。假定不考虑交易费用和其他因素的影响。甲公司的账务处理如下。

① 2020 年 1 月 1 日，购入债券时。

借：其他债权投资——成本　　　　　　　　　　　　　　10 000 000
　　　　　　　　　——利息调整　　　　　　　　　　　　　　282 440
　　贷：银行存款　　　　　　　　　　　　　　　　　　　10 282 440

② 2020 年 12 月 31 日，收到债券利息、确认公允价值变动时。

实际利息=10 282 440×3%=308 473.20(元)

年末摊余成本=10 282 440+308 473.20-400 000=10 190 913.20(元)

借：应收利息	400 000.00
贷：投资收益	308 473.20
其他债权投资——利息调整	91 526.80
借：银行存款	400 000
贷：应收利息	400 000

③ 2020年12月31日，确认公允价值变动时。

借：其他综合收益——其他债权投资公允价值变动	189 973.20
贷：其他债权投资——公允价值变动	189 973.20

④ 2020年12月31日，计提减值准备时。

借：信用减值损失	10 000
贷：其他综合收益——信用减值准备	10 000

2020年年末，该金融资产在资产负债表上列示的金额为10 000 940元(即2020年年末时的公允价值)，资产减值不影响其列示金额。

二、其他权益工具投资概述

(一)其他权益工具投资的概念

其他权益工具投资主要是指企业的非交易性股票及不具有控制、共同控制和重大影响的且没有公允价值的股权投资。例如，企业持有的上市公司限售股，其在活跃市场上有报价，但由于出售受限制，不能随时出售，可以指定为以公允价值计量且其变动计入其他综合收益的金融资产。又如，企业持有的在活跃市场上没有报价且对被投资单位不存在控制、共同控制和重大影响的股权投资，因无法随时出售，也应确认为其他权益工具投资，可以成本代表其公允价值。

为核算其他权益工具投资的取得、处置公允价值变动等情况，企业应设置"其他权益工具投资"账户，并分设"成本""公允价值变动"明细分类账户。

(二)其他权益工具投资的取得

其他权益工具投资应按照取得时的公允价值和相关交易费用(不含可以抵扣的增值税进项税额)之和作为初始投资成本，如果实际支付的价款中包含已宣告未发放的现金股利，应单独确认为应收股利，不构成其他权益工具投资的初始投资成本。

企业取得其他权益工具投资时，按照确定的初始投资成本，借记"其他权益工具投资——成本"账户；按照支付的价款中包含的已宣告未发放的现金股利，借记"应收股利"账户，贷记"银行存款"等账户。

(三)其他权益工具投资的收益

企业收到的属于取得该股权投资支付的价款中包含的已宣告未发放的现金股利，借记"银行存款"账户，贷记"应收股利"账户。在该股权持有期间被投资单位宣告发放现金股利时，投资企业按照享有的份额，借记"应收股利"账户，贷记"投资收益"账户。实际收到发放的股利时，借记"银行存款"账户，贷记"应收股利"账户。

(四)其他权益工具投资的期末计价

资产负债表日，其他权益工具投资应按照公允价值计价，公允价值与账面价值的差额(即公允价值的变动)计入其他综合收益。借记或贷记"其他权益工具投资——公允价值变动"账户，贷记或借记"其他综合收益——其他权益工具投资公允价值变动"账户。

(五)其他权益工具投资的出售

企业出售其他权益工具投资时，应将实际收到的价款与其账面价值的差额计入其他综合收益；同时，还要将累计确认的其他综合收益转入留存收益。企业应按照实际收到的价款，借记"银行存款"等账户，贷记"其他权益工具投资——成本"账户，贷记或借记"其他权益工具投资——公允价值变动"账户；按其差额，贷记或借记"其他综合收益——其他权益工具投资公允价值变动"账户；同时，根据累计公允价值变动计入其他综合收益的金额对应处置部分的金额转出，借记或贷记"其他综合收益——其他权益工具投资公允价值变动"账户，贷记或借记"盈余公积""利润分配——未分配利润"账户。

【案例5-13】

甲公司发生了以下金融资产投资业务。

① 2020年1月5日，甲公司从二级市场上购买乙公司的股票100 000股，每股买价为12元，另支付交易费用10 600元(其中包括可抵扣的增值税税额600元)，该股票在购买后的1年内不得出售，甲公司将其划分为其他权益工具投资。

② 2020年3月10日，乙公司宣告分派现金股利，每股0.3元。

③ 2020年3月20日，甲公司收到乙公司发放的现金股利30 000元。

④ 2020年12月31日，乙公司股票市价为每股13元。

⑤ 2021年2月15日，甲公司将持有的乙公司股票全部出售，收到价款1 450 000元(已扣除相关税费)。

甲公司每年按照净利润的10%计提法定盈余公积。假定不考虑其他因素。甲公司对该项投资应作如下账务处理。

① 2020年1月5日，购买乙公司股票时。

借：其他权益工具投资——成本　　　　　　　　　　　1 210 000
　　应交税费——应交增值税(进项税额)　　　　　　　　　600
　　贷：银行存款　　　　　　　　　　　　　　　　　　1 210 600

② 2020年3月10日，乙公司宣告分派现金股利时。

借：应收股利　　　　　　　　　　　　　　　　　　　30 000
　　贷：投资收益　　　　　　　　　　　　　　　　　　30 000

③ 2020年3月20日，收到乙公司发放的现金股利时。

借：银行存款　　　　　　　　　　　　　　　　　　　30 000
　　贷：应收股利　　　　　　　　　　　　　　　　　　30 000

④ 2020年12月31日，确认公允价值变动时。

借:其他权益工具投资——公允价值变动　　　　　　　　　　　90 000
　　贷:其他综合收益——其他权益工具投资公允价值变动　　　　90 000
⑤ 2021年2月15日,出售乙公司股票时。
借:银行存款　　　　　　　　　　　　　　　　　　　　　1 450 000
　　贷:其他权益工具投资——成本　　　　　　　　　　　　1 210 000
　　　　　　　　　　　　——公允价值变动　　　　　　　　90 000
　　　　其他综合收益——其他权益工具投资公允价值变动　　　150 000
⑥ 2021年2月15日,结转累计计入其他综合收益的公允价值变动金额时。
借:其他综合收益——其他权益工具投资公允价值变动　　　　　240 000
　　贷:盈余公积　　　　　　　　　　　　　　　　　　　　24 000
　　　　利润分配——未分配利润　　　　　　　　　　　　　216 000

任务四　长期股权投资的核算

一、长期股权投资概述

长期股权投资是指企业持有的长期权益性投资。

长期股权投资在范围上主要包括三个方面:①对子公司投资,即企业能够对被投资单位实施控制的权益性投资;②对合营企业投资,即企业与其他合营方共同对被投资单位实施控制的权益性投资;③对联营企业投资,即企业对被投资单位具有重大影响的权益性投资。

控制是指有权决定一个企业的财务和经营政策,并能据以从该企业的经营活动中获取利益。投资企业能够对被投资单位实施控制的,被投资单位为其子公司,投资企业应当将子公司纳入合并财务报表的合并范围。

共同控制是指按照合同约定对某项经济活动所共有的控制,仅在与该项经济活动相关的重要财务和经营决策需要分享控制权的投资方一致同意时存在。投资企业与其他方对被投资单位实施共同控制的,被投资单位为其合营企业。

重大影响是指对一个企业的财务和经营政策有参与决策的权力,但并不能够控制或者与其他方一起共同控制这些政策的制定。投资企业能够对被投资单位施加重大影响的,被投资单位为其联营企业。

二、长期股权投资的初始计量

长期股权投资在取得时,应按初始投资成本计量。对子公司投资形成的长期股权投资的初始投资成本,应分别企业合并和非企业合并两种情况确定。

(一)企业合并概述

企业合并是指将两个或者两个以上单独的企业合并形成一个报告主体的交易或事项。

企业合并分为同一控制下的企业合并和非同一控制下的企业合并。

1. 同一控制下的企业合并

参与合并的企业在合并前后均受同一方或相同的多方最终控制且该控制并非暂时性的,为同一控制下的企业合并。

同一控制下的企业合并,在合并日取得对其他参与合并企业控制权的一方为合并方,参与合并的其他企业为被合并方,合并日是指合并方实际取得对被合并方控制权的日期。

2. 非同一控制下的企业合并

参与合并的各方在合并前后不受同一方或相同的多方最终控制的,为非同一控制下的企业合并。

非同一控制下的企业合并,在购买日取得对其他参与合并企业控制权的一方为购买方,参与合并的其他企业为被购买方。购买日是指购买方实际取得对被购买方控制权的日期。

(二)同一控制下的企业合并形成的长期股权投资的初始计量

合并方以支付现金、转让非现金资产或承担债务方式作为合并对价的,应当在合并日按照取得被合并方所有者权益账面价值的份额作为长期股权投资的初始投资成本。长期股权投资初始投资成本与支付的现金、转让的非现金资产以及所承担债务账面价值之间的差额,应当调整资本公积(资本溢价或股本溢价);资本公积(资本溢价或股本溢价)不足冲减的,依次冲减盈余公积和未分配利润。

合并方以发行权益性证券作为合并对价的,应当在合并日按照取得被合并方所有者权益账面价值的份额作为长期股权投资的初始投资成本。按照发行股份的面值总额作为股本,长期股权投资初始投资成本与所发行股份面值总额之间的差额,应当调整资本公积(股本溢价);资本公积(股本溢价)不足冲减的、依次冲减盈余公积和未分配利润。

同一控制下企业合并形成的长期股权投资,应在合并日按取得被合并方所有者权益账面价值的份额,借记"长期股权投资"账户;按享有被投资单位已宣告但尚未发放的现金股利或利润,借记"应收股利"账户;按支付的合并对价的账面价值,贷记有关资产或借记有关负债账户;按其差额,贷记"资本公积——资本溢价或股本溢价"账户;为借方差额的,借记"资本公积——资本溢价或股本溢价"账户;资本公积(资本溢价或股本溢价)不足冲减的,借记"盈余公积""利润分配——未分配利润"账户。

【案例 5-14】

2020年3月1日,甲公司购入同一集团内的A公司80%的股权,实际支付价款2 000 000元,实现同一控制下的企业合并。合并日,A公司股东权益总额为3 000 000元。甲公司应编制会计分录如下。

借:长期股权投资——A公司　　　　　　　　　　　2 400 000
　　贷:银行存款　　　　　　　　　　　　　　　　　2 000 000
　　　　资本公积——股本溢价　　　　　　　　　　　　400 000

【案例 5-15】

2020年4月12日，乙公司取得同一集团内的B公司100%的股权，为进行该项合并，乙公司发行7 000 000股普通股(每股面值1元)作为对价。合并日，B公司的股东权益总额为10 000 000元。乙公司应编制会计分录如下。

借：长期股权投资——B公司　　　　　　　　　　　　　　10 000 000
　　贷：股本　　　　　　　　　　　　　　　　　　　　　　7 000 000
　　　　资本公积——股本溢价　　　　　　　　　　　　　　3 000 000

(三)非同一控制下的企业合并形成的长期股权投资的初始计量

非同一控制下的企业合并中，购买方为了取得对被购买方的控制权而放弃的资产、发生或承担的负债、发行的权益性证券等均应按其在购买日的公允价值计量，公允价值与其账面价值的差额，计入当期损益。具体如下。

(1) 一次交换交易实现的企业合并，合并成本为购买方在购买日为取得对被购买方的控制权而付出的资产、发生或承担的负债，以及发行的权益性证券的公允价值。

(2) 通过多次交换交易分步实现的企业合并，合并成本为每一单项交易成本之和。

(3) 购买方为进行企业合并发生的审计、法律服务、评估咨询等中介费用及其他相关管理费用，应于发生时计入当期损益。

(4) 购买方作为合并对价发行的权益性工具或债务性工具的交易费用，应当计入权益性工具或债务性工具的初始确认金额。

非同一控制下的企业合并形成的长期股权投资，应在购买日按企业合并成本(不含应自被投资单位收取的现金股利或利润)，借记"长期股权投资"账户；按享有被投资单位已宣告但尚未发放的现金股利或利润，借记"应收股利"账户；按支付合并对价的账面价值，贷记有关资产或借记有关负债账户；按其差额，贷记或借记"资产处置损益"等账户。非同一控制下的企业合并涉及以库存商品等作为合并对价的，应按库存商品的公允价值，贷记"主营业务收入"账户，并同时结转相关的成本。涉及增值税的，还应进行相应的处理。

【案例 5-16】

2020年3月25日，C公司取得了D公司70%的股权。合并中，C公司支付的有关资产，在购买日的账面价值与公允价值，如表5-2所示。合并中，C公司支付了聘请律师费等费用5万元。假设合并前C公司和D公司不存在任何关联方关系。不考虑相关税费。

表5-2　C公司支付资产账面价值与公允价值对比表　　　　　　　　　单位：元

项目	账面价值	公允价值
库存商品	340 000	500 000
专利技术	560 000 (成本600 000元，累计摊销40 000元)	780 000
银行存款	700 000	700 000
合计	1 600 000	1 980 000

C公司应编制会计分录如下。

借：长期股权投资——D公司	1 980 000	
累计摊销	40 000	
管理费用	50 000	
贷：主营业务收入		500 000
无形资产		600 000
银行存款		750 000
资产处置损益		220 000
借：主营业务成本	340 000	
贷：库存商品		340 000

(四)以企业合并以外的方式取得的长期股权投资的初始计量

(1) 以支付现金取得的长期股权投资，应当按照实际支付购买价款作为初始投资成本。初始投资成本包括与取得长期股权投资直接相关的费用、税金及其他必要支出，但不包括应自被投资单位收取的已宣告但尚未发放的现金股利或利润。

【案例5-17】

2020年4月22日，C公司买入A公司25%的股份，实际支付价款6 000 000元。在购买过程中，支付手续费等相关费用100 000元。假定C公司取得该项投资时，A公司已宣告但尚未发放现金股利，C公司按其持股比例计算确定可分得200 000元。C公司应编制会计分录如下。

借：长期股权投资——A公司	5 900 000	
应收股利——A公司	200 000	
贷：银行存款		6 100 000

(2) 以发行权益性证券取得的长期股权投资，应当按照发行权益性证券的公允价值作为初始投资成本，但不包括应自被投资单位收取的已宣告但尚未发放的现金股利或利润。为发行权益性证券支付的手续费、佣金等与发行直接相关的费用，不构成长期股权投资的初始投资成本。这部分费用应自所发行证券的溢价发行收入中扣除，溢价收入不足冲减的，应依次冲减盈余公积和未分配利润。

【案例5-18】

2020年3月20日，甲公司通过增发20 000 000股(每股面值1元)普通股为对价，从非关联方处取得对B公司20%的股权，所增发股份的公允价值为35 000 000元。为增发该部分普通股，甲公司支付了1 000 000元的佣金和手续费。甲公司应编制会计分录如下。

借：长期股权投资——B公司	35 000 000	
贷：股本		20 000 000
资本公积——股本溢价		15 000 000

借：资本公积——股本溢价　　　　　　　　　　　　　　　　　1 000 000
　　　贷：银行存款　　　　　　　　　　　　　　　　　　　　　　　1 000 000

(3) 投资者投入的长期股权投资，应当按照投资合同或协议约定的价值作为初始投资成本，但合同或协议约定价值不公允的除外。

(4) 通过非货币性资产交易取得的长期股权投资，其初始投资成本应当按照《企业会计准则第 7 号——非货币性资产交换》确定。

(5) 通过债务重组取得的长期股权投资，其初始投资成本应当按照《企业会计准则第 12 号——债务重组》确定。

三、长期股权投资的后续计量

长期股权投资应当根据不同情况选择采用成本法或权益法进行后续计量。

(一)长期股权投资核算的成本法

1. 成本法的概念及其适用范围

成本法是指长期股权投资按成本计价的方法。长期股权投资成本法的核算适用于投资企业能够对被投资单位实施控制的长期股权投资。

投资企业对子公司的长期股权投资，应当采用成本法核算，编制合并财务报表时按照权益法进行调整。

2. 成本法核算

在成本法下，被投资单位宣告分派的现金股利或利润，投资方根据应享有的部分确认为当期投资收益。

【案例 5-19】

2020 年 1 月 1 日，A 公司购入 D 公司有表决权的股票 70%，实际投资成本为 25 000 000 元，相关手续当日完成，并能够对 D 公司实施控制。D 公司于 2020 年 4 月 5 日宣告分派上年度的现金股利 1 000 000 元，A 公司可获得现金股利 700 000 元，并于 5 月 30 日收到上述现金股利。A 公司应编制会计分录如下：

① 2020 年 1 月 1 日，购入股票时。
借：长期股权投资——D 公司　　　　　　　　　　　　　　　　25 000 000
　　　贷：银行存款　　　　　　　　　　　　　　　　　　　　　　　25 000 000

② 2020 年 4 月 5 日，D 公司宣告分派现金股利时。
借：应收股利——D 公司　　　　　　　　　　　　　　　　　　　700 000
　　　贷：投资收益　　　　　　　　　　　　　　　　　　　　　　　　700 000

③ 2020 年 5 月 30 日，收到分派的现金股利时。
借：银行存款　　　　　　　　　　　　　　　　　　　　　　　　　700 000
　　　贷：应收股利——D 公司　　　　　　　　　　　　　　　　　　　700 000

(二)长期股权投资核算的权益法

1. 权益法的概念及其适用范围

权益法是指投资最初以投资成本计价,以后根据投资企业享有被投资单位所有者权益份额的变动对投资的账面价值进行调整的方法。

投资企业对被投资单位具有共同控制或重大影响的长期股权投资,应当采用权益法核算。

2. 权益法核算

(1) 长期股权投资的初始投资成本大于投资时应享有被投资单位可辨认净资产公允价值份额的,不调整长期股权投资的初始投资成本;长期股权投资的初始投资成本小于投资时应享有被投资单位可辨认净资产公允价值份额的,其差额应当计入当期损益,同时调整长期股权投资的成本。

具体账务处理如下:长期股权投资的初始投资成本大于投资时应享有被投资单位可辨认净资产公允价值份额的,不调整已确认的初始投资成本。长期股权投资的初始投资成本小于投资时应享有被投资单位可辨认净资产公允价值份额的,应按其差额,借记"长期股权投资——投资成本"账户,贷记"营业外收入"账户。

【案例 5-20】

2020 年 1 月 2 日,B 公司购入 C 公司 30%的股权而对 C 公司具有重大影响,实际支付价款 500 万元。取得投资时,C 公司所有者权益的账面价值为 1 500 万元,公允价值为 1 200 万元。B 公司应编制会计分录如下。

　　借:长期股权投资——C 公司(投资成本)　　　　　　　5 000 000
　　　贷:银行存款　　　　　　　　　　　　　　　　　　　　　　　5 000 000

长期股权投资的初始投资成本 500 万元大于取得投资时应享有被投资单位净资产公允价值的份额 360(1 200 × 30%)万元,因此不对其账面价值进行调整。

【案例 5-21】

承案例 5-20,假设取得投资时,C 公司所有者权益的公允价值为 2 000 万元,其他条件不变。B 公司应编制会计分录如下。

　　借:长期股权投资——C 公司(投资成本)　　　　　　　5 000 000
　　　贷:银行存款　　　　　　　　　　　　　　　　　　　　　　　5 000 000
　　借:长期股权投资——C 公司(投资成本)　　　　　　　1 000 000
　　　贷:营业外收入　　　　　　　　　　　　　　　　　　　　　　1 000 000

或者

　　借:长期股权投资——C 公司(投资成本)　　　　　　　6 000 000
　　　贷:银行存款　　　　　　　　　　　　　　　　　　　　　　　5 000 000
　　　　　营业外收入　　　　　　　　　　　　　　　　　　　　　　1 000 000

(2) 投资企业取得长期股权投资后,应当按照应享有或应分担的被投资单位实现的净损益的份额,确认投资损益并调整长期股权投资的账面价值。投资企业按照被投资单位宣告分派的利润或现金股利计算应分得的部分,相应减少长期股权投资的账面价值。

投资企业确认被投资单位发生的净亏损,应当以长期股权投资的账面价值及其他实质上构成对被投资单位净投资的长期权益减记至零为限,投资企业负有承担额外损失义务的除外。

其他实质上构成对被投资单位净投资的长期权益,通常是指长期性的应收项目。例如,企业对被投资单位的长期债权,该债权没有明确的清收计划且在可预见的未来期间不准备收回的,实质上构成对被投资单位的净投资。

被投资单位以后实现净利润的,投资企业在其收益分享额弥补未确认的亏损分担额后,恢复确认收益分享额。

具体账务处理如下:投资企业根据被投资单位实现的净利润或经调整的净利润计算应享有的份额,借记"长期股权投资(损益调整)"账户,贷记"投资收益"账户。被投资单位发生净亏损,作相反的会计分录,但以"长期股权投资"账户的账面价值减记至零为限;还需要承担的投资损失,应将其他实质上构成对被投资单位净投资的"长期应收款"等账户的账面价值减记至零为限。除按照以上步骤已确认的损失外,按照投资合同或协议约定,将承担的损失确认为预计负债。发生亏损的被投资单位以后实现净利润的,应按与上述相反的顺序进行处理。

被投资单位以后宣告发放现金股利或利润时,企业计算应分得的部分,借记"应收股利"账户,贷记"长期股权投资(损益调整)"账户。收到被投资单位宣告发放的股票股利,不进行账务处理,但应登记在备查簿中。

【案例 5-22】

2018 年 1 月 1 日,甲公司以 500 000 元向 C 公司进行长期投资。甲公司的投资占 C 公司有表决权资本的 40%,具有重大影响。取得投资时,C 公司所有者权益账面价值和公允价值均为 800 000 元。2018 年 C 公司全年实现净利润 480 000 元;2019 年 4 月宣告分派现金股利 225 000 元;2019 年 C 公司全年净亏损 1 650 000 元;2020 年 C 公司全年实现净利润 200 000 元。假定甲公司不存在其他实质上构成对 C 公司净投资的长期权益,也不负有承担额外损失的义务。不考虑相关税费。甲公司应编制会计分录如下。

① 投资时。

借:长期股权投资——C 公司(投资成本)   500 000
    贷:银行存款   500 000

② 2018 年年末,确认投资损益时。

投资收益 = 480 000 × 40% = 192 000(元)

借:长期股权投资——C 公司(损益调整)   192 000
    贷:投资收益   192 000

2018 年年末,"长期股权投资——C 公司"账户的账面余额=500 000+192 000=692 000(元)。

③ 2019 年 4 月,宣告分派现金股利时。

现金股利 = 225 000 × 40% = 90 000(元)

借：应收股利——C公司　　　　　　　　　　　　　　　　90 000
　　贷：长期股权投资——C公司(损益调整)　　　　　　　　　　　90 000

宣告分派现金股利后，"长期股权投资——C公司"账户的账面余额=692 000-90 000=602 000(元)。

④ 2019年年末，确认亏损时。

应确认的亏损=1 650 000×40%=660 000(元)

可减少"长期股权投资——C公司"账户账面价值的金额为602 000元。

借：投资收益　　　　　　　　　　　　　　　　　　　　602 000
　　贷：长期股权投资——C公司(损益调整)　　　　　　　　　　602 000

通常情况下，长期股权投资的账面价值以减记至零为限。备查簿中应记录未减记长期股权投资的金额为58 000(660 000-602 000)元。

2019年年末，"长期股权投资——C公司"账户的账面余额为0。

⑤ 2020年年末确认收益时。

可恢复"长期股权投资——C公司"账户账面价值=200 000×40%-58 000=22 000(元)

借：长期股权投资——C公司(损益调整)　　　　　　　　　22 000
　　贷：投资收益　　　　　　　　　　　　　　　　　　　　　22 000

需要注意的是，投资企业在确认应享有被投资单位净损益的份额时，应当以取得投资时被投资单位各项可辨认资产等的公允价值为基础，对被投资单位的净利润进行调整后确认。

(3) 投资企业对于被投资单位其他综合收益的变动，应当调整长期股权投资的账面价值并调整其他综合收益。

在持股比例不变的情况下，对于被投资单位其他综合收益的变动，投资企业按持股比例计算应享有的份额，借记或贷记"长期股权投资(其他综合收益)"账户，贷记或借记"其他综合收益"账户。

【案例5-23】

甲公司持有C公司40%的股权，当期C公司其他综合收益增加2 000 000元。甲公司应编制会计分录如下。

借：长期股权投资——C公司(其他综合收益)　　　　　　　800 000
　　贷：其他综合收益　　　　　　　　　　　　　　　　　　800 000

(4) 被投资单位除净损益、其他综合收益及利润分配以外的所有者权益的其他变动，包括被投资单位接受其他股东的资本性投入、其他股东对被投资单位增资导致投资方持股比例变动等，投资企业应按所持股权比例计算应享有的份额，调整长期股权投资的账面价值，同时计入资本公积(其他资本公积)，并在备查簿中予以登记。投资企业在后续处置股权投资但对剩余股权仍采用权益法核算时，应按处置比例将这部分资本公积转入当期投资收益；对剩余股权终止权益法核算时，将这部分资本公积全部转入当期投资收益。

(三)长期股权投资的处置

处置长期股权投资，一般情况下，其账面价值与实际取得价款的差额，应确认为处置损益。

投资企业全部处置权益法核算的长期股权投资时，原权益法核算的相关其他综合收益应当在终止采用权益法核算时采用与被投资单位直接处置相关资产或负债相同的基础进行会计处理，因被投资单位除净损益、其他综合收益和利润分配以外的其他所有者权益变动而确认的所有者权益，应当在终止采用权益法核算时全部转入当期投资收益。

部分处置某项长期股权投资时，剩余股权仍采用权益法核算的，原权益法核算的其他综合收益应当采用与被投资单位直接处置相关资产或负债相同的基础处理并按比例结转，因被投资单位除净损益、其他综合收益和利润分配以外的其他所有者权益变动而确认的所有者权益，应当按比例结转入当期投资收益。

处置长期股权投资时，应按实际收到的金额，借记"银行存款"账户；按其账面余额，贷记"长期股权投资"账户；按尚未领取的现金股利或利润，贷记"应收股利"账户；按其差额，贷记或借记"投资收益"账户。已计提减值准备的，还应同时结转减值准备。

采用权益法核算长期股权投资的处置，除上述规定外，还应结转原计入其他综合收益、资本公积的相关金额，借记或贷记"其他综合收益""资本公积——其他资本公积"账户，贷记或借记"投资收益"账户。

(四)长期股权投资的减值

长期股权投资的减值，是指长期股权投资的可收回金额低于其账面价值。企业在资产负债表日应当判断长期股权投资是否存在可能发生减值的迹象。如果长期股权投资存在减值迹象的，应当进行减值测试，估计长期股权投资的可收回金额。可收回金额低于账面价值的，应当按照可收回金额低于账面价值的金额，计提减值准备。长期股权投资可收回金额的估计，应当根据其公允价值减去处置费用后的净额与长期股权投资预计未来现金流量的现值两者之间的较高者确定。

企业在对长期股权投资进行了减值测试并计算了长期股权投资的可收回金额后，如果长期股权投资的可收回金额低于其账面价值的，应当将长期股权投资的账面价值减记至可收回金额，减记的金额确认为资产减值损失，计入当期损益，同时计提相应的长期股权投资减值准备。

长期股权投资减值损失一经确认，在以后会计期间不得转回。

项 目 小 结

企业对外进行的投资，可以有不同的分类。从性质上划分，可以分为债权性投资与权益性投资等；从持有期间划分，可以分为短期投资与长期投资。根据企业管理金融资产的业务模式和金融资产的合同现金流量特征，《企业会计准则第22号——金融工具确认和计量》(2018)将金融资产划分为：①以摊余成本计量的金融资产；②以公允价值计量且其变动计入其他综合收益的金融资产；③以公允价值计量且其变动计入当期损益的金融资产。以公允价值计量且其变动计入当期损益的金融资产称为交易性金融资产。它是企业为了近期内出售而持有的金融资产，其核算包括取得、获得股利和利息、期末确认公允价值变动及出售等方面。债权投资是指企业购入的到期日固定、回收金额固定或可确定，且企业有明确意图和能力持有至到期的国债和企业债券等各种债权投资。债权投资应划分为以摊余成本计量的金融资产。其核算包括取得、期末计息和利息调整及出售等方面。其他债权投资和其他权益工具投资划分为以公允价值计量且其变动计入其他综合收益的金融资产。其核算包括取得、期末计息和利息调整、期末确认公允价值变动及出售等方面。长期股权投资是指企业持有的长期权益性投资。其核算应区分不同情况分别适用成本法和权益法进行核算。

微课视频资源

交易性金融资产的核算.mp4

债权投资的核算.mp4

其他权益投资的核算.mp4

长期股权投资概述.mp4

长期股权投资的具体核算.mp4

项目六 固定资产的核算

知识目标

- 理解固定资产的概念、特点和分类。
- 理解固定资产确认的条件,固定资产折旧的意义,计提折旧的范围,以及影响固定资产折旧的因素。
- 掌握固定资产取得及其终止的确认条件。

技能目标

- 能够对企业的固定资产进行确认。
- 掌握固定资产折旧的计算方法。
- 熟练掌握固定资产初始计量、后续计量、处置、清查及期末计量的核算。

任务一 固定资产增加的核算

一、固定资产的概念

(一)固定资产的定义

固定资产是指为生产商品、提供劳务、出租或经营管理而持有的、使用寿命超过一个会计年度的有形资产。

(二)固定资产的特征

从固定资产的定义可以看出，企业的固定资产具备以下三个特征。

1. 固定资产是有形资产

固定资产的这一特征将其与无形资产区别开来，如有些无形资产也是为生产商品、提供劳务而持有的，使用寿命也超过一个会计年度，但没有实物形态，所以不能作为固定资产。

2. 持有目的是满足生产商品、提供劳务、出租或经营管理的需要

企业持有的固定资产是企业的劳动工具或手段，而不是用于出售的产品。其中，"出租"的固定资产，是指企业以经营租赁方式出租的机器设备类固定资产，不包括以经营租赁方式出租的建筑物，后者属于企业的投资性房地产，不属于固定资产。这一特征是固定资产区别于商品等流动资产的重要标志。

3. 使用寿命超过一个会计年度

固定资产的使用寿命是指企业使用固定资产的预计期间，或者该固定资产所能生产产品或提供劳务的数量。这一特征表明企业固定资产的收益期超过一年，能在一年以上的时间里为企业创造经济利益。

(三)固定资产的确认条件

固定资产在符合定义的前提下，同时还应在满足以下两个条件时才能予以确认。

1. 与该固定资产有关的经济利益很可能流入企业

企业在确认固定资产时，需要判断与该项固定资产有关的经济利益是否很可能流入企业。在实务中，判断与固定资产有关的经济利益是否很可能流入企业，主要判断与该固定资产所有权相关的风险和报酬是否转移到了企业。

通常情况下，取得固定资产的所有权是判断与固定资产所有权相关的风险和报酬转移到企业的一个重要标志。但是，所有权是否转移，不是判断与固定资产所有权相关的风险和报酬转移到企业的唯一标志，在某些情况下，某项固定资产的所有权虽然不属于企业，但是企业能够控制与该项固定资产有关的经济利益流入企业，这就意味着与该固定资产所

有权相关的风险和报酬实质上已转移到企业,在这种情况下,企业应将该项固定资产予以确认。例如,融资租入的固定资产,企业虽然不拥有固定资产的所有权,但与固定资产所有权相关的风险和报酬实质上已转移到了企业(承租人),因此符合固定资产确认的第一个条件。

2. 该固定资产的成本能够可靠地计量

成本能够可靠地计量是资产确认的一项基本条件。企业在确定固定资产成本时必须取得确凿证据,但是,有时需要根据所获得的最新资料,对固定资产的成本进行合理的估计。例如,企业对于已达到预定可使用状态但尚未办理竣工决算的固定资产,需要根据工程预算、工程造价或工程实际发生的成本等资料,按估计价值确定其成本,办理竣工决算后,再按照实际成本调整原来的暂估价值。

二、固定资产的分类

企业的固定资产根据不同的管理需要和核算要求及不同的分类标准,可以进行不同的分类,主要有以下四种分类方法。

(一)按固定资产的经济用途分类

按固定资产的经济用途分类,可分为生产经营用固定资产和非生产经营用固定资产。

(1) 生产经营用固定资产是指直接服务于企业生产、经营过程的各种固定资产,如生产经营用的房屋、建筑物、机器、设备、器具和工具等。

(2) 非生产经营用固定资产是指不直接服务于生产、经营过程的各种固定资产,如职工宿舍、食堂、浴室、理发室等可以使用的房屋、设备和其他固定资产等。

按照固定资产的经济用途分类,可以归类反映为企业生产经营用固定资产和非生产经营用固定资产,以及经营用各类固定资产之间的组成和变化情况,以考核和分析企业固定资产的利用情况及企业各类固定资产配备的合理性。

(二)按固定资产的使用情况分类

按固定资产的使用情况分类,可分为使用中固定资产、未使用固定资产和不需用固定资产。

(1) 使用中固定资产是指正在使用中的经营性和非经营性固定资产。由于季节性经营或大修理等原因,暂时停止使用的固定资产仍属于企业使用中的固定资产,企业出租给其他单位使用的经营性固定资产和内部替换使用的固定资产也属于使用中固定资产。

(2) 未使用固定资产是指已完工或已购建的尚未交付使用的新增固定资产,以及因改建、扩建等原因暂停使用的固定资产,如企业购建的尚待安装的固定资产、经营任务变更停止使用的固定资产及主要的备用设备等。

(3) 不需用固定资产是指本企业多余或不适用的各种固定资产。

按照固定资产的使用情况进行分类,可以分析固定资产的有效利用程度,挖掘固定资产的使用潜力,促进企业合理使用固定资产,及时进行资源整合。

(三)按固定资产的所有权分类

按固定资产的所有权分类,可分为自有固定资产和租入固定资产。

(1) 自有固定资产是指企业拥有的可供企业自由支配使用的固定资产。

(2) 租入固定资产是指企业采用租赁的方式从其他单位租入的固定资产。企业对租入固定资产依照租赁合同拥有使用权,同时负有支付租金的义务,但资产的所有权属于出租单位。

(四)按固定资产的经济用途和使用情况综合分类

按固定资产的经济用途和使用情况综合分类,可把企业的固定资产分为以下七大类。

(1) 生产经营用固定资产。

(2) 非生产经营用固定资产。

(3) 租出固定资产。它是指企业在经营租赁方式下出租给外单位使用的固定资产。

(4) 不需用固定资产。

(5) 未使用固定资产。

(6) 土地。它是指过去已经估价单独入账的土地。因征地而支付的补偿费,应计入与土地有关的房屋、建筑物的价值内,不单独作为土地价值入账。企业取得的土地使用权不能作为固定资产管理。

(7) 租入固定资产。它是指企业(除短期租赁和低价值资产租赁外)租入的固定资产,在租赁期内,应视同自有固定资产进行管理和核算。

由于企业的经营性质不同,经营规模各异,对固定资产的分类不可能完全一致,也没必要强求统一。各企业应根据制度中规定的固定资产的标准,结合各自的具体情况,制定适合本企业实际情况的固定资产目录、分类方法、每类或每项固定资产的折旧年限、折旧方法,作为固定资产核算的依据。

三、固定资产的初始计量

(一)固定资产的计量基础

固定资产应当按照成本进行初始计量。这里所指的成本应包括为购建某项固定资产达到预定可使用状态前所发生的一切合理的、必要的支出。在实务中,企业取得固定资产的方式是多种多样的,包括外购、自行建造、投资者投入,以及非货币性资产交换、债务重组等,取得的方式不同,其成本的具体构成内容及确定方法也不尽相同。

凡企业已经入账的固定资产,除发生下列情况外,均不得任意变动、调整固定资产的账面价值。

(1) 根据国家规定对固定资产价值重新估价。

(2) 增加补充设备或改良装置。

(3) 将固定资产的一部分拆除。

(4) 根据实际价值调整原来的暂估价值。

(5) 发现原计固定资产价值有错误。

(二)固定资产的价值构成

由于固定资产的取得方式不同，因此其价值构成的具体内容也各不相同。

(1) 外购的固定资产。企业外购固定资产的成本，包括购买价款、相关税费、使固定资产达到预定可使用状态前发生的可归属该项资产的运输费、装卸费、安装费和专业人员服务费等。其中，相关税费不包括按照现行增值税制度规定，可以从销项税额中抵扣的增值税进项税额。

(2) 自行建造的固定资产。企业自行建造的固定资产，由建造该项资产达到预定可使用状态前所发生的必要支出作为入账价值，包括工程用材料成本、人工成本、缴纳的相关税费、应予资本化的固定资产借款费用及应分摊的其他间接费用。

(3) 投资者投入的固定资产，应当按照投资合同或协议约定的价值加上应支付的相关税费确定，但合同和协议约定价值不公允的除外。

(4) 以非货币性资产交换、债务重组等方式取得的固定资产的成本，应当分别按照有关准则确定。

四、固定资产取得的核算

(一)账户设置

"固定资产"账户用于核算固定资产的原始价值，借方登记企业增加的固定资产的原价，贷方登记企业减少的固定资产的原价，期末借方余额，反映期末固定资产的账面原价。企业应设置固定资产登记簿和固定资产卡片，按固定资产类别和项目进行明细核算。

"累计折旧"账户是"固定资产"的备抵账户，用于核算企业固定资产价值的转销过程，贷方登记按一定方法计提的固定资产折旧额，借方登记因固定资产减少而应同时冲销的折旧额，期末贷方余额，反映固定资产已经计提折旧的累计数。

"工程物资"账户用于核算企业为在建工程而准备的各种物资的实际成本，借方登记购入工程物资的实际成本，贷方登记领出工程物资的实际成本，期末借方余额反映企业为在建工程准备的各种物资的成本。

"在建工程"账户用于核算企业基建、更新改造等在建工程发生的实际支出，借方登记企业各项在建工程的实际支出，贷方登记完工工程转出的实际支出，期末借方余额反映尚未达到预定可使用状态的在建工程的成本。

(二)外购固定资产的核算

1. 购入不需要安装的固定资产的核算

购入不需要安装的固定资产是指固定资产购入后不需要安装即可直接交付使用。这种情况按实际支付的购买价款、包装费、运输费等作为固定资产的入账价值，借记"固定资产"账户，贷记"银行存款"等账户。

【案例6-1】

某企业购入一台不需要安装的生产设备，取得的增值税专用发票上注明的价款为100 000元，增值税税额为13 000元，相关运杂费为2 000元，款项已全部结清。编制会计分录如下。

借：固定资产	102 000
应交税费——应交增值税(进项税额)	13 000
贷：银行存款	115 000

2. 购入需要安装的固定资产的核算

购入需要安装的固定资产是指固定资产购入后需要安装后才能交付使用。其取得成本包括实际支付的购买价款、包装费、运输费及安装过程中的安装成本。会计处理是将实际支付的价款及发生的安装费用等先记入"在建工程"账户，借记"在建工程"账户，贷记"银行存款"等账户；达到预定可使用状态时，借记"固定资产"账户，贷记"在建工程"账户。

【案例6-2】

某企业购入一台需要安装的生产设备，取得的增值税发票上注明的价款为300 000元，增值税税额为39 000元，支付运杂费为5 000元。以银行存款支付安装费3 000元。编制会计分录如下。

① 支付设备的价款和运费时。

借：在建工程	305 000
应交税费——应交增值税(进项税额)	39 000
贷：银行存款	344 000

② 支付安装费时。

借：在建工程	3 000
贷：银行存款	3 000

③ 工程安装完毕，达到预定可使用状态，转入固定资产时。

借：固定资产	308 000
贷：在建工程	308 000

企业基于产品价格等因素的考虑，可能以一笔款项购入多项没有单独标价的资产。如果这些资产均符合固定资产的定义，并满足固定资产的确认条件，则应将各项资产单独确认为固定资产，并按各项固定资产的公允价值的比例对总成本进行分配，分别确定各项固定资产的成本。

(三)自行建造固定资产的核算

企业自行建造的固定资产，应先通过"在建工程"账户核算，将建造该项资产所发生的全部支出记入借方，工程达到预定可使用状态时，再转入"固定资产"账户。企业自行建造固定资产包括自营建造和出包建造两种方式，其会计处理也各不相同。

项目六 固定资产的核算

1. 自营方式建造固定资产的核算

企业以自营方式建造固定资产是指企业自行组织工程物资采购，自行组织施工人员施工的建筑工程和安装工程。应通过"工程物资"账户核算企业购入为工程准备的物资及其使用情况，通过"在建工程"账户核算工程领用物资及工程的其他支出。自营建造工程达到预定可使用状态时，按实际发生的全部支出，结转"固定资产"账户。

具体处理时，按建造该项资产达到预定可使用状态前所发生的必要支出，借记"在建工程"账户，贷记"银行存款""工程物资""应付职工薪酬"等账户。工程达到预定可使用状态时，借记"固定资产"账户，贷记"在建工程"账户。在自营建造过程中，企业购入的工程用物资，通过"工程物资"账户核算。

【案例6-3】

甲公司自建厂房一幢，购入工程用的各种物资500 000元，支付的增值税税额为65 000元，全部用于工程建设。领用本公司生产用原材料一批，实际成本为100 000元，未计存货跌价准备，购进该批材料支付的增值税进项税额为13 000元。工程人员应计工资200 000元，支付的其他费用50 000元。工程完工并达到预定可使用状态。甲公司的账务处理如下。

① 购入工程物资。

借：工程物资	500 000
应交税费——应交增值税(进项税额)	65 000
贷：银行存款	565 000

② 领用工程物资。

借：在建工程	500 000
贷：工程物资	500 000

③ 领用本公司生产用原材料。

借：在建工程	100 000
贷：原材料	100 000

④ 分配工程人员工资。

借：在建工程	200 000
贷：应付职工薪酬	200 000

⑤ 支付其他费用。

借：在建工程	50 000
贷：银行存款	50 000

⑥ 工程达到预定可使用状态。

固定资产成本=500 000+100 000+200 000+50 000=850 000(元)

借：固定资产	850 000
贷：在建工程	850 000

2. 出包方式建造固定资产的核算

企业采用出包方式进行的自制、自建固定资产工程，其工程的具体支出由承包单位核算。在这种方式下，"在建工程"账户实际上成了企业与承包单位的结算账户，企业将支付给承包单位的工程价款作为工程成本，通过"在建工程"账户核算。

企业按合理估计的发包工程进度和合同规定，向建造承包商结算进度款，并由对方开具增值税专用发票。按增值税专用发票上注明的价款，借记"在建工程"账户；按增值税专用发票上注明的增值税进项税额，借记"应交税费——应交增值税(进项税额)账户；按实际支付的金额，贷记"银行存款"账户。工程达到预定可使用状态时，按其成本，借记"固定资产"账户，贷记"在建工程"账户。

【案例6-4】

甲公司为增值税一般纳税人，2019年7月1日，将一幢厂房的建造工程出包给丙公司(为增值税一般纳税人)承建，按合理估计的发包工程进度和合同规定向丙公司结算进度款，并取得丙公司开具的增值税专用发票，注明工程款600 000元、税率9%、增值税税额54 000元。2020年7月1日，工程完工后，收到丙公司有关工程结算单据和增值税专用发票，补付工程款并取得丙公司开具的增值税专用发票，注明工程款400 000元、税率9%、增值税税额36 000元。工程完工并达到预定可使用状态。甲公司应编制会计分录如下。

① 按合理估计的发包工程进度和合同规定，向丙公司结算进度款时。

借：在建工程　　　　　　　　　　　　　　　　　　　　　600 000
　　应交税费——应交增值税(进项税额)　　　　　　　　 54 000
　　贷：银行存款　　　　　　　　　　　　　　　　　　　654 000

② 补付工程款时。

借：在建工程　　　　　　　　　　　　　　　　　　　　　400 000
　　应交税费——应交增值税(进项税额)　　　　　　　　 36 000
　　贷：银行存款　　　　　　　　　　　　　　　　　　　436 000

③ 工程完工并达到预定可使用状态时。

借：固定资产　　　　　　　　　　　　　　　　　　　　1 000 000
　　贷：在建工程　　　　　　　　　　　　　　　　　　1 000 000

(四)投资者投入的固定资产的核算

企业对投资者投入的固定资产应当按照投资合同或协议约定的价值入账，但合同或协议约定价值不公允的除外。按合同或协议约定的价值，借记"固定资产"账户，贷记"实收资本"账户或"股本"账户。

【案例6-5】

甲公司收到其投资者丙公司投入设备一台，原价400 000元，已提折旧150 000元，投资协议约定该设备的价值为260 000元。该公司进行会计处理时，应编制的会计分录如下。

借：固定资产　　　　　　　　　　　　　　　　　　　　　260 000
　　贷：实收资本(或股本)　　　　　　　　　　　　　　　260 000

(五)其他方式取得的固定资产的核算

其他方式取得的固定资产包括非货币性资产交换、债务重组、企业合并和融资租赁取得的固定资产，具体核算参见相关的会计准则，本项目不再展开叙述。

任务二 固定资产折旧的核算

一、固定资产折旧的概念

固定资产折旧是指在固定资产使用寿命内，按照确定的方法对应计折旧额进行系统分摊。其中，应计折旧额是指应当计提折旧的固定资产的原价扣除其预计净残值后的金额。如果已对固定资产计提减值准备，还应扣除已计提的固定资产减值准备累计金额。

从本质上来说，折旧也是一种费用，只不过这一费用没有在计提期间付出货币资金，但这种费用是前期已经发生的支出，而这种支出的收益在资产投入使用后的有效使用期内实现，因此必须对固定资产计提折旧。

企业应当根据固定资产有关的经济利益的预期实现方式，合理选择固定资产折旧方法。固定资产的使用寿命和预计净残值一经确定，不得随意变更。

二、固定资产折旧的范围

企业应当对所有固定资产计提折旧，但是，已提足折旧仍继续使用的固定资产和单独计价入账的土地除外。

所谓提足折旧，是指已经提足该项固定资产的应计折旧额。

在确定固定资产折旧范围时还应注意以下三点。

(1) 固定资产应当按月计提折旧，当月增加的固定资产，当月不计提折旧，从下月起计提折旧；当月减少的固定资产，当月仍计提折旧，从下月起停止计提折旧。

(2) 固定资产提足折旧后，不论能否继续使用，均不再计提折旧；提前报废的固定资产，也不再补提折旧。

(3) 已达到预定可使用状态但尚未办理竣工决算的固定资产，应当按照估计价值确定其成本，并计提折旧；待办理竣工决算后，再按实际成本调整原来的暂估价值，但不需要调整原已计提的折旧额。

处于更新改造过程中停止使用的固定资产，应将其账面价值转入在建工程，不再计提折旧。更新改造项目达到预定可使用状态转入固定资产后，再按照重新确定的折旧方法、预计净残值和该项固定资产尚可使用寿命计提折旧。

三、影响固定资产折旧的因素

影响固定资产折旧的因素主要有以下几个方面。
(1) 固定资产原价。它是指取得该固定资产的原始成本。
(2) 固定资产的使用寿命。它是指企业使用固定资产的预计期间或者按该固定资产所能生产的产品或提供劳务的数量。企业在确定固定资产使用寿命时，应当考虑以下因素。

① 预计生产能力或实物产量。

② 预计有形损耗和无形损耗。有形损耗是指固定资产在使用过程中，由于正常使用和自然力的作用而引起的使用价值和价值的损失，如机器设备的自然磨损、房屋建筑的自然侵蚀等。无形损耗是指由于科学技术进步和劳动生产率的提高而引起的固定资产价值上的损失，如生产技术的更新、产品过时等。

③ 法律或类似规定对该项资产使用的限制等因素。

(3) 预计净残值。它是指假定固定资产预计使用寿命已满并处于使用寿命终了时的预期状态，企业目前从该项资产处置中获得的扣除预计处置费用后的金额。

(4) 固定资产减值准备。它是指固定资产已计提的减值准备累计金额。已计提减值准备后的固定资产，应按照固定资产的账面价值(固定资产账面余额减去累计折旧和累计减值准备后的金额)和尚可使用寿命重新计算确定折旧率和折旧额。

企业应当在考虑上述因素的基础上，结合不同固定资产的性质、消耗方式、所处环境等因素，作出职业判断。

四、固定资产折旧的方法

企业应当根据与固定资产有关的经济利益的预期实现方式选择折旧方法。可选择的折旧方法包括年限平均法、工作量法、双倍余额递减法和年数总和法。固定资产折旧的方法一经选定，不得随意变更。企业至少应当于每年年度终了时，对固定资产的使用寿命、预计净残值和折旧方法进行复核。若发生改变，则应当作为会计估计变更处理。

(一)年限平均法

年限平均法又称直线法，是将固定资产应计折旧额均衡地分摊到固定资产预期使用寿命内的一种方法。采用这种方法计算的每期折旧额是等额的。其计算公式如下。

年折旧率=(1-预计净残值率)÷预计使用年限×100%

预计净残值率=(预计残值收入-预计清理费用)÷固定资产原价

月折旧率=年折旧率÷12

固定资产月折旧额=固定资产原价×月折旧率

【案例6-6】

甲公司的一台机器设备原价200 000元，预计可使用5年，预计报废时的净残值率为4%。要求计算该设备的折旧率和折旧额。

年折旧率=(1-4%)÷5×100%=19.2%

月折旧率=19.2%÷12=1.6%

月折旧额=200 000×1.6%=3 200(元)

上述计算的折旧率是按个别固定资产单独计算的，称为个别折旧率。此外，还有分类折旧率和综合折旧率。

分类折旧率是指固定资产分类折旧额与该类固定资产原价的比率。采用这种方法时，应先把性质、结构和使用年限接近的固定资产归为一类，再按类计算平均折旧率，用该类折旧率对该类固定资产计提折旧。例如，将房屋建筑物划分为一类，机器设备划分为一类，运输设备划分为一类，电子设备划分为一类等。分类折旧率的计算公式如下。

$$某类固定资产年分类折旧率=\frac{该类固定资产年折旧额之和}{该类固定资产原价之和}\times100\%$$

采用分类折旧率计算固定资产折旧，其优点是计算方法简单，但准确性不如个别折旧率好。

综合折旧率是指某一期间企业全部固定资产折旧额与全部固定资产原价的比率。其计算公式如下。

$$固定资产年综合折旧率=\frac{各项固定资产年折旧额之和}{各项固定资产原价之和}\times100\%$$

与个别折旧率和分类折旧率计算固定资产折旧相比，采用综合折旧率计算固定资产折旧的准确性较差。

年限平均法计算固定资产折旧虽然比较简单，但由于固定资产在不同使用年限贡献的经济效益不同，在不同的使用年限发生的维修费用也不同，而年限平均法未考虑这些因素对固定资产净值的影响，因此这种方法适用于在固定资产各期负荷程度相同的情况下计算折旧。

(二)工作量法

工作量法是根据实际工作量计提折旧额的一种方法。这种方法能弥补年限平均法只注重使用时间，不考虑使用强度的缺点。其计算公式如下。

单位工作量折旧额=固定资产原价×(1-预计净残值率)÷预计总工作量

某项固定资产月折旧额=该项固定资产当月工作量×单位工作量折旧额

【案例6-7】

> 某企业的一辆载重货车，原价100 000元，预计可行驶50万千米，预计报废时的净残值率为2%，本月该货车行驶了2 000千米。要求计算本月该载重货车应计提的折旧额。

$$每千米折旧额=\frac{100\,000\times(1-2\%)}{500\,000}=0.196(元/千米)$$

本月折旧额=0.196×2 000=392(元)

工作量法的特点在于将固定资产损耗与其利用程度结合起来，实际上是年限平均法的变形，因为单位工作量计提的折旧额是相等的。这种方法适用于各个会计期间使用程度不均衡的固定资产。

(三)加速折旧法

加速折旧法也称快速折旧法，其特点是在固定资产有效使用寿命的前期多提折旧，后期则少提折旧，从而相对加快折旧的速度，以使固定资产成本在有效使用寿命中加快得到补偿。

加速折旧法的计提方法有多种，常用的有以下两种。

1. 双倍余额递减法

双倍余额递减法是在不考虑固定资产预计净残值的情况下，根据每期期初固定资产原价减去累计折旧后的余额和双倍的直线法折旧率计算固定资产折旧的一种方法。其计算公式如下。

$$年折旧率 = \frac{2}{预计使用年限} \times 100\%$$

$$年折旧额 = (固定资产原价 - 累计折旧) \times 年折旧率$$

$$月折旧额 = 年折旧额 \div 12$$

使用这种方法计算折旧额时，由于每年初固定资产净值没有扣除预计净残值，因此在计算固定资产折旧额时，应在其折旧年限到期前两年内，将固定资产净值扣除预计净残值后的余额平均摊销(在固定资产折旧年限到期前两年改为年限平均法)。

【案例6-8】

某企业的一台设备，原价300 000元，预计使用5年，报废时预计净残值率为5%，采用双倍余额递减法计提折旧，则该企业每年应计提的折旧额如表6-1所示。

表6-1 固定资产折旧计算表(采用双倍余额递减法)

单位：元

年 数	年初账面净值	折旧率	计提折旧额	年末账面净值
第1年	300 000	40%	120 000	180 000
第2年	180 000	40%	72 000	108 000
第3年	108 000	40%	43 200	64 800
第4年	64 800		24 900	39 900
第5年	39 900		24 900	15 000
合 计			285 000	

$$年折旧率 = \frac{2}{5} \times 100\% = 40\%$$

第1年应计提折旧额=300 000×40%=120 000(元)

第2年应计提折旧额=180 000×40%=72 000(元)

第3年应计提折旧额=108 000×40%=43 200(元)

从第4年起改为年限平均法计提折旧额。

第4年、第5年应计提折旧额=(64 800-300 000×5%)÷2=24 900(元)

2. 年数总和法

年数总和法又称年限合计法，是将固定资产的原值减去预计净残值后的余额，乘以一个逐年递减的分数计算每年的折旧额，该分数的分子代表固定资产尚可使用的年限，分母代表固定资产预计使用年限的年数总和。其计算公式如下。

$$年折旧率 = \frac{尚可使用的年限}{预计使用年限的年数总和} \times 100\%$$

或者：

$$年折旧率=\frac{预计使用年限-已使用年限}{预计使用年限\times(预计使用年限+1)\div 2}\times 100\%$$

年折旧额=(固定资产原值-预计净残值)×年折旧率

月折旧额=年折旧额÷12

【案例 6-9】

承案例 6-8，如果企业对该项固定资产采用年数总和法计提折旧，则该企业每年应计提的折旧额如表 6-2 所示。

表 6-2　固定资产折旧计算表(采用年数总和法)

单位：元

年　数	尚可使用的年限/年	原值-净残值	年折旧率	年折旧额
第 1 年	5	285 000	5/15	95 000
第 2 年	4	285 000	4/15	76 000
第 3 年	3	285 000	3/15	57 000
第 4 年	2	285 000	2/15	38 000
第 5 年	1	285 000	1/15	19 000
合　计				285 000

(四)固定资产折旧的账务处理

在会计实务中，企业一般都是按月计提折旧的。企业每月固定资产折旧额由财会部门根据固定资产登记簿上各类应计提折旧的固定资产的月初余额及固定资产的月折旧率计算编制固定资产折旧计算表，并根据固定资产折旧计算表编制会计分录。企业每月计提的固定资产折旧，应根据固定资产的使用用途，借记"制造费用""销售费用""管理费用""其他业务成本"等账户，贷记"累计折旧"账户。

【案例 6-10】

某企业 8 月份的固定资产折旧计算如下：一车间房屋建筑物、机器设备等折旧额为 30 000 元，二车间房屋建筑物、机器设备等折旧额为 55 000 元，全厂管理部门房屋建筑物、设备、运输工具等折旧额为 20 000 元，销售部门房屋建筑物等折旧额为 2 000 元，租出固定资产计提折旧 5 000 元。该企业有关会计分录如下。

```
借：制造费用——一车间                        30 000
          ——二车间                        55 000
    管理费用                                20 000
    销售费用                                 2 000
    其他业务成本                             5 000
    贷：累计折旧                                      112 000
```

任务三　固定资产后续支出的核算

固定资产后续支出是指固定资产在使用过程中发生的更新改造支出、修理费用等。企业的固定资产投入使用后，由于各个组成部分耐用程度不同或使用条件不同，因而往往发生固定资产的局部破坏。为了保持固定资产的正常运转和使用，充分发挥其使用效能，就必须对其进行必要的维护和修理，从而产生后续支出。固定资产后续支出的确认原则与初始确认固定资产的原则相同，符合"与该资产有关的经济利益很可能流入企业""该资产的成本能够可靠地计量"确认条件的，应当计入固定资产成本，不符合上述确认条件的，应当在发生时计入当期损益。

一、资本化的后续支出

固定资产更新改造支出，一般在具体实务中属于可资本化的后续支出。固定资产发生的可资本化的后续支出通过"在建工程"账户核算。企业应将该固定资产的原价、已计提的累计折旧和减值准备转销，将固定资产的账面价值转入在建工程，并停止计提折旧。在固定资产发生的后续支出完工并达到预定可使用状态时再从"在建工程"账户转入"固定资产"账户，并按重新确定的使用寿命、预计净残值和折旧方法计提折旧。

【案例6-11】

某企业2020年10月1日对现有的一台生产用设备进行改良，该设备原值100 000元，已计提折旧60 000元。改良中支出材料费用20 000元，人工费用5 000元。2020年12月31日该设备达到预定可使用状态。该企业的账务处理如下。

① 2020年10月1日，将生产设备转入在建工程时。

借：在建工程　　　　　　　　　　　　　　　　　40 000
　　累计折旧　　　　　　　　　　　　　　　　　60 000
　　　贷：固定资产　　　　　　　　　　　　　　　　100 000

② 改良过程中发生支出时。

借：在建工程　　　　　　　　　　　　　　　　　25 000
　　　贷：原材料　　　　　　　　　　　　　　　　　20 000
　　　　　应付职工薪酬　　　　　　　　　　　　　　5 000

③ 2020年12月31日，该设备达到预定可使用状态时。

借：固定资产　　　　　　　　　　　　　　　　　65 000
　　　贷：在建工程　　　　　　　　　　　　　　　　65 000

二、费用化的后续支出

如果现有固定资产的后续支出不符合资本化条件，则在该支出发生时可直接计入当期损益。企业对于固定资产大修理与经常性修理等维护性支出，通常就属于这种情况。企业生产车间(部门)和行政管理部门等发生的固定资产修理费用等后续支出，计入管理费用；企业发生的与专设销售机构相关的固定资产修理费用等后续支出，计入销售费用。

【案例 6-12】

2020 年 9 月 20 日，甲公司对现有的一台生产用机器设备进行日常维护，维护过程中领用本企业原材料一批，价值为 90 000 元，应支付维护人员的工资为 30 000 元。不考虑其他相关税费。甲公司的账务处理如下。

借：管理费用　　　　　　　　　　　　　　　　　　　120 000
　　贷：原材料　　　　　　　　　　　　　　　　　　　　90 000
　　　　应付职工薪酬　　　　　　　　　　　　　　　　　30 000

任务四　固定资产清查与减值的核算

一、固定资产清查的核算

固定资产在使用过程中，由于客观或人为的原因，会出现账实不符的情况。因此，企业应定期或不定期地对固定资产进行清查，通常每年年末应至少清查一次，以保证固定资产核算的真实性，充分挖掘企业现有固定资产的潜力。

固定资产清查的方法是实地盘点，盘点后，由清查小组填制固定资产清查表，再将固定资产清查表上的实有数与账面数核对，如果发现盘盈、盘亏的固定资产，应查明原因，填制固定资产盘盈、盘亏报告表。经股东大会或董事会或经理(厂长)会议，或类似机构批准后，在期末结账前处理完毕。

(一)固定资产盘盈

企业在财产清查中盘盈的固定资产，应根据《企业会计准则第 28 号——会计政策、会计估计变更和差错更正》的规定，作为前期差错进行处理。盘盈的固定资产在按管理权限报经批准处理前，应先通过"以前年度损益调整"账户进行核算，借记"固定资产"账户，贷记"以前年度损益调整"账户。

(二)固定资产盘亏

企业在财产清查中盘亏的固定资产，先通过"待处理财产损溢"账户核算。本账户为资产类账户，用以核算财产清查中发现的财产物资盘盈、盘亏，以及盘亏、盘盈的结转。借方登记财产清查中盘亏资产的成本及盘盈的结转，贷方登记财产清查中盘盈资产的成本及盘亏的结转。设置"待处理流动资产损溢"和"待处理固定资产损溢"两个明细账进行明细核算。

盘亏的固定资产在呈报批准以前作如下会计处理。

```
借：待处理财产损溢——待处理固定资产损溢(按盘亏固定资产的账面价值)
    累计折旧                              (按已计提的累计折旧)
    固定资产减值准备                      (按已计提的减值准备)
    贷：固定资产                          (按固定资产原价)
```

按管理权限报经批准后作如下会计处理。

```
借：其他应收款                            (按可收回的保险赔偿或过失人赔偿)
    营业外支出——盘亏损失                 (按应计入营业外支出的金额)
    贷：待处理财产损溢——待处理固定资产损溢
```

【案例 6-13】

乙公司为增值税一般纳税人，2020 年 12 月 31 日进行财产清查时，发现短缺一台机床，原价为 200 000 元，已计提折旧 140 000 元，购入时增值税税额为 26 000 元。经查，该机床已丢失，属于责任人保管不当，经批准应由责任人赔偿 6 000 元。乙公司应编制会计分录如下。

① 盘亏固定资产时。

```
借：待处理财产损溢                        60 000
    累计折旧                              140 000
    贷：固定资产                          200 000
```

② 转出不可抵扣的进项税额时。

```
借：待处理财产损溢                        7 800
    贷：应交税费——应交增值税(进项税额转出)  7 800
```

③ 报经批准转销时。

```
借：其他应收款                            6 000
    营业外支出——盘亏损失                 61 800
    贷：待处理财产损溢                    67 800
```

根据现行增值税制度规定，购进货物及不动产发生非正常损失，其负担的进项税额不得抵扣，其中购进货物包括被确认为固定资产的货物。但是，如果盘亏的是固定资产，应按其账面净值(即固定资产原价-已计提折旧)乘以适用税率计算不得抵扣的进项税额。据此，在本例中，该机床因盘亏，其购入时的增值税进项税额中不得从销项税额中抵扣的金额为 7 800[(200 000-140000)×13%]元，应借记"待处理财产损溢"账户，贷记"应交税费——应交增值税(进项税额转出)"账户。

二、固定资产减值的核算

(一)固定资产减值的确认

1. 可能发生资产减值的认定

固定资产减值是指固定资产的可收回金额低于其账面价值的差额。

固定资产在使用过程中，由于存在着有形损耗、无形损耗及其他经济原因，发生资产减值是必然的。企业应当在期末或在每年年度终了时,对固定资产逐项进行检查,判断固定资产是否有迹象表明可能发生了减值。如果资产不存在减值迹象,则既不必估计资产的可收回金额,也不必确认减值损失。只有在确定存在减值迹象的情况下,才要求估计资产的可收回金额,以确定其减值损失。

企业应当在期末或在每年年度终了时,对固定资产逐项进行检查,存在下列迹象的,表明可能发生了减值。

(1) 资产的市价当期大幅度下跌。

(2) 企业经营所处的经济、技术或法律等环境,以及资产所处的市场在当期或将在近期发生重大变化,从而对企业产生不利影响。

(3) 市场利率或其他市场投资报酬率在当期已经提高,从而影响计算资产预计未来现金流量现值的折现率,导致资产可收回金额大幅度降低。

(4) 有证据表明资产已经陈旧过时或其实体已经损坏。

(5) 资产已经或将被闲置、终止使用或计划提前处置。

(6) 企业内部报告的证据表明资产的经济绩效已经低于预期。

(7) 其他表明资产可能已经发生减值的迹象。

2. 资产可收回金额的计量

可收回金额应当根据资产的公允价值减去处置费用后的净额与资产预计未来现金流量的现值两者之间较高者确定。处置费用包括与资产处置有关的法律费用、相关税费、搬运费,以及为使资产达到可销售状态所发生的直接费用等。

资产的公允价值减去处置费用后的净额与资产预计未来现金流量的现值,只要有一项超过了资产的账面价值,就表明没有减值。

3. 固定资产减值损失的确定

可收回金额的计量结果表明,资产的可收回金额低于其账面价值的,应当将资产的账面价值减记至可收回金额,减记的金额确认为资产减值损失,计入当期损益,同时计提相应的资产减值准备。

固定资产减值损失经确认后,其折旧应在未来期间作相应调整。

资产减值损失一经确认,在以后会计期间不得转回。

当存在下列情况之一时,应当按照该项固定资产的账面价值全额计提固定资产减值准备。

(1) 长期闲置不用,在可预见的未来不会再使用,且已无转让价值的固定资产。

(2) 由于技术进步等原因,已不可使用的固定资产。

(3) 虽然固定资产尚可使用,但使用后产生大量不合格品的固定资产。

(4) 已遭毁损,以至于不再具有使用价值和转让价值的固定资产。

(5) 其他实质上已经不能再给企业带来经济利益的固定资产。

(二)固定资产减值的会计处理

企业按固定资产可收回金额低于账面价值的差额计提固定资产减值准备,计入当期损益。固定资产账面价值是指固定资产原值减去已计提折旧和已计提减值损失后的数额。企业发生固定资产减值时，借记"资产减值损失"账户，贷记"固定资产减值准备"账户。

【案例 6-14】

甲公司 2019 年 12 月 20 日购入一台管理部门用设备，原价 320 000 元，以存款支付，预计使用 5 年，预计净残值 20 000 元，每年年末按年限平均法折旧。2020 年 12 月 31 日，设备可收回金额为 180 000 元，公司决定计提减值准备。甲公司的账务处理如下。

① 2019 年 12 月 20 日，购入设备时。

借：固定资产——设备　　　　　　　　　　　　　　320 000
　　贷：银行存款　　　　　　　　　　　　　　　　　　320 000

② 2020 年度计提折旧时。

借：管理费用　　　　　　　　　　　　　　　　　　 60 000
　　贷：累计折旧　　　　　　　　　　　　　　　　　　 60 000

③ 2020 年年末，提取减值准备时。

借：资产减值损失——计提固定资产减值准备　　　　 80 000
　　贷：固定资产减值准备　　　　　　　　　　　　　　 80 000

④ 2021 年度计提折旧时。

借：管理费用[(180 000-20 000)÷4]　　　　　　　　 40 000
　　贷：累计折旧　　　　　　　　　　　　　　　　　　 40 000

任务五　固定资产处置的核算

一、固定资产终止确认的条件

固定资产满足下列条件之一的，应当予以终止确认。

(一)该固定资产处于处置状态

固定资产处置包括固定资产的出售、转让、报废或毁损、对外投资、非货币性资产交换、债务重组等。处于处置状态的固定资产不再为企业所使用，不符合固定资产的定义，应予以终止确认。

(二)该固定资产预期通过使用或处置不能产生经济利益

"与该固定资产有关的经济利益很可能流入企业"是确定固定资产的一个条件，如果某项固定资产预期通过使用或处置不能产生经济利益，也就不再符合固定资产的确认条件，应予以终止确认。

二、固定资产处置的具体核算

企业在生产经营过程中，可能将不适用或不需用的固定资产对外出售转让，或因磨损、技术进步等原因对固定资产进行报废，或因遭受自然灾害而对毁损的固定资产进行处理。对于上述事项在进行会计处理时，应当按照规定程序办理有关手续，结转固定资产的账面价值，计算有关的清理收入、清理费用及残料价值等，清理完毕，结转固定资产清理损益。

企业处置固定资产应通过"固定资产清理"账户核算。通常包括以下环节。

(一)固定资产转入清理

企业因出售、报废、毁损、对外投资、非货币性资产交换、债务重组等转出的固定资产，按该项固定资产的账面价值，借记"固定资产清理"账户；按已计提的累计折旧，借记"累计折旧"账户；按已计提的减值准备，借记"固定资产减值准备"账户；按其账面原价，贷记"固定资产"账户。

(二)结算清理费用等

固定资产清理过程中，应支付的清理费用及其可抵扣的增值税进项税额，借记"固定资产清理""应交税费——应交增值税 (进项税额)"账户，贷记"银行存款"等账户。

(三)收回出售固定资产的价款、残料价值和变价收入等

收回出售固定资产的价款和税款，借记"银行存款"账户；按增值税专用发票上注明的价款，贷记"固定资产清理"账户；按增值税专用发票上注明的增值税销项税额，贷记"应交税费——应交增值税(销项税额)"账户。残料入库，按残料价值，借记"原材料"等账户，贷记"固定资产清理"账户。

(四)确认应收责任单位(或个人)赔偿损失

应由保险公司或过失人赔偿的损失，借记"其他应收款"等账户，贷记"固定资产清理"账户。

(五)结转清理净损益

固定资产清理完成后，对清理净损益，应区分不同情况进行账务处理。

(1) 因固定资产已丧失使用功能或因自然灾害发生毁损等原因而报废清理产生的利得或损失应计入营业外收支。属于生产经营期间报废清理产生的处理净损失，借记"营业外支出——非流动资产处置损失"(正常原因)或"营业外支出——非常损失"(非正常原因)账户，贷记"固定资产清理"账户；如为净收益，借记"固定资产清理"账户，贷记"营业外收入——非流动资产处置利得"账户。

(2) 因出售、转让等原因产生的固定资产处置利得或损失应计入资产处置损益。确认处置净损失，借记"资产处置损益"账户，贷记"固定资产清理"账户；如为净收益，借记"固定资产清理"账户，贷记"资产处置损益"账户。

【案例6-15】

甲公司为增值税一般纳税人，2020年12月30日，出售一座建筑物(系2016年6月1日自建完工)，原价(成本)为1 000 000元，已计提折旧750 000元，未计提减值准备。实际出售价格为600 000元，增值税税率为9%，增值税税额为54 000元，款项已存入银行。甲

公司应编制会计分录如下。

① 将出售固定资产转入清理时。

借：固定资产清理	250 000
累计折旧	750 000
贷：固定资产	1 000 000

② 收到出售固定资产的价款和税款时。

借：银行存款	654 000
贷：固定资产清理	60 0000
应交税费——应交增值税(销项税额)	54 000

③ 结转出售固定资产实现的利得时。

借：固定资产清理	350 000
贷：资产处置损益	350 000

在本例中，固定资产清理完毕时，"固定资产清理"账户为贷方余额 350 000 (600 000-250 000)元，属于处置净收益，应结转至"资产处置损益"账户的贷方，结转后"固定资产清理"账户无余额。

【案例6-16】

乙公司为增值税一般纳税人，现有一台设备由于性能等原因决定提前报废，原价为 1 000 000 元，相关增值税税额为 130 000 元，已计提折旧 900 000 元，未计提减值准备。报废时的残值变价收入为 40 000 元，增值税税额为 5 200 元。报废清理过程中发生自行清理费用 7 000 元。有关收入、支出均通过银行办理结算。乙公司应编制会计分录如下。

① 将报废固定资产转入清理时。

借：固定资产清理	100 000
累计折旧	900 000
贷：固定资产	1 000 000

② 收回残料变价收入时。

借：银行存款	45 200
贷：固定资产清理	40 000
应交税费——应交增值税(销项税额)	5 200

③ 支付清理费用时。

借：固定资产清理	7 000
贷：银行存款	7 000

④ 结转报废固定资产发生净损失时。

借：营业外支出——非流动资产处置损失	67 000
贷：固定资产清理	67 000

在本例中，固定资产清理完毕时，"固定资产清理"账户为借方余额 67 000(100 000-40 000+7 000)元，由于属于生产经营期间正常的处置净损失，应结转至"营业外支出——非流动资产处置损失"账户的借方，结转后"固定资产清理"账户无余额。

【案例6-17】

丙公司为增值税一般纳税人，因遭受水灾毁损一座仓库，该仓库原价2 000 000元，已计提折旧500 000元，未计提减值准备。其残料估计价值25 000元，残料已办理入库。发生清理费用并取得增值税专用发票，注明的装卸费为10 000元，增值税税额为900元，全部款项以银行存款支付。收到保险公司理赔款750 000元，存入银行。假定不考虑其他相关税费。丙公司应编制会计分录如下。

① 将毁损的仓库转入清理时。

借：固定资产清理　　　　　　　　　　　　　　　　　1 500 000
　　累计折旧　　　　　　　　　　　　　　　　　　　　 500 000
　　　贷：固定资产　　　　　　　　　　　　　　　　　　　　　2 000 000

② 残料入库时。

借：原材料　　　　　　　　　　　　　　　　　　　　　 25 000
　　　贷：固定资产清理　　　　　　　　　　　　　　　　　　　　 25 000

③ 支付清理费用时。

借：固定资产清理　　　　　　　　　　　　　　　　　　 10 000
　　应交税费——应交增值税(进项税额)　　　　　　　　　　 900
　　　贷：银行存款　　　　　　　　　　　　　　　　　　　　　　 10 900

④ 确认并收到保险公司理赔款时。

借：其他应收款　　　　　　　　　　　　　　　　　　　 750 000
　　　贷：固定资产清理　　　　　　　　　　　　　　　　　　　　 750 000

借：银行存款　　　　　　　　　　　　　　　　　　　　 750 000
　　　贷：其他应收款　　　　　　　　　　　　　　　　　　　　　 750 000

⑤ 结转毁损固定资产损失时。

借：营业外支出——非常损失　　　　　　　　　　　　　 735 000
　　　贷：固定资产清理　　　　　　　　　　　　　　　　　　　　 735 000

在本例中，固定资产清理完毕时，"固定资产清理"账户为借方余额735 000(1 500 000-25 000+10 000-750 000)元，由于属于自然灾害等非正常原因造成的清理净损失，应结转至"营业外支出——非常损失"账户的借方，结转后"固定资产清理"账户无余额。

项 目 小 结

本项目重点介绍了固定资产的初始计量和后续计量的有关问题。企业取得的固定资产应当按照成本进行入账。由于固定资产的取得方式不同，其价值构成的具体内容也各不相同。

本项目详细地介绍了不同来源渠道增加的固定资产的账务处理。固定资产折旧是指在固定资产使用寿命内，按照确定的方法对应计折旧额进行系统分摊。从本质上来说，折旧也是一种费用，只不过这一费用没有在计提期间付出货币资金，但这种费用是前期已经发生的支出，而这种支出的收益在资产投入使用后的有效使用期内实现。

本项目还详细地介绍了计算固定资产折旧的不同方法，企业应根据固定资产的特点选用固定资产折旧的方法，一经选定，不得随意变更。关于固定资产的后续支出，满足固定资产确认条件的，应当计入固定资产成本；不满足固定资产确认条件的，如固定资产修理费用等，应当在发生时计入当期损益。固定资产减值是指固定资产的可收回金额低于其账面价值的差额，确定为减值损失，计入当期损益，其减值损失一经确认，在以后会计期间不得转回。固定资产盘亏，通过"待处理财产损溢"账户核算，经批准处理记入"营业外支出"账户。对出售、转让等原因产生的固定资产处置利得或损失应计入资产处置损益。因固定资产已丧失使用功能或因自然灾害发生毁损等原因而报废清理产生的利得或损失应计入营业外收支。

微课视频资源

固定资产增加的核算.mp4

固定资产折旧的核算.mp4

固定资产后续支出的核算.mp4

固定资产清查与减值的核算.mp4

固定资产处置的核算.mp4

项目七 无形资产与其他长期资产的核算

知识目标

- 理解无形资产的概念与内容。
- 掌握无形资产的确认条件。

技能目标

- 能够对企业的无形资产进行确认。
- 掌握无形资产摊销额的计算。
- 熟练掌握无形资产初始计量、后续计量、处置、报废的核算。

任务一 无形资产的核算

一、无形资产概述

(一)无形资产的特征

无形资产是指企业拥有或控制的没有实物形态的可辨认非货币性资产。无形资产具有三个主要特征。

1. 无形资产不具有实物形态

无形资产不具有实物形态,这是无形资产区别于固定资产及其他有形资产的显著标志,如土地使用权、非专利技术等,这些资产虽没有实物形态,却能使企业获得超出一般水平的经济利益。

2. 无形资产属于非货币性长期资产

货币性资产是指企业持有的货币资金和将以固定或可确定的金额收取的资产,货币资产以外的资产就是非货币性资产。无形资产能够在多个会计期间为企业带来经济利益,使用年限在一年以上。也就是说,无形资产是一种非货币性的长期资产。

3. 无形资产具有可辨认性

作为无形资产核算,该资产必须是能够区别于其他资产可单独辨认的,如商标权、特许权等。

符合下列条件之一的,则认为该项无形资产具有可辨认性。

(1) 能够从企业中分离或划分出来,并能单独或与相关合同、资产或负债一起,用于出售、转移、授予许可、租赁或交换等。

(2) 产生于合同性权利或其他法定权利,无论这些权利是否可以从企业或其他权利和义务中转移或分离,如一方通过与另一方签订特许权合同而获得的特许使用权。商标权、专利权等是通过法律程序申请获得的。

(二)无形资产的确认

无形资产应在符合无形资产定义的前提下,同时满足下列条件时才能予以确认。

1. 与该无形资产有关的经济利益很可能流入企业

如果某一无形资产产生的经济利益很可能流入企业,并同时满足无形资产确认的其他条件,则企业应将其确认为无形资产。通常情况下,无形资产产生的未来经济利益可能体现在销售商品、提供劳务的收入当中,或者企业使用该无形资产而减少或节约了成本,或者在获得的其他利益当中。例如,一项知名的商标会给企业带来可观的经济效益,而不是降低了成本。

2．该无形资产的成本能够可靠地计量

成本能够可靠地计量是资产确认的另一项基本条件。对于无形资产而言，这个条件相对显得更为重要。例如，企业内部产生的品牌、报刊名等，因其成本无法可靠地计量，不应作为无形资产确认。

(三)无形资产的内容

无形资产一般包括专利权、商标权、土地使用权、著作权、特许权和非专利技术等。

1．专利权

专利权是指国家专利主管机关依法授予发明创造专利申请人对其发明创造在法定期限内所享有的制造、使用和出售等方面的专有权利，包括发明专利权、实用新型专利权和外观设计专利权。

2．商标权

商标是用来辨认特定的商品或劳务的标记。商标权是指专门在某类指定的商品或产品上使用特定的名称或图案的权利。根据我国《商标法》的规定，经商标局核准注册的商标为注册商标，包括商品商标、服务商标、集体商标和证明商标；商标注册人享有商标专用权，受法律保护；商标权的有效期是10年，期满前可继续申请延长注册期。

3．土地使用权

土地使用权是指国家准许某企业或单位在一定期间内对国有土地享有开发、利用、经营的权利。企业取得土地使用权的方式大致有行政划拨取得、外购取得(如以缴纳土地出让金的方式取得)、投资者投资取得等。通常情况下，作为投资性房地产或作为固定资产核算的土地，按照投资性房地产或固定资产核算；以缴纳土地出让金等方式外购的土地使用权、投资者投入等方式取得的土地使用权作为无形资产核算。

4．著作权

著作权又称版权，是指作者对其创作的文学、科学和艺术作品依法享有的某些特殊权利。著作权包括精神权利(人身权利)和经济权利(财产权利)两方面内容。前者指作者署名、发表作品、确认作者身份、保护作品的完整性、修改已经发表的作品等权利，包括发表权、署名权、修改权和保护作品完整权；后者指以出版、表演、广播、展览、录制唱片、摄制影片等方式使用作品，以及因授权他人使用作品而获得经济利益的权利。

5．特许权

特许权也称经营特许权、专营权，是指企业在某一地区经营或销售某种特定商品的权利，或者是一家企业接受另一家企业使用其商标、商号、技术秘密等的权利。通常有两种形式：一种是由政府机构授权，准许企业使用或在一定地区享有经营某种业务的特权，如水、电、邮电通信等专营权、烟草专卖权等；另一种是指企业间依照签订的合同，有限期或无限期使用另一家企业的某种权利，如连锁店分店使用总店的名称等。

6．非专利技术

非专利技术也称专有技术、技术诀窍或技术秘密，是指先进的、未公开的、未申请专利的、可以带来经济效益的技术及诀窍。其主要内容包括工业专有技术、商业贸易专有技术、管理专有技术等。非专利技术并不是专利法的保护对象，非专利技术用自我保密的方式来维持其独占性，具有经济性、机密性和动态性等特点。

二、无形资产的初始计量

(一)无形资产的成本构成

无形资产应当按照成本进行初始计量，即以取得无形资产并使之达到预定用途而发生的全部支出，作为无形资产的成本。由于取得的方式不同，其初始成本的构成也有所不同。

(1) 外购的无形资产。其成本包括购买价款、相关税费，以及直接归属于使该项资产达到预定用途所发生的其他支出。其中，直接归属于使该项资产达到预定用途所发生的其他支出，是指使无形资产达到预定用途所发生的专业服务费、测试无形资产是否能够正常发挥作用的费用等。

(2) 自行研究开发的无形资产。企业自行研究开发无形资产，一般要经过研究和开发两个阶段。所谓研究，是指为获取新的科学或技术知识而进行的独创性的有计划的调查。研究阶段是探索性的，为进一步开发活动进行资料及相关方面的准备，已进行的研究活动将来是否会转入开发、开发后是否会形成无形资产等均具有较大的不确定性。在这一阶段不会形成阶段性成果。因此，研究阶段的有关支出，在发生时应当费用化，计入当期损益。所谓开发，是指在进行商业性生产或使用前，将研究成果或其他知识应用于某项计划或设计，以生产出新的或具有实质性改进的材料、装置、产品等。相对于研究阶段而言，开发阶段应当是已完成研究阶段的工作，在很大程度上具备了形成一项新产品或新技术的基本条件。

企业内部研究开发项目在开发阶段的支出，同时满足下列条件的，可确认为无形资产。

① 完成该无形资产以使其能够使用或出售在技术上具有可行性。
② 具有完成该无形资产并使用或出售的意图。
③ 无形资产产生经济利益的方式，包括能够证明运用该无形资产生产的产品存在市场或无形资产自身存在市场；无形资产将在内部使用的，应当证明其有用性。
④ 有足够的技术、财务资源和其他资源支持，以完成该项无形资产的开发，并有能力使用或出售该项无形资产。
⑤ 归属于该无形资产开发阶段的支出能够可靠地计量。

企业内部开发形成的无形资产成本，由可直接归属于该资产的创造、生产并使该资产能够以管理层预定的方式运作的所有必要支出组成，但是对于以前期间已经费用化的支出不再进行调整，即开发该无形资产所耗费的材料、劳务成本、注册费、使用其他专利权和特许权的摊销、可以资本化的利息支出等。对于开发过程中发生的其他销售费用、管理费用等间接费用及培训支出等，不构成无形资产的开发成本。

(3) 投资者投入的无形资产，应按照投资合同或投资协议约定的价值确定，但合同或协议约定价值不公允的，应按无形资产的公允价值作为其成本。

(4) 非货币性资产交换、债务重组、政府补助和企业合并取得的无形资产的成本，应当分别按照有关会计准则规定确定其入账价值。

(二)无形资产取得的核算

1. 设置账户

(1) "无形资产"账户。该账户借方登记购入或自行开发及通过其他方式取得的各种无形资产的价值，贷方登记无形资产出售、转让及其他方式而减少的无形资产价值，期末借方余额反映企业无形资产的成本。无形资产可按其项目进行明细核算。

(2) "研发支出"账户。该账户核算企业进行研究与开发无形资产过程中发生的各项支出。借方登记研发过程中发生的各项支出，贷方登记转入当期损益及无形资产的各项支出，期末借方余额表示研发中发生的累计支出，可按研究开发项目，分"费用化支出"账户与"资本化支出"账户进行明细核算。

2. 账务处理

1) 购入的无形资产

企业购入的无形资产，按实际支付的价款，借记"无形资产"账户，贷记"银行存款"等账户。

【案例7-1】

甲公司为增值税一般纳税人，购入一项非专利技术，取得的增值税专用发票上注明的价款为1 000 000元，税率为6%，增值税税额为60 000元，以银行存款支付。甲公司应编制会计分录如下：

借：无形资产——非专利技术　　　　　　　　　　　　　　1 000 000
　　应交税费——应交增值税(进项税额)　　　　　　　　　　60 000
　贷：银行存款　　　　　　　　　　　　　　　　　　　　　1 060 000

2) 自行研究开发的无形资产

企业内部研究开发项目所发生的支出应区分研究阶段支出和开发阶段支出。

企业自行开发无形资产发生的研发支出，不满足资本化条件的，借记"研发支出——费用化支出"账户；满足资本化条件的，借记"研发支出——资本化支出"账户，贷记"原材料""银行存款""应付职工薪酬"等账户。自行研究开发无形资产发生的支出取得增值税专用发票可抵扣的进项税额，借记"应交税费——应交增值税(进项税额)"账户。

研究开发项目达到预定用途形成无形资产的，应当按照"研发支出——资本化支出"账户的余额，借记"无形资产"账户，贷记"研发支出——资本化支出"账户。期(月)末，应将"研发支出——费用化支出"账户归集的金额转入"管理费用"账户，借记"管理费用"账户，贷记"研发支出——费用化支出"账户。

企业如果无法可靠区分研究阶段的支出和开发阶段的支出，应将发生的研发支出全部费用化，计入当期损益，记入"管理费用"账户的借方。

【案例7-2】

甲公司自行研究开发一项技术，截至2019年12月31日，发生研发支出合计1 000 000元。经测试，该项研发活动完成了研究阶段，从2020年1月1日起进入开发阶段。2020年4月至9月共发生开发支出150 000元，假定符合《企业会计准则第6号——无形资产》规定的开发支出资本化的条件，取得的增值税专用发票上注明的增值税税额为19 500元。2020年9月30日，该项研发活动结束，最终开发出一项非专利技术。甲公司应编制会计分录如下。

① 2019年发生的研发支出。

借：研发支出——费用化支出　　　　　　　　　　　　1 000 000
　　贷：银行存款等　　　　　　　　　　　　　　　　　　1 000 000

② 2019年12月31日，结转研究阶段的支出。

借：管理费用　　　　　　　　　　　　　　　　　　　1 000 000
　　贷：研发支出——费用化支出　　　　　　　　　　　　1 000 000

③ 2020年，确认符合资本化条件的开发支出。

借：研发支出——资本化支出　　　　　　　　　　　　　150 000
　　应交税费——应交增值税(进项税额)　　　　　　　　　19 500
　　贷：银行存款等　　　　　　　　　　　　　　　　　　　169 500

④ 2020年9月30日，该技术研发完成并形成无形资产。

借：无形资产　　　　　　　　　　　　　　　　　　　　150 000
　　贷：研发支出——资本化支出　　　　　　　　　　　　　150 000

本例中，2019年12月31日，应将"研发支出——费用化支出"账户归集的金额1 000 000元转入"管理费用"账户，借记"管理费用"账户，贷记"研发支出——费用化支出"账户。

3) 投资者投入的无形资产

投资者投入的无形资产按照投资合同或协议约定的价值，借记"无形资产"账户，贷记"实收资本"或"股本"等账户。如果投资合同或协议约定的价值不公允的，应按无形资产的公允价值作为无形资产初始成本入账。

【案例7-3】

甲公司收到乙公司以特许权进行的投资。投资合同约定的价值(等于公允价值)为5 000 000元，编制会计分录如下。

借：无形资产——特许权　　　　　　　　　　　　　　5 000 000
　　贷：实收资本　　　　　　　　　　　　　　　　　　5 000 000

4) 其他方式取得的无形资产

其他方式取得的无形资产包括非货币性交换、债务重组、政府补助和企业合并取得的无形资产，具体核算参见相关的会计准则，本项目不再展开叙述。

三、无形资产的后续计量

(一)无形资产使用寿命的确定

企业应当在取得无形资产时就分析判断其使用寿命。在分析判断无形资产使用寿命时主要应考虑以下因素的影响。

(1) 运用该无形资产生产的产品通常的寿命周期、可获得的类似资产使用寿命的信息。
(2) 技术、工艺等方面的现实情况及对未来发展的估计。
(3) 以该无形资产生产的产品或提供的服务的市场需求情况。
(4) 现在或潜在的竞争者预期将采取的行动。
(5) 为维持该资产产生未来经济利益的能力预期的维护支出,以及企业预计支付有关支出的能力。
(6) 对该资产的控制期限,以及对该资产使用的法律或类似限制,如特许使用期限等。
(7) 与企业持有的其他资产使用寿命的关联性等。

无形资产使用寿命的确定,应充分考虑无形资产使用寿命确定的各项影响因素,合理地确定使用寿命有限的无形资产和使用寿命不确定的无形资产。

(1) 源自合同性权利或其他法定权利取得的无形资产,其使用寿命通常不应超过合同性权利或其他法定权利的期限。但如果企业使用资产的预期期限短于合同性权利或其他法定权利规定的期限的,则应当按照企业预期使用的期限来确定其使用寿命。例如,企业取得一项专利技术,法律保护期间为 20 年,企业预计运用该专利生产的产品在未来 15 年内会为企业带来经济利益。就该项专利技术,第三方向企业承诺在 5 年内以其取得之日公允价值的 60%购买该专利权,从企业管理层目前的持有计划来看,准备在 5 年内将其出售给第三方。为此,该项专利权的实际使用寿命为 5 年。

(2) 如果合同性权利或其他法定权利能够在到期时因续约等延续,则仅当有证据表明企业续约不需要付出大额成本时,续约期就可包括在该资产的使用寿命的估计当中。

(3) 没有明确的合同或法律规定无形资产使用寿命的,企业应当综合各方面情况,来确定无形资产为企业带来经济利益的期限。如果努力的结果仍无法合理确定无形资产为企业带来经济利益的期限的,才能将其确定为使用寿命不确定的无形资产。

(二)使用寿命有限的无形资产的摊销

尽管无形资产能在较长的时间里为企业带来经济利益,但无形资产所具有的价值或特许权总会终结或消失。使用寿命有限的无形资产,应当在其预计的使用寿命内,采用系统合理的方法对应摊销金额进行摊销。应摊销金额是指无形资产的成本扣除预计残值和减值准备后的金额。

1. 摊销期和摊销方法

无形资产的摊销期自其达到预定用途时起,至终止确认时止。与固定资产计提折旧是不一样的,当月增加的无形资产,当月开始摊销;当月减少的无形资产,当月不再摊销。

摊销方法包括直线法、生产总量法等。企业选择的无形资产摊销方法,应当反映和该项无形资产有关的经济利益的预期实现方式。无法可靠确定预期实现方式的，应当采用直线法摊销。无形资产的摊销额一般应计入当期损益中的管理费用，但如果某项无形资产是专门用于生产某种产品的，其所包含的经济利益是通过其所生产的产品的销售收入来实现的，则该项无形资产的摊销额应先计入制造费用，分配结转后计入相关产品的生产成本中。

无形资产是企业的长期资产，在使用过程中，由于科学技术的发展或环境因素的变化，都会使无形资产的使用寿命或摊销方法不同于以前的估计。这就要求企业至少应当于每年年度终了时，对无形资产的使用寿命及摊销方法进行复核。

如果有证据表明无形资产的使用寿命及摊销方法不同于以前的估计，对于使用寿命有限的无形资产应改变其摊销年限及摊销方法。

2. 残值的确定

无形资产残值是指在其经济寿命结束之前，企业预计将会处置该无形资产而从该处置中获取的利益。

无形资产的残值通常应为零，但也有特殊情况：一是有第三方承诺在无形资产使用寿命结束时购买该资产；二是可以根据活跃市场得到预计残值信息，并且该市场在无形资产使用寿命结束时可能存在。

3. 无形资产摊销的账务处理

企业应在无形资产的预期使用寿命内，采用合理的方法进行摊销，摊销金额应根据无形资产的服务对象，计入相关资产的成本或当期损益，同时记入"累计摊销"账户。

累计摊销是资产类账户。该账户属于无形资产的调整账户，核算企业对使用寿命有限的无形资产计提的累计摊销。贷方登记按一定方式计提的无形资产摊销额，借方登记因无形资产减少而应同时冲销的摊销额，期末贷方余额反映无形资产累计摊销额。

【案例 7-4】

甲公司因生产经营的需要，从乙公司购入专利权一项，以银行存款支付价款 100 000 元，另支付相关税费 20 000 元。估计该项专利权的使用寿命为 5 年，用于 A 种产品的生产。假定净残值为零。按直线法摊销，每月摊销。甲公司的账务处理如下：

每月摊销额=(100 000+20 000)÷5÷12=2 000(元)

借：制造费用	2 000
贷：累计摊销	2 000

【案例 7-5】

某公司购入一项商标权，入账价值为 1 200 000 元，合同规定有效期限为 10 年。不考虑残值的因素。以直线法摊销预期实现经济利益的方式，每月摊销。该公司的账务处理如下：

每月摊销额=1 200 000÷10÷12=10 000(元)

借：管理费用——无形资产摊销	10 000
贷：累计摊销	10 000

(三) 使用寿命不确定的无形资产

企业根据可获得的相关信息，还无法合理估计某项无形资产的使用寿命的，应作为使用寿命不确定的无形资产进行核算。该类资产在持有期间不需要摊销，但应在每个会计期间进行减值测试，测试方法按照资产减值的原则进行处理。如果测试表明该无形资产已发生减值，需要计提相应的减值准备。对于使用寿命不确定的无形资产，如果有证据表明其使用寿命是有限的，则应当视为会计估计变更，重新估计其使用寿命，并按使用寿命有限的无形资产的核算原则进行处理。

四、无形资产的后续支出

无形资产的后续支出，是指无形资产入账后，为确保该无形资产能够给企业带来预定的经济利益而发生的支出。由于这些支出发生仅是为了确保已确认的无形资产能够为企业带来预定的经济效益，因而应在发生当期确认为费用。

【案例 7-6】

某企业取得了一项商标权，为了让更多客户熟悉该商标，企业采取广告宣传，以银行存款支付广告费用 200 000 元。该企业编制的会计分录如下。

借：销售费用　　　　　　　　　　　　　　　　　　　200 000
　　贷：银行存款　　　　　　　　　　　　　　　　　　　　200 000

五、无形资产的减值

由于无形资产所提供的未来经济效益具有高度的不确定，因此企业应当定期或者至少在每年年度终了时对各项无形资产进行减值测试，如果发现由于一些原因的存在，如科技进步、市场逆转、新产品发明等，使用无形资产创造未来收益的能力受到重大不利影响，或估计的市场价值急剧下跌，则需要考虑无形资产的减值问题。可以估算无形资产的预计可收回金额，将其低于账面价值的部分确认为无形资产的减值损失，计提相应减值准备。可收回金额应当根据资产的公允价值减去处置费用后的净额与资产预计未来现金流量的现值两者之间较高者确定。处置费用包括与资产处置有关的律师费和其他相关税费等。如果资产不存在减值迹象，则既不必估计资产的可收回金额，也不必确定减值损失。资产减值损失一经确认，在以后的会计期间均不得转回。

企业计提无形资产减值准备时，借记"资产减值损失"账户，贷记"无形资产减值准备"账户。

【案例 7-7】

2020 年 1 月 1 日，某企业购入一项专利权，实际支付的价款为 800 000 元。根据相关法律，该专利权的有效使用寿命为 8 年。2020 年 12 月 31 日，由于与该专利权相关的经济因素发生不利变化，致使该专利权发生价值减值，其可收回金额为 600 000 元。该企业的账务处理如下。

① 2020 年 1 月 1 日，购入专利权时。

借：无形资产——专利权　　　　　　　　　　　　　　　　　800 000
　　贷：银行存款　　　　　　　　　　　　　　　　　　　　　　800 000

② 2020 年 12 月 31 日，摊销无形资产时。

借：管理费用——无形资产摊销　　　　　　　　　　　　　　100 000
　　贷：累计摊销——专利权　　　　　　　　　　　　　　　　100 000

③ 2020 年 12 月 31 日，无形资产的账面价值为 700 000 元，其可收回金额为 600 000 元，因此需要计提 100 000 元减值准备。

借：资产减值损失——计提的无形资产减值准备　　　　　　　100 000
　　贷：无形资产减值准备　　　　　　　　　　　　　　　　　100 000

六、无形资产的处置

无形资产的处置，主要是指无形资产出售、对外出租、对外捐赠，或者是无法为企业带来未来经济利益时，应予终止确认并转销。

(一)无形资产出售

企业出售某项无形资产，表明企业放弃无形资产的所有权，应将所取得的价款与该无形资产账面价值的差额作为资产处置利得或损失(资产处置损益)，与固定资产处置性质相同，计入当期损益。但值得注意的是，企业出售无形资产确认其利得的时点，应按照收入确认中的有关原则进行确定。

企业出售无形资产时，应按实际收到的金额，借记"银行存款"等账户；按已计提的累计摊销额，借记"累计摊销"账户；原已计提减值准备的，借记"无形资产减值准备"账户；按应支付的相关税费及其他费用，贷记"应交税费""银行存款"等账户；按其账面余额，贷记"无形资产"账户；按其差额，贷记或借记"资产处置损益"账户。

【案例 7-8】

某企业出售一项专利权的所有权，所得的不含税价款为 700 000 元，应缴纳的增值税税额为 42 000 元(适用增值税税率为 6%，不考虑其他税费)。该专利权的成本为 900 000 元，已提累计摊销 150 000 元，已提减值准备 100 000 元。编制会计分录如下。

借：银行存款　　　　　　　　　　　　　　　　　　　　　　742 000
　　累计摊销　　　　　　　　　　　　　　　　　　　　　　150 000
　　无形资产减值准备　　　　　　　　　　　　　　　　　　100 000
　　贷：无形资产——专利权　　　　　　　　　　　　　　　　900 000
　　　　应交税费——应交增值税(销项税额)　　　　　　　　　 42 000
　　　　资产处置损益　　　　　　　　　　　　　　　　　　　 50 000

(二)无形资产出租

企业无形资产出租是将无形资产使用权让渡给他人,收取相应的租金。在满足收入确认的条件下,确认相应的收入及成本,通过其他业务收入和其他业务成本核算。企业出租无形资产时,按取得的租金收入,借记"银行存款"等账户,贷记"其他业务收入""应交税费"等账户;结转出租无形资产的成本时,借记"其他业务成本"账户,贷记"累计摊销"等账户。

【案例 7-9】

2020年1月1日,甲公司将其拥有的一项专利技术出租,该专利技术取得成本为800 000元,摊销期限为10年。出租合同规定,承租方按照该专利技术生产的产品支付使用费用,生产一件产品,支付使用费用200 000元,当年承租方生产产品2件,应缴纳的增值税税额为24 000元(适用增值税税率为6%,不考虑其他税费)。甲公司编制会计分录如下。

① 取得租金收入时。

借:银行存款　　　　　　　　　　　　　　　　　424 000
　　贷:其他业务收入　　　　　　　　　　　　　　400 000
　　　　应交税费——应交增值税(销项税额)　　　 24 000

② 摊销出租无形资产的成本及发生与出租有关的各种费用支出时。

借:其他业务成本　　　　　　　　　　　　　　　 80 000
　　贷:累计摊销　　　　　　　　　　　　　　　　 80 000

七、无形资产的报废

如果企业的无形资产已被其他新技术所取代,或者超过法律的保护期限,不能再为企业带来经济利益,则说明该项资产已不符合无形资产的定义及确认条件,应将其予以报废并转销,其账面价值转作当期损益。转销时,应按其已计提的累计摊销,借记"累计摊销"账户;按其账面余额,贷记"无形资产"账户;按其差额,借记"营业外支出"账户。已计提减值准备的,还应同时结转减值准备。

【案例 7-10】

2020年12月31日,某企业某项专利权的成本为300 000元,已提摊销150 000元,已提减值准备20 000元。假定该专利权生产的产品已经没有市场,预期不能再为企业带来经济效益,该专利的残值为0。假定不考虑其他因素。该企业编制的会计分录如下。

借:累计摊销　　　　　　　　　　　　　　　　　150 000
　　无形资产减值准备　　　　　　　　　　　　　　20 000
　　营业外支出——处置非流动资产损失　　　　　 130 000
　　贷:无形资产——专利权　　　　　　　　　　　300 000

任务二 其他长期资产的核算

一、其他长期资产的概念

其他长期资产是指除货币资金、交易性金融资产、应收及预付款项、存货、长期股权投资、债权投资、其他债权投资、其他权益工具投资、固定资产、无形资产等以外的资产，如长期待摊费用等。

长期待摊费用是指企业已经发生，但应由本期和以后各期负担的分摊期限在一年以上的各项费用，如以经营租赁方式租入的固定资产发生的改良支出等。租入固定资产改良支出应当在租赁期限与租赁资产尚可使用年限两者孰短的期限内平均摊销。

二、其他长期资产的具体核算

企业发生的长期待摊费用，借记"长期待摊费用"账户，贷记"银行存款""原材料"等账户。摊销长期待摊费用，借记"管理费用""销售费用"等账户，贷记"长期待摊费用"账户。

【案例7-11】

某企业以经营租赁方式租入办公用房，为提高该房屋效用和功能对其进行改良，工程领用工程物资380 000元，其他费用100 000元。假设房屋租赁期为4年，办公用房可使用年限为20年。该企业的账务处理如下。

① 发生固定资产改良工程支出时。

借：长期待摊费用——租入固定资产改良支出　　480 000
　　贷：工程物资　　　　　　　　　　　　　　　　380 000
　　　　银行存款　　　　　　　　　　　　　　　　100 000

② 按月分期摊销时。

每月摊销长期待摊费用=480 000÷4÷12=10 000(元)

借：管理费用——长期待摊费用摊销　　　　　　10 000
　　贷：长期待摊费用——租入固定资产改良支出　　10 000

项目小结

无形资产主要包括专利权、商标权、土地使用权、著作权、特许权、非专利技术等。无形资产的确认应在符合无形资产定义的前提下，同时满足两个条件时才能予以确认。企业取得的无形资产，应当按照成本进行初始计量。企业取得无形资产的主要方式有外购、自行研究开发等。外购的无形资产应按实际支付的价款作为入账价值。自行研究开发的无形资产，其成本包括从满足无形资产确认条件后至达到预定用途前所发生的支出总额，但对于以前期间费用化的支出不再调整。投资者投入的无形资产，其成本应按照投资合同或投资协议约定的价值确定，但合同或协议约定价值不公允的，应按无形资产的公允价值作为其成本。

无形资产的摊销方法包括直线法、生产总量法等。企业选择的无形资产摊销方法，应当反映和该项无形资产有关的经济利益的预期实现方式。无法可靠确定预期实现方式的，应当采用直线法摊销。

其他长期资产是指除货币资金、交易性金融资产、应收及预付款项、存货、长期股权投资、债权投资、其他债权投资、其他权益工具投资、固定资产、无形资产等以外的资产，如长期待摊费用等。

微课视频资源

无形资产与其他长期资产的核算.mp4

项目八 流动负债的核算

知识目标

- ◆ 熟悉流动负债的内容。
- ◆ 掌握各种流动负债账户的核算内容。

技能目标

- ◆ 熟练掌握职工薪酬的内容。
- ◆ 能分析和处理各种流动负债的经济业务。

任务一 短期借款的核算

一、短期借款的含义

短期借款是指企业向银行或其他金融机构等借入的期限在 1 年以下(含 1 年)的各种借款。短期借款一般是企业为维持正常的生产经营所需的资金而借入的或为抵偿某项债务而借入的款项。

二、短期借款利息费用的处理

企业借入的短期借款，构成了企业的一项流动负债。借款具有还款期限和利率，企业必须按期如数归还本金，并及时支付利息。由于短期借款是为了生产经营需要而借入的，其利息应作为财务费用，计入当期损益。

短期借款利息的支付方式有按月支付、按季或半年支付及到期随同本金一次支付三种。不同的支付方式，导致不同的会计处理。

(1) 如果短期借款的利息是按季或半年支付，或者到期一次还本付息，为了真正体现配比原则，正确计算各期的损益，通常采用预提方式，按月预计发生的利息额。实际支付的利息与预提利息的差额，调整支付当月的财务费用。

(2) 如果短期借款的利息按月支付，或者虽然采用到期一次还本付息，但利息数额不大，为了简化核算手续，可以将实际支付的利息作为支付当期的财务费用，计入当期损益。

三、短期借款的具体核算

为了正确反映短期借款的取得、归还及结余情况，企业应设置"短期借款"账户进行总分类核算，并按借款种类、贷款人和币种设置明细账，进行明细核算。"短期借款"账户，贷方登记本期借入的短期借款，借方登记本期归还的短期借款，期末余额反映本期尚未归还的短期借款。此外，还应设置"财务费用"和"应付利息"账户，以正确核算短期借款的利息。"应付利息"账户，贷方登记本期按照合同应支付的利息，借方登记本期归还的利息，期末余额反映本期应付未付的利息。

短期借款的核算主要涉及三个方面：第一，取得短期借款的处理；第二，短期借款利息的处理；第三，归还短期借款的处理。

(一)取得短期借款的处理

企业借入的各种短期借款，借记"银行存款"账户，贷记"短期借款"账户。

(二)短期借款利息的处理

(1) 如果短期借款的利息按期支付(如按季)，或者利息是在借款到期归还本金时一并支付的,且数额较大,可以采用预提的办法,按月预提计入当期损益。预提时,借记"财务费用"账户,贷记"应付利息"账户。实际支付时,按已经预提的利息金额,借记"应付利息"账户;按实际支付的利息金额与已经预提的利息金额的差额(即尚未计提的部分),借记"财务费用"账户;按实际支付的利息金额,贷记"银行存款"账户。

(2) 如果企业的短期借款利息按月支付,或者利息是在借款到期归还本金时一并支付的,且数额不大,可以在实际支付或收到银行的计息通知时,直接计入当期损益,借记"财务费用"账户,贷记"银行存款"或"库存现金"账户。

(三)归还短期借款的处理

归还短期借款时,借记"短期借款"账户,贷记"银行存款"账户。

【案例8-1】

A公司于4月1日从金融机构取得临时借款200 000元,期限为6个月,年利率9%,借款利息每季末支付一次。A公司的账务处理如下。

① 4月1日,取得借款时。
借:银行存款　　　　　　　　　　　　　　　　　　200 000
　　贷:短期借款——临时借款　　　　　　　　　　　　200 000

② 4月末、5月末,预提利息费用(200 000×9%÷12)时。
借:财务费用　　　　　　　　　　　　　　　　　　1 500
　　贷:应付利息　　　　　　　　　　　　　　　　　　1 500

③ 6月30日,支付本季利息时。
借:应付利息　　　　　　　　　　　　　　　　　　3 000
　　财务费用　　　　　　　　　　　　　　　　　　1500
　　贷:银行存款　　　　　　　　　　　　　　　　　　4 500

④ 9月30日,支付后3个月的利息并归还本金时。
借:应付利息　　　　　　　　　　　　　　　　　　3 000
　　财务费用　　　　　　　　　　　　　　　　　　1 500
　　短期借款——临时借款　　　　　　　　　　　　200 000
　　贷:银行存款　　　　　　　　　　　　　　　　　　204 500

任务二　应付票据的核算

一、应付票据的含义

应付票据是指企业购买材料、商品或接受劳务供应等而开出、承兑的商业汇票,包括商业承兑汇票和银行承兑汇票。

二、应付票据的具体核算

企业应通过"应付票据"账户对发生的应付票据业务进行核算。该账户贷方登记企业签发、承兑商业汇票的面值,借方登记企业到期支付(或结转)的票据款,期末余额在贷方,反映企业未到期应付票据的票面金额。该账户可按债权人设置明细账,进行明细分类核算。此外,还应设置应付票据备查簿,以详细登记每一张应付票据的种类、号数和出票日期、到期日、票面金额、交易合同号和收款人姓名或单位名称、付款日期和金额等详细资料。应付票据到期结清时,应在应付票据备查簿中逐笔注销。

企业开出、承兑商业汇票或以承兑商业汇票抵付货款、应付账款时,应当按商业汇票票面金额作为应付票据的入账金额,借记"材料采购""原材料""库存商品""应付账款""应交税费——应交增值税(进项税额)"等账户,贷记"应付票据"账户。企业因开出银行承兑汇票而支付银行的承兑汇票手续费时,借记"财务费用"账户,贷记"银行存款"账户。收到银行支付到期票据的付款通知时,借记"应付票据"账户,贷记"银行存款"账户。应付商业承兑汇票到期,如企业无力支付票款,应按应付票据的账面余额转作应付账款,借记"应付票据"账户,贷记"应付账款"账户。应付银行承兑票据到期,如企业无力支付票款,应按应付票据的账面余额转作短期借款,借记"应付票据"账户,贷记"短期借款"账户。

【案例8-2】

A公司从B公司购入商品一批,货款为50 000元,增值税税额为6 500元,价税款以当日签发并申请银行承兑一张为期3个月、票面额为56 500元的带息银行承兑汇票支付,年利率为12%,同时以银行存款向银行支付承兑手续费292.5元。商品已验收入库。A公司的账务处理如下。

① 向银行申请承兑,支付承兑手续费。

借:财务费用　　　　　　　　　　　　　　　　　　　　　　292.5
　　贷:银行存款　　　　　　　　　　　　　　　　　　　　　　　292.5

② 持票购买商品,商品验收入库时。

借:库存商品　　　　　　　　　　　　　　　　　　　　　　50 000
　　应交税费——应交增值税(进项税额)　　　　　　　　　6 500
　　贷:应付票据——B公司　　　　　　　　　　　　　　　　　56 500

③ 票据到期,A公司支付票据本息时。

票据利息= 56 500×12%÷12×3=1 695(元)

借:应付票据——B公司　　　　　　　　　　　　　　　　　56 500
　　财务费用　　　　　　　　　　　　　　　　　　　　　　1 695
　　贷:银行存款　　　　　　　　　　　　　　　　　　　　　　58 195

④ 如票据到期,A公司无力付款,则由银行承担付款责任,则A公司应作账务处理如下。

借:应付票据——B公司　　　　　　　　　　　　　　　　　56 500
　　财务费用　　　　　　　　　　　　　　　　　　　　　　1 695
　　贷:短期借款　　　　　　　　　　　　　　　　　　　　　　58 195

⑤ 如该商业汇票为商业承兑汇票，汇票到期，A 公司无力付款，则 A 公司应作账务处理如下。

借：应付票据——B 公司　　　　　　　　　　　　　56 500
　　财务费用　　　　　　　　　　　　　　　　　　 1 695
　　贷：应付账款——B 公司　　　　　　　　　　　　　　58 195

任务三　应付账款的核算

一、应付账款的含义

应付账款是指企业在生产经营过程中由于购买商品、材料、物资或接受劳务供应等而应支付给供应单位的款项。

二、应付账款的确认

应付账款的确认包括应付账款入账时间的确认和入账金额的确认。

应付账款入账时间的确认，应以所购买商品、物资的所有权转移或接受劳务已经发生为标志。但在实际工作中，应区别情况处理：在货物和发票账单同时到达的情况下，应付账款一般待货物验收入库后，才按发票账单登记入账，以避免因先入账而在验收入库时发现购入货物错、漏、破损等问题再行调账；在货物和发票账单不是同时到达的情况下，由于应付账款要根据发票账单登记入账，有时货物已到，而发票账单要过一段时间才能到达，这笔负债已经成立，应作为一项负债反映，但为了简化会计核算手续，在实际工作中通常在货物已验收入库、发票账单未到的情况下，暂不进行账务处理，待收到发票账单后再根据发票账单的金额进行处理；如在月末终了仍未收到发票账单的，应按估计价或计划价暂估入账，下月初用红字冲销，待收到发票账单后，再按具体情况处理。

应付账款的付款期限不长，一般为 30～60 日，最长不超过 90 日，因此，应付账款通常按其到期应付金额入账。如果购入的货物在形成一笔应付账款时附有现金折扣条件，应按总价法确认，即企业在收到发票账单时，按发票账单等凭证上记载的应付账款金额记账。

三、应付账款的具体核算

为了反映企业应付账款的发生及归还情况，企业应设置负债类的"应付账款"账户，进行总分类核算，并按供应单位设置明细账，进行明细分类核算。此外，对附有现金折扣的应付账款，采用总价法确认时，获得的购货折扣通过损益类的"财务费用"账户反映。

企业购入材料、商品等验收入库，但货款尚未支付，应根据有关凭证(发票账单、随货同行发票上记载的实际价款或暂估价值)，借记"材料采购"等账户；按专用发票上注明的增值税税额，借记"应交税费——应交增值税(进项税额)"账户，贷记"应付账款"账户。企业接受供应单位提供劳务而发生的应付未付款项，根据供应单位的发票账单，借记"生产成本""管理费用"等账户，贷记"应付账款"账户。企业支付应付账款时，借记"应付账款"账户,贷记"银行存款"账户;企业开出、承兑商业汇票抵付应付账款时,借记"应付账款"账户,贷记"应付票据"账户。企业转销确实无法支付的应付账款时,直接转入营业外收入,借记"应付账款"账户,贷记"营业外收入"账户。

【案例8-3】

A公司从B公司购进甲材料一批,货款为70 000元,增值税专用发票上注明的增值税税额为9 100元。甲材料已验收入库,发票账单已到,款项未付。A公司的账务处理如下。

① 材料验收入库时。

借:原材料——甲材料	70 000
应交税费——应交增值税(进项税额)	9 100
贷:应付账款——B公司	79 100

② 支付款项时。

借:应付账款——B公司	79 100
贷:银行存款	79 100

【案例8-4】

A公司从B公司购买乙材料一批,货款为80 000元,增值税税额为10 400元。材料已验收入库,发票账单已到,款项尚未支付。为鼓励A企业及时还款,B公司给出了如下现金折扣条件:2/10,1/20,n/30。假设现金折扣不考虑增值税。A公司的账务处理如下。

① 材料验收入库时。

借:原材料	80 000
应交税费——应交增值税(进项税额)	10 400
贷:应付账款——B公司	90 400

② A公司如在10日内向B公司付款。

现金折扣金额=80 000×2%=1 600(元)

借:应付账款——B公司	90 400
贷:银行存款	88 800
财务费用	1 600

③ 如A公司超过20日付款,则不享受折扣。

借:应付账款——B公司	90 400
贷:银行存款	90 400

【案例8-5】

A公司确定一笔应付账款6 500元为无法支付的款项,应予转销。A公司的账务处理如下。

借:应付账款	6 500
贷:营业外收入	6 500

任务四　预收账款的核算

一、预收账款的含义

预收账款是指企业按照合同规定向购货单位或接受劳务单位预先收取的款项。它一般在三种情况下产生：①企业产品或劳务在市场上供不应求；②购货单位或接受劳务的单位信用不佳；③企业的生产周期较长，如建筑业、飞机制造业、造船业等。

二、预收账款的具体核算

为了反映和监督预收账款的发生和结算情况，企业应设置"预收账款"账户。该账户属于负债类账户，其贷方登记企业收到购货方预付的款项或补付的款项，借方登记企业实际发出商品或提供劳务的价税款及退回多付的款项。期末如为贷方余额，表示企业向购货方预收的款项；期末如为借方余额，为资产类账户，表示应由购货方补付的款项，即应收账款。该账户应按购货方设置明细账。

企业向购货单位预收款项时，借记"银行存款"账户，贷记"预收账款"账户。销售实现时，按实现的收入和应交的增值税销项税额，借记"预收账款"账户；按实现的营业收入，贷记"主营业务收入"账户；按专用发票上注明的增值税税额，贷记"应交税费——应交增值税(销项税额)"等账户。购货单位补付的款项，借记"银行存款"账户，贷记"预收账款"账户；退回多付的款项，作相反的账务处理。

预收账款不多的企业，也可以不设置"预收账款"账户，而将预收款项并入"应收账款"账户进行核算，这时"应收账款"账户有关明细账账户的期末贷方余额，反映的是企业的预收账款。

【案例 8-6】

A 公司接受一批订货合同，按合同规定，货款金额总计 90 000 元，预计 3 个月完成。订货方预付货款的 30%，另外 70% 待完工发货后再支付。该货物的增值税税率为 13%。A 公司的账务处理如下。

① 收到预付款时。

借：银行存款　　　　　　　　　　　　　　　　　　　　　27 000
　　贷：预收账款　　　　　　　　　　　　　　　　　　　　　　27 000

② 3 个月后产品发出时。

借：预收账款　　　　　　　　　　　　　　　　　　　　　101 700
　　贷：主营业务收入　　　　　　　　　　　　　　　　　　　90 000
　　　　应交税费——应交增值税(销项税额)　　　　　　　　　11 700

③ 订货单位补付货款时。

借：银行存款　　　　　　　　　　　　　　　　　　　　　74 700
　　贷：预收账款　　　　　　　　　　　　　　　　　　　　　　74 700

任务五　应付职工薪酬的核算

一、职工薪酬的内容

职工薪酬是指企业为获得职工提供的服务或解除劳动关系而给予的各种形式的报酬或补偿。职工薪酬包括短期薪酬、离职后福利、辞退福利和其他长期职工福利。企业提供给职工配偶、子女、受赡养人、已故员工遗属及其他受益人等的福利，也属于职工薪酬。

这里所称的"职工"，主要包括三类人员：一是与企业订立劳动合同的所有人员，含全职、兼职和临时职工；二是未与企业订立劳动合同，但由企业正式任命的企业治理层和管理层人员，如董事会成员、监事会成员等；三是在企业的计划和控制下，虽未与企业订立劳动合同或未由其正式任命，但向企业所提供服务与职工所提供服务类似的人员，也属于职工的范畴，包括通过企业与劳务中介公司签订用工合同而向企业提供服务的人员。

职工薪酬主要包括以下内容。

(一) 短期薪酬

短期薪酬，是指企业在职工提供相关服务的年度报告期间结束后12个月内需要全部予以支付的职工薪酬，因解除与职工的劳动关系给予的补偿除外。短期薪酬具体包括以下内容。

(1) 职工工资、奖金、津贴和补贴，是指按照构成工资总额的计时工资、计件工资、支付给职工的超额劳动报酬和增收节支的劳动报酬、为补偿职工特殊或额外的劳动消耗和因其他特殊原因支付给职工的津贴，以及为保证职工工资水平不受物价影响支付给职工的物价补贴等。其中，企业按照短期奖金计划向职工发放的奖金属于短期薪酬，按照长期奖金计划向职工发放的奖金属于其他长期职工福利。

(2) 职工福利费，是指企业向职工提供的生活困难补助、丧葬补助费、抚恤费、职工异地安家费、防暑降温费等职工福利支出。

(3) 医疗保险费、工伤保险费和生育保险费等社会保险费，是指企业按照国家规定的基准和比例计算，向社会保险经办机构缴纳的医疗保险费、工伤保险费和生育保险费。

(4) 住房公积金，是指企业按照国家规定的基准和比例计算，向住房公积金管理机构缴存的住房公积金。

(5) 工会经费和职工教育经费，是指企业为了改善职工文化生活、为职工学习先进技术和提高文化水平及业务素质，用于开展工会活动和职工教育及职业技能培训等的相关支出。

(6) 短期带薪缺勤，是指职工虽然缺勤但企业仍向其支付报酬的安排，包括年休假、病假、婚假、产假、丧假、探亲假等。长期带薪缺勤属于其他长期职工福利。

(7) 短期利润分享计划，是指因职工提供服务而与职工达成的基于利润或其他经营成果提供薪酬的协议。长期利润分享计划属于其他长期职工福利。

(8) 其他短期薪酬，是指除上述薪酬以外的为获得职工提供的服务而给予的其他短期薪酬。

(二)离职后福利

离职后福利，是指企业为获得职工提供的服务而在职工退休或与企业解除劳动关系后，提供的各种形式的报酬和福利，短期薪酬和辞退福利除外。企业应当将离职后福利计划分为设定提存计划和设定受益计划。离职后福利计划，是指企业与职工就离职后福利达成的协议，或者企业为向职工提供离职后福利制定的规章或办法等。其中，设定提存计划，是指向独立的基金缴存固定费用后，企业不再承担进一步支付义务的离职后福利计划；设定受益计划，是指除设定提存计划以外的离职后福利计划。

(三)辞退福利

辞退福利，是指企业在职工劳动合同到期之前解除与职工的劳动关系，或者为鼓励职工自愿接受裁减而给予职工的补偿。

(四)其他长期职工福利

其他长期职工福利，是指除短期薪酬、离职后福利、辞退福利之外所有的职工薪酬，包括长期带薪缺勤、长期残疾福利、长期利润分享计划等。

二、应付职工薪酬的账户设置

企业应当设置"应付职工薪酬"账户，核算应付职工薪酬的计提、结算、使用等情况。该账户的贷方登记已分配计入有关成本费用项目的职工薪酬的数额，借方登记实际发放职工薪酬的数额，包括扣还的款项等。该账户期末贷方余额反映企业应付未付的职工薪酬。

"应付职工薪酬"账户应当按照"工资、奖金、津贴和补贴""职工福利费""非货币性福利""社会保险费""住房公积金""工会经费和职工教育经费""带薪缺勤""利润分享计划""设定提存计划""设定受益计划义务""辞退福利"等职工薪酬项目设置明细账进行明细核算。

三、短期薪酬的核算

企业应当在职工为其提供服务的会计期间，将实际发生的短期薪酬确认为负债，并计入当期损益，其他会计准则要求或允许计入资产成本的除外。

(一)货币性职工薪酬

1. 职工工资、奖金、津贴和补贴

对于职工工资、奖金、津贴和补贴等货币性职工薪酬，企业应当在职工为其提供服务的会计期间，将实际发生的职工工资、奖金、津贴和补贴等，根据职工提供服务的受益对象，将应确认的职工薪酬，借记"生产成本""制造费用""管理费用""销售费用"等账户，贷记"应付职工薪酬——工资、奖金、津贴和补贴"账户。

【案例 8-7】

A 企业 2020 年 7 月份应付职工工资总额 785 000 元。工资费用分配汇总表中列示的产品生产人员工资为 503 000 元、车间管理人员工资为 128 000 元、企业行政管理人员工资为 113 600 元、专设销售机构人员工资为 40 400 元。A 企业的账务处理如下。

借：生产成本——基本生产成本　　　　　　　　　　503 000
　　制造费用　　　　　　　　　　　　　　　　　　128 000
　　管理费用　　　　　　　　　　　　　　　　　　113 600
　　销售费用　　　　　　　　　　　　　　　　　　 40 400
　　贷：应付职工薪酬——职工工资、奖金、津贴和补贴　785 000

实务中，企业一般在每月发放工资前，根据工资费用分配汇总表中的"实发金额"栏的合计数，通过开户银行支付给职工或从开户银行提取现金，然后向职工发放。

企业按照有关规定向职工支付工资、奖金、津贴和补贴等，借记"应付职工薪酬——职工工资、奖金、津贴和补贴"账户，贷记"银行存款""库存现金"等账户；企业从应付职工薪酬中扣还的各种款项(代垫的职工家属医药费、个人所得税等)，借记"应付职工薪酬"账户，贷记"银行存款""库存现金""其他应收款""应交税费——应交个人所得税"等账户。

【案例 8-8】

承案例 8-7 资料，A 企业根据工资费用分配汇总表结算本月应付职工工资总额 785 000 元，其中企业代扣职工房租 45 000 元、代垫职工家属医药费 9 000 元，实发工资 731 000 元。A 企业的账务处理如下。

① 向银行提取现金时。

借：库存现金　　　　　　　　　　　　　　　　　　731 000
　　贷：银行存款　　　　　　　　　　　　　　　　731 000

② 用现金发放工资时。

借：应付职工薪酬——职工工资、奖金、津贴和补贴　731 000
　　贷：库存现金　　　　　　　　　　　　　　　　731 000

如果通过银行发放工资，A 企业应编制如下会计分录。

借：应付职工薪酬——职工工资、奖金、津贴和补贴　731 000
　　贷：银行存款　　　　　　　　　　　　　　　　731 000

③ 代扣款项时。

借：应付职工薪酬——职工工资、奖金、津贴和补贴　 54 000
　　贷：其他应收款——职工房租　　　　　　　　　 45 000
　　　　　　　　　——代垫医药费　　　　　　　　 9 000

2. 职工福利费

对于职工福利费，企业应当在实际发生时根据实际发生额计入当期损益或相关资产成本，借记"生产成本""制造费用""管理费用""销售费用"等账户，贷记"应付职工薪酬——职工福利"账户。

【案例 8-9】

B 企业下设一所职工食堂,每月根据在岗职工数量及岗位分布情况、相关历史经验数据等计算需要补贴食堂的金额,从而确定企业每期因补贴职工食堂需要承担的福利费金额。2020 年 9 月,企业在岗职工共计 220 人,其中管理部门 40 人、生产车间 180 人。企业的历史经验数据表明,每个职工每月需要补贴食堂 200 元。B 企业的账务处理如下。

B 企业应当计提的职工福利费=200×220=44 000(元)

借:生产成本 36 000
　　管理费用 8 000
　　贷:应付职工薪酬——职工福利 44 000

【案例 8-10】

承案例 8-9,2020 年 10 月,B 企业支付 44 000 元补贴给食堂。B 企业的账务处理如下。

借:应付职工薪酬——职工福利 44 000
　　贷:银行存款 44 000

3. 国家规定计提标准的职工薪酬

对于国家规定了计提基础和计提比例的医疗保险费、工伤保险费、生育保险费等社会保险费和住房公积金,以及按规定提取的工会经费和职工教育经费,企业应当在职工为其提供服务的会计期间,根据规定的计提基础和计提比例计算确定相应的职工薪酬金额,并确认相关负债,按照受益对象计入当期损益或相关资产成本,借记"生产成本""制造费用""管理费用"等账户,贷记"应付职工薪酬"账户。

【案例 8-11】

承案例 8-7,2020 年 7 月,A 企业根据相关规定,分别按照职工工资总额的 2%和 8%的计提标准,确认应付工会经费和职工教育经费。A 企业的账务处理如下。

应确认的应付职工薪酬=(503 000+128 000+113 600+40 400)×(2%+8%)
　　　　　　　　　　=78 500(元)

其中,工会经费为 15 700 元、职工教育经费为 62 800 元。

应记入"生产成本"账户的金额= 503 000×(2%+8%)=50 300(元)
应记入"制造费用"账户的金额= 128 000×(2%+8%)=12 800(元)
应记入"管理费用"账户的金额= 113 600×(2%+8%)=11 360(元)
应记入"销售费用"账户的金额= 40 400×(2%+8%)=4 040(元)。

借:生产成本——基本生产成本 50 300
　　制造费用 12 800
　　管理费用 11 360
　　销售费用 4 040
　　贷:应付职工薪酬——工会经费和职工教育经费——工会经费 15 700
　　　　　　　　　　　　　　　　　　　　　　　——职工教育经费 62 800

【案例 8-12】

承案例 8-7，2020 年 7 月，该企业根据国家规定的计提标准，计算应由企业负担的向社会保险经办机构缴纳的社会保险费(不含基本养老险和失业保险费)共计 94 200 元。按照规定标准计提住房公积金 86 350 元。A 企业应编制会计分录如下。

应确认的应付职工薪酬=94 200+86 350=180 550(元)
应记入"生产成本"账户的金额=180 550×(503 000/785 000)=115 690(元)
应记入"制造费用"账户的金额=180 550×(128 000/785 000)=29 440(元)
应记入"管理费用"账户的金额=180 550×(113 600/785 000)=26 128(元)
应记入"销售费用"账户的金额=180 550−115 690−29 440−26 128=9 292(元)。

```
借：生产成本——基本生产成本                115 690
    制造费用                              29 440
    管理费用                              26 128
    销售费用                               9 292
  贷：应付职工薪酬——社会保险费              94 200
              ——住房公积金              86 350
```

假定该企业从应付职工薪酬中代扣个人应缴纳的社会保险费(不含基本养老险和失业保险)23 550 元、住房公积金 86 350 元，共计 109 900 元。A 企业应编制会计分录如下。

```
借：应付职工薪酬——社会保险费              23 550
           ——住房公积金              86 350
  贷：其他应付款——社会保险费              23 550
           ——住房公积金              86 350
```

4. 短期带薪缺勤

对于职工带薪缺勤，企业应当根据其性质及职工享有的权利，分为累积带薪缺勤和非累积带薪缺勤两类。企业应当对累积带薪缺勤和非累积带薪缺勤分别进行会计处理。如果带薪缺勤属于长期带薪缺勤的，企业应当作为其他长期职工福利处理。

(1) 累积带薪缺勤，是指带薪权利可以结转下期的带薪缺勤，本期尚未用完的带薪缺勤权利可以在未来期间使用。企业应当在职工提供了服务从而增加了其未来享有的带薪缺勤权利时，确认与累积带薪缺勤相关的职工薪酬，并以累积未行使权利而增加的预期支付金额计量。确认累积带薪缺勤时，借记"管理费用"等账户，贷记"应付职工薪酬——带薪缺勤——短期带薪缺勤——累积带薪缺勤"账户。

【案例 8-13】

C 企业共有 3 000 名职工，从 2020 年 1 月 1 日起，该企业实行累积带薪缺勤制度。该制度规定，每个职工每年可享受 5 个工作日带薪年休假，未使用的年休假只能向后结转一个公历年度，超过 1 年未使用的权利作废，在职工离开企业时也无权获得现金支付；职工休年假时，首先使用当年可享受的权利，不足部分再从上年结转的带薪年休假中扣除。

2020 年 12 月 31 日，C 企业预计 2021 年有 2 880 名职工将享受不超过 5 天的带薪年休假，剩余 120 名职工每人将平均享受 6 天半年休假。假定这 120 名职工全部为总部各部门经理，该企业平均每名职工每个工作日工资为 400 元。不考虑其他因素。2020 年 12 月 31 日，C 企业的账务处理如下。

借：管理费用　　　　　　　　　　　　　　　　　　　72 000
　　贷：应付职工薪酬——带薪缺勤——短期带薪缺勤——累积带薪缺勤　72 000

C 企业在 2020 年 12 月 31 日应当预计由于累积未使用的带薪年休假权利而导致的预期支付的金额，即相当于 180[120×(6.5-5)]天的年休假工资金额 72 000(180×400)元。

(2) 非累积带薪缺勤，是指带薪权利不能结转下期的带薪缺勤，本期尚未用完的带薪缺勤权利将予以取消，并且职工离开企业时也无权获得现金支付。我国企业职工休婚假、产假、丧假、探亲假、病假期间的工资通常属于非累积带薪缺勤。由于职工提供服务本身不能增加其能够享受的福利金额，企业在职工未缺勤时不应当计提相关费用和负债。为此，企业应当在职工实际发生缺勤的会计期间确认与非累积带薪缺勤相关的职工薪酬。

企业确认职工享有的与非累积带薪缺勤权利相关的薪酬，视同职工出勤确认的当期损益或相关资产成本。通常情况下，与非累积带薪缺勤相关的职工薪酬已经包括在企业每期向职工发放的工资等薪酬中，因此，不必额外作相应的账务处理。

(二)非货币性职工薪酬

企业以其自产产品作为非货币性福利发放给职工的，应当根据受益对象，按照该产品的含税公允价值，计入相关资产成本或当期损益，同时确认应付职工薪酬，借记"生产成本""制造费用""管理费用"等账户，贷记"应付职工薪酬——非货币性福利"账户。将企业拥有的房屋等资产无偿提供给职工使用的，应当根据受益对象，将该住房每期应计提的折旧计入相关资产成本或当期损益，同时确认应付职工薪酬，借记"生产成本""制造费用""管理费用"等账户，贷记"应付职工薪酬——非货币性福利"账户；并且同时借记"应付职工薪酬——非货币性福利"账户，贷记"累计折旧"账户。租赁住房等资产供职工无偿使用的，应当根据受益对象，将每期应支付的租金计入相关资产成本或当期损益，并确认应付职工薪酬，借记"生产成本""制造费用""管理费用"等账户，贷记"应付职工薪酬——非货币性福利"账户。难以认定受益对象的非货币性福利，直接计入当期损益和应付职工薪酬。

企业以自产产品作为职工薪酬发放给职工时，应确认主营业务收入，借记"应付职工薪酬——非货币性福利"账户，贷记"主营业务收入"账户，同时结转相关成本，涉及增值税销项税额的，还应进行相应的处理，借记"应付职工薪酬——非货币性福利"账户，贷记"应交税费——应交增值税(销项税额)"账户。企业支付租赁住房等资产供职工无偿使用所发生的租金，借记"应付职工薪酬——非货币性福利"账户，贷记"银行存款"等账户。

【案例 8-14】

A 公司是一家电冰箱生产企业，拥有职工 100 名，其中一线生产工人 70 名、总部管理人员 30 名。2020 年 2 月，A 公司决定以其生产的电冰箱作为福利发放给职工。该冰箱的单位成本为 5 000 元，单位计税价格(公允价值)为 7 000 元，适用的增值税税率为 13%。A 公司的账务处理如下。

① 决定发放非货币性福利时。

计入生产成本的金额=70×7 000×(1+13%)=553 700(元)
计入管理费用的金额=30×7 000×(1+13%)=237 300(元)

借：生产成本　　　　　　　　　　　　　　　　　　　553 700
　　管理费用　　　　　　　　　　　　　　　　　　　237 300
　　　贷：应付职工薪酬——非货币性福利　　　　　　　　　　791 000

② 实际发放非货币性福利时。

应交的增值税销项税额=70×7 000×13%+30×7 000×13%
　　　　　　　　　　=63 700+27 300=91 000(元)

借：应付职工薪酬——非货币性福利　　　　　　　　　791 000
　　　贷：主营业务收入　　　　　　　　　　　　　　　　　700 000
　　　　　应交税费——应交增值税(销项税额)　　　　　　　91 000
借：主营业务成本　　　　　　　　　　　　　　　　　500 000
　　　贷：库存商品　　　　　　　　　　　　　　　　　　　500 000

【案例8-15】

A公司为总部各部门经理级别以上职工提供汽车免费使用，同时为副总裁以上高级管理人员每人租赁一套住房。该公司总部共有部门经理以上职工15名，每人提供一辆丰田汽车免费使用，假定每辆丰田汽车每月计提折旧1 500元；该公司共有副总裁以上高级管理人员5名，公司为其每人租赁一套面积为150平方米带有家具和电器的公寓，月租金为每套6 000元。A公司每月的账务处理如下。

① 确认提供汽车的非货币性福利。

借：管理费用　　　　　　　　　　　　　　　　　　　22 500
　　　贷：应付职工薪酬——非货币性福利　　　　　　　　　　22 500
借：应付职工薪酬——非货币性福利　　　　　　　　　22 500
　　　贷：累计折旧　　　　　　　　　　　　　　　　　　　22 500

② 确认为职工租赁住房的非货币性福利。

借：管理费用　　　　　　　　　　　　　　　　　　　30 000
　　　贷：应付职工薪酬——非货币性福利　　　　　　　　　　30 000

③ A公司每月支付副总裁以上高级管理人员住房租金时。

借：应付职工薪酬——非货币性福利　　　　　　　　　30 000
　　　贷：银行存款　　　　　　　　　　　　　　　　　　　30 000

四、设定提存计划的核算

对于设定提存计划，企业应当根据在资产负债表日为换取职工在会计期间提供的服务而应向单独主体缴存的提存金，确认为应付职工薪酬，并计入当期损益或相关资产成本，借记"生产成本""制造费用""管理费用""销售费用"等账户，贷记"应付职工薪酬——

设定提存计划"账户。

【案例 8-16】

承案例 8-7，A 企业根据所在地政府规定，按照职工工资总额的 16%计提基本养老保险费，缴存当地社会保险经办机构。2020 年 7 月，A 企业缴存的基本养老保险费中，应计入生产成本的金额为 80 480 元、应计入制造费用的金额为 20 480 元、应计入管理费用的金额为 18 176 元、应计入销售费用的金额为 6 464 元。A 企业的账务处理如下。

借：生产成本——基本生产成本　　　　　　　　　　80 480
　　制造费用　　　　　　　　　　　　　　　　　　20 480
　　管理费用　　　　　　　　　　　　　　　　　　18 176
　　销售费用　　　　　　　　　　　　　　　　　　 6 464
　　贷：应付职工薪酬——设定提存计划——基本养老保险费　125 600

任务六　应交税费的核算

一、应交税费概述

企业在一定时期内取得的营业收入和实现的利润，要按规定向国家缴纳有关税费。这些税费在未交之前暂时停留在企业，形成企业的一项流动负债，这项负债的金额要视企业的经营情况而定。

企业应交的税费，主要包括依法应向税务机关缴纳的增值税、消费税、资源税、土地增值税、城市维护建设税、房产税、土地使用税、车船税、所得税及应向有关部门缴纳的教育费附加和矿产资源补偿费等。

企业应设置"应交税费"账户，反映其按规定计算应缴纳的各种税费，并按应交的税费项目设置明细账户进行明细核算。该账户的贷方登记企业按规定计算结转应交的各种税金、费用，借方登记企业实际缴纳的各种税费和应抵扣的税金。期末余额一般在贷方，反映企业尚未缴纳的税费；期末余额如在借方，则反映企业多交的税费或尚未抵扣的税金。

企业代扣代缴的个人所得税，也通过"应交税费"账户核算。而企业缴纳的印花税、耕地占用税等不需要预计应交数额，不通过"应交税费"账户核算。

二、应交增值税的核算

增值税是以商品(含应税劳务、应税行为)在流转过程中实现的增值额作为计税依据而征收的一种流转税。

按照我国现行增值税制度的规定，在我国境内销售货物，或者提供加工、修理修配劳务、服务、无形资产、不动产以及进口货物的单位和个人为增值税的纳税人。其中，"服务"包括交通运输服务、邮政服务、电信服务、建筑服务、金融服务、现代服务和生活服务等。

增值税的纳税人按照经营规模大小及会计核算的健全程度不同，可以分为增值税一般纳税人和增值税小规模纳税人。

增值税小规模纳税人标准为年应征增值税销售额(以下简称年应税销售额)500万元及以下，并且会计核算不健全，不能够提供准确税务资料的增值税纳税人。增值税一般纳税人是指年应税销售额超过财政部、国家税务总局规定的小规模纳税人标准的企业和企业性单位。

(一)一般纳税人应交增值税的核算

增值税一般纳税人应在"应交税费"账户下设置"应交增值税""未交增值税""预交增值税""待抵扣进项税额""待认证进项税额""待转销项税额""增值税留抵税额""简易计税""转让金融商品应交增值税""代扣代交增值税"等明细账户进行核算。

"应交税费——应交增值税"明细账内，分别设置"进项税额""销项税额抵减""已交税金""转出未交增值税""转出多交增值税""减免税款""出口抵减内销产品应纳税额""销项税额""出口退税""进项税额转出"等专栏。

一般纳税人增值税的一般计税方法，是先按当期销售额和适用的增值税税率计算出销项税额，然后减去当期可抵扣的进项税额，间接计算出当期的应纳税额。

当期销项税额的计算公式如下。

销项税额=销售额(不含税)×增值税税率

增值税应纳税额的计算公式如下。

应纳税额=当期销项税额-当期准予抵扣的进项税额

2019年4月1日后增值税税率有13%、9%、6%、零税率四档。

适用增值税税率13%的主要范围有销售或进口货物，提供加工、修理、修配劳务，提供有形动产租赁服务。其中，销售或进口货物中的粮食、自来水、图书、饲料等为9%。

适用增值税税率9%的主要范围有交通运输服务、邮政服务、建筑服务、销售不动产。

适用增值税税率6%的主要范围有销售无形资产、电信服务、金融服务、生活服务、现代服务。

纳税人出口货物，增值税税率为零。但是，国务院另有规定的除外。

公式中"当期准予抵扣的进项税额"主要包括凭票抵扣和计算抵扣。其中，凭票抵扣主要包括三种情况：①增值税专用发票，一般纳税人购进货物、接受应税劳务(加工、修理、修配劳务)或者购进服务、无形资产或者不动产的进项税额，为从销售方(或者提供方)取得的增值税专用发票(含税控机动车销售统一发票)上注明的增值税税额。②海关进口增值税专用缴款书，一般纳税人进口货物的进项税额，为从海关取得的海关进口增值税专用缴款书上注明的增值税税额。③完税凭证，从境外单位或者个人购进服务、无形资产或者不动产，自税务机关或者扣缴义务人取得的解缴税款的完税凭证上注明的增值税税额。计算抵扣主要是指购进农产品，未取得增值税专用发票或者海关进口增值税专用缴款书的，按照农产品收购发票或者销售发票上注明的农产品买价乘以9%的扣除率计算进项税额抵扣。

(1) 一般采购业务的会计处理。一般采购业务是指按现行增值税有关规定进项税额允许一次抵扣的业务。

借：在途物资/原材料/库存商品等

应交税费——应交增值税(进项税额)(当月已认证的可抵扣增值税额)
应交税费——待认证进项税额(当月未认证的可抵扣增值税额)
　　贷：银行存款/应付账款/应付票据等

【案例 8-17】

甲公司为增值税一般纳税人，2020 年 1 月 1 日购入原材料一批，取得增值税专用发票并通过认证，增值税专用发票上注明的价款为 110 000 元，增值税税率为 13%，增值税税额为 14 300 元，材料尚未到达(实际成本法)。全部款项已开出商业承兑汇票支付，票面金额为 124 300 元，期限为 3 个月。甲公司编制会计分录如下。

借：在途物资　　　　　　　　　　　　　　　　　　　110 000
　　应交税费——应交增值税(进项税额)　　　　　　　 14 300
　　贷：应付票据　　　　　　　　　　　　　　　　　　　　124 300

(2) 一般销售业务的会计处理。一般销售业务是指一般纳税人销售货物、加工修理修配劳务、服务、无形资产或者不动产等业务。

借：应收账款/应收票据/银行存款等
　　贷：主营业务收入/其他业务收入/固定资产清理等
　　　　应交税费——应交增值税(销项税额)

【案例 8-18】

甲公司为增值税一般纳税人，向乙企业销售产品一批，开出的增值税专用发票上注明售价为 500 000 元，增值税税率为 13%，增值税税额 65 000 元，款项尚未收到。甲公司编制会计分录如下。

借：应收账款　　　　　　　　　　　　　　　　　　　565 000
　　贷：主营业务收入　　　　　　　　　　　　　　　　　　500 000
　　　　应交税费——应交增值税(销项税额)　　　　　　　 65 000

(3) 视同销售的会计处理。根据增值税有关规定，企业将货物交付他人代销；销售代销货物；将自产或委托加工的货物用于非应税项目；将自产、委托加工或购买的货物作为投资，提供给其他单位或个体经营者；将自产、委托加工或购买的货物分配给股东或投资者；将自产、委托加工的货物用于集体福利或个人消费；将自产、委托加工或购买的货物无偿赠送他人等行为，视同销售货物，需要计算缴纳增值税。

其中，将自产、委托加工和购买的物资作为投资，应作如下会计处理。

借：其他权益工具投资/长期股权投资等
　　贷：主营业务收入或其他业务收入
　　　　应交税费——应交增值税(销项税额)
借：主营业务成本或其他业务成本
　　贷：库存商品或原材料

将自产、委托加工或购买的货物分配给股东或投资者，应作如下会计处理。

借：应付股利

贷：主营业务收入或其他业务收入
　　　　应交税费——应交增值税(销项税额)
借：主营业务成本或其他业务成本
　　贷：库存商品或原材料

将自产、委托加工的货物用于集体福利或个人消费，应作如下会计处理。

借：应付职工薪酬
　　贷：主营业务收入或其他业务收入
　　　　应交税费——应交增值税(销项税额)
借：主营业务成本或其他业务成本
　　贷：库存商品或原材料

将自产、委托加工或购买的货物无偿赠送他人，应作如下会计处理。

借：营业外支出
　　贷：库存商品(账面余额)
　　　　应交税费——应交增值税(销项税额)(按计税价计算销项税额)

【案例8-19】

甲公司为增值税一般纳税人，2020年2月3日，用一批原材料对外进行长期股权投资。该批原材料的实际成本为250 000元，双方协商不含税价为300 000元，开具的增值税专用发票上注明的增值税税额为39 000元。甲公司编制会计分录如下。

借：长期股权投资　　　　　　　　　　　　　　　　339 000
　　贷：其他业务收入　　　　　　　　　　　　　　　300 000
　　　　应交税费——应交增值税(销项税额)　　　　 39 000

同时，结转成本。

借：其他业务成本　　　　　　　　　　　　　　　　250 000
　　贷：原材料　　　　　　　　　　　　　　　　　　250 000

(4) 进项税额不予抵扣及进项税额转出的会计处理。按照增值税有关规定，一般纳税人购进货物、加工修理修配劳务、服务、无形资产或不动产，用于简易计税方法计税项目、免征增值税项目、集体福利或个人消费等，其进项税额不得从销项税额中抵扣，应当计入相关成本费用，不通过"应交税费——应交增值税(进项税额)"账户核算。

企业已单独确认进项税额的购进货物、加工修理修配劳务或者服务、无形资产或者不动产，但其事后改变用途(如用于简易计税方法计税项目、免征增值税项目、非增值税应税项目等)，或发生非正常损失，原已计入进项税额、待抵扣进项税额或待认证进项税额，按照现行增值税制度规定不得从销项税额中抵扣。这里所说的"非正常损失"，根据现行增值税制度规定，是指因管理不善造成货物被盗、丢失、霉烂变质，以及因违反法律法规造成货物或不动产被依法没收、销毁、拆除的情形。

因改变用途或发生非正常损失等，一般应作如下会计处理。

借：应付职工薪酬(集体福利或个人消费)
　　待处理财产损溢(非正常损失)

贷：原材料等
　　　应交税费——应交增值税(进项税额转出)

【案例 8-20】

甲公司为增值税一般纳税人，2020 年 3 月 10 日，库存材料因管理不善发生火灾损失，材料实际成本为 10 000 元，相关增值税专用发票上注明的增值税税额为 1 300 元。甲公司将毁损库存材料作为待处理财产损溢入账，应编制会计分录如下。

借：待处理财产损溢——待处理流动资产损溢　　　　　　　11 300
　　贷：原材料　　　　　　　　　　　　　　　　　　　　　　10 000
　　　　应交税费——应交增值税(进项税额转出)　　　　　　　 1 300

【案例 8-21】

甲公司为增值税一般纳税人，2020 年 4 月 1 日，领用一批外购原材料用于集体福利，该批原材料的实际成本为 20 000 元，相关增值税专用发票上注明的增值税税额为 2 600 元，应编制会计分录如下。

借：应付职工薪酬——职工福利费　　　　　　　　　　　　22 600
　　贷：原材料　　　　　　　　　　　　　　　　　　　　　　20 000
　　　　应交税费——应交增值税(进项税额转出)　　　　　　　 2 600

(5) 月末转出多交增值税和未交增值税的会计处理。月度终了，企业应当将当月应交未交或多交的增值税自"应交增值税"明细账户转入"未交增值税"明细账户。

企业存在当月应交未交的增值税，应作如下会计处理。

借：应交税费——应交增值税(转出未交增值税)
　　贷：应交税费——未交增值税

企业存在当月多交的增值税，应作如下会计处理。

借：应交税费——未交增值税
　　贷：应交税费——应交增值税(转出多交增值税)

(6) 缴纳增值税的会计处理。企业缴纳当月的应交增值税，应作如下会计处理。

借：应交税费——应交增值税(已交税金)
　　贷：银行存款

企业缴纳以前期间未交的增值税，应作如下会计处理。

借：应交税费——未交增值税
　　贷：银行存款

(二)增值税小规模纳税人应交增值税的核算

增值税小规模纳税人发生应税销售行为，实行按照销售额和征收率计算应纳税额的简易办法，并不得抵扣进项税额。小规模纳税人增值税征收率为 3%。

增值税小规模纳税人销售货物或提供应税劳务时，应按不含税销售额和规定的增值税征收率计算应交增值税；增值税小规模纳税人不享有进项税额的抵扣权，其购入货物或接受应税劳务，无论是否取得增值税专用发票，支付的增值税税额均不计入进项税额，不得从销项税额中抵扣，而计入购入货物或劳务的成本。因此，增值税小规模纳税人只需在"应交税费"账户下设置"应交增值税"明细账户，不需要在"应交增值税"明细账户中设置上述专栏。

(1) 增值税小规模纳税人购进货物、应税劳务或应税行为，按应支付或实际支付的货款和增值税进项税额合计，借记"原材料""在途物资"等账户，贷记"应付账款""银行存款""应付票据"等账户。

(2) 增值税小规模纳税人销售货物、应税劳务或应税行为，按含税销售额(即收取的款项)借记"应收账款""银行存款"等账户，按经计算的不含税销售额，贷记"主营业务收入"账户。

按经计算应缴纳的增值税，贷记"应交税费——应交增值税"账户。其计算公式如下。

不含税销售额=含税销售额÷(1+增值税征收率)

应交增值税税额=不含税销售额×增值税征收率

【案例8-22】

某工业企业为增值税小规模纳税人，适用的增值税征收率为3%。该企业1月8日购入原材料，按照增值税专用发票上记载的原材料成本为100 000元，支付的增值税税额为13 000元，企业已开出、承兑商业汇票，材料尚未收到，采用实际成本对原材料进行日常核算。同日销售产品一批，含税价格为515 000元，货款尚未收到。该企业编制会计分录如下。

① 购进原材料时。

借：在途物资　　　　　　　　　　　　　　　　　　　113 000
　　贷：应付票据　　　　　　　　　　　　　　　　　　　113 000

② 销售货物时。

不含税价格= 515 000÷(1+3%) =500 000(元)

应交增值税= 500 000×3%=15 000(元)

借：应收账款　　　　　　　　　　　　　　　　　　　515 000
　　贷：主营业务收入　　　　　　　　　　　　　　　　500 000
　　　　应交税费——应交增值税　　　　　　　　　　　15 000

三、应交消费税的核算

消费税是对在我国境内从事生产、委托加工和进口应税消费品的单位和个人征收的一种税。国家在普遍征收增值税的基础上，选择部分消费品，再征收消费税，主要是为了调节消费结构，正确引导消费方向，保证国家财政收入。

消费税实行价内征收，缴纳消费税的企业，应在"应交税费"账户下设置"应交消费税"明细账户进行核算。该账户贷方登记企业按规定应缴纳的消费税，借方登记企业实际缴纳和待抵扣的消费税，贷方余额反映尚未缴纳的消费税，借方余额反映多交或待扣的消费税。

(1) 企业对外销售产品应交的消费税，记入"税金及附加"账户。

(2) 在建工程领用自产产品，应交的消费税计入固定资产成本。

(3) 企业委托加工应税消费品，委托加工的应税消费品收回后直接用于销售的，其消费税计入委托加工应税消费品成本；委托加工收回后用于连续生产应税消费品按规定准予抵扣的，记入"应交税费——应交消费税"账户的借方。

【案例 8-23】

甲公司为增值税一般纳税人，2020年1月3日，销售需要缴纳消费税的产品一批，增值税专用发票上注明价款为70 000元，增值税税率为13%，增值税税额9 100元，价税款尚未收到。该批产品消费税税率为30%，成本为45 000元。甲公司编制会计分录如下。

① 确认销售收入时。

借：应收账款	79 100
贷：主营业务收入	70 000
应交税费——应交增值税(销项税额)	9 100

② 结转应交消费税时。

应交消费税=70 000×30%=21 000(元)

借：税金及附加	21 000
贷：应交税费——应交消费税	21 000

③ 结转成本时。

借：主营业务成本	45 000
贷：库存商品	45 000

【案例 8-24】

甲企业委托乙企业将A材料加工成B材料(非金银首饰)，甲企业向乙企业发出A材料成本为300 000元，加工费用为50 000元，由受托方代收代缴的消费税为5 000元(不考虑增值税)，材料已经加工完毕并由甲企业验收入库，加工费用和税尚未支付。假定甲企业材料采用实际成本法核算。委托方甲企业应作账务处理如下。

① 如果甲企业收回加工后的材料用于继续生产应税消费品，甲企业编制会计分录如下。

借：委托加工物资	300 000
贷：原材料——A材料	300 000
借：委托加工物资	50 000
应交税费——应交消费税	5 000
贷：应付账款	55 000
借：原材料——B材料	350 000
贷：委托加工物资	350 000

② 如果甲企业收回加工后的材料直接用于销售(不高于受托方的计税价格)，甲企业编制会计分录如下。

借：委托加工物资	300 000
贷：原材料——A材料	300 000

借：委托加工物资　　　　　　　　　　　　　　　　　　　　55 000
　　贷：应付账款　　　　　　　　　　　　　　　　　　　　　　55 000
借：原材料——B 材料　　　　　　　　　　　　　　　　　　355 000
　　贷：委托加工物资　　　　　　　　　　　　　　　　　　　355 000

四、其他应交税费的核算

(一)应交城市维护建设税的核算

城市维护建设税是以增值税和消费税的税额为计税依据征收的一种税，是一种附加税，其纳税人为缴纳增值税和消费税的单位和个人。

$$应交城市维护建设税税额 = (应交增值税 + 应交消费税) \times 适用税率$$

企业按规定计算出应缴纳的城市维护建设税，借记"税金及附加"等账户，贷记"应交税费——应交城市维护建设税"账户；企业实际缴纳城市维护建设税时，借记"应交税费——应交城市维护建设税"账户，贷记"银行存款"账户。

【案例 8-25】

甲公司本期实际应交增值税 40 000 元、消费税 12 000 元，适用的城市维护建设税税率为 7%。甲企业编制会计分录如下。

① 计算应交城市维护建设税时。

应交的城市维护建设税 = (40 000 + 12 000) × 7% = 3 640(元)

借：税金及附加　　　　　　　　　　　　　　　　　　　　　3 640
　　贷：应交税费——应交城市维护建设税　　　　　　　　　　　3 640

② 用银行存款缴纳城市维护建设税时。

借：应交税费——应交城市维护建设税　　　　　　　　　　　3 640
　　贷：银行存款　　　　　　　　　　　　　　　　　　　　　3 640

(二)应交资源税的核算

(1) 销售产品缴纳的资源税记入"税金及附加"账户。

(2) 自产自用产品缴纳的资源税记入"生产成本""制造费用"等账户。

(3) 收购未税矿产品代扣代缴的资源税，计入收购矿产品的成本。

(三)应交土地增值税的核算

(1) 兼营房地产业务的企业，按应交的土地增值税记入"税金及附加"账户。

(2) 企业转让土地使用权应交的土地增值税、土地使用权与地上建筑物及其附着物一并在"固定资产"等账户核算的，借记"固定资产清理"等账户，贷记"应交税费——应交土地增值税"账户。

(3) 土地使用权在"无形资产"账户核算的，按实际收到的金额，借记"银行存款"账户；按摊销的无形资产金额，借记"累计摊销"账户；按已计提的无形资产减值准备，借记"无形资产减值准备"账户；按无形资产账面余额，贷记"无形资产"账户；按应交的土地增值税，贷记"应交税费——应交土地增值税"账户；按其差额，借记"资产处置损益"账户或贷记"资产处置损益"账户。

(四) 应交房产税、土地使用税、车船税的核算

企业按规定计算应交的房产税、土地使用税、车船税，借记"税金及附加"账户，贷记"应交税费"账户。

(五) 应交个人所得税的核算

企业职工按规定应缴纳的个人所得税通常由单位代扣代缴。企业按规定计算的代扣代缴的职工个人所得税，借记"应付职工薪酬——工资、奖金、津贴和补贴"账户，贷记"应交税费——应交个人所得税"账户；企业实际缴纳个人所得税时，借记"应交税费——应交个人所得税"账户，贷记"银行存款"账户。

任务七　其他流动负债的核算

一、应付利息的核算

应付利息是指企业根据权责发生制原则按合同约定应付的利息。其具体核算内容包括以下几个方面。

(1) 企业短期借款当期预提应支付的借款利息。

(2) 企业采用分期付息、到期还本方式借入的长期借款当期计提应支付的借款利息。

(3) 企业采用分期付息、到期还本方式发行的应付债券当期计提应支付的债券利息。

为反映和监督企业利息费用的计提和支付情况，应设置"应付利息"账户进行核算。该账户属于负债类账户。该账户的贷方登记企业按规定计提的当期应付利息，借方登记实际支付的利息费用，期末余额在贷方，反映尚未支付的利息费用。该账户按利息费用的种类设置明细账，进行明细核算。

对于短期借款的利息，应按合同利率确定应付的利息费用，借记"财务费用"账户，贷记"应付利息"账户；实际支付利息时，借记"应付利息"账户，贷记"银行存款"账户。

应付利息的具体核算业务，参见相关的核算内容，此处不再举例。

二、应付股利的核算

应付股利是指企业根据股东大会或类似机构审议批准的利润分配方案，决定分配给投资者现金股利或利润。

为反映和监督企业现金股利或利润的分配和支付情况，应设置"应付股利"账户进行核算。该账户属于负债类账户。该账户的贷方登记企业确定分配但尚未支付的现金股利或利润，借方登记实际支付的现金股利或利润，期末余额在贷方，反映尚未支付的现金股利或利润。该账户按所有者设置明细账，进行明细核算。

企业根据股东大会或类似机构审议批准的利润分配方案，确认应付给投资者的现金股利或利润时，借记"利润分配"账户，贷记"应付股利"账户；实际支付现金股利或利润时，借记"应付股利"账户，贷记"银行存款"等账户。

此外，需要说明的是，企业董事会或类似机构通过的利润分配方案中拟分配的现金股利或利润，不作账务处理，但应当在附注中披露。

有关利润分配的问题将在项目十一中详述，这里只简单说明其会计处理。

【案例 8-26】

A 公司按股东大会通过的利润分配方案，确定应支付给投资者现金股利 80 000 元。A 公司的账务处理如下。

借：利润分配——向股东分配的利润　　　　　　　　　　　80 000
　　贷：应付股利　　　　　　　　　　　　　　　　　　　　　　80 000

三、其他应付款的核算

其他应付款是指企业除应付票据、应付账款、预收账款、应付职工薪酬、应交税费、应付利息、应付股利等经营活动以外的其他各项应付、暂收的款项，主要包括应付租入固定资产和包装物的租金、存入保证金，以及职工薪酬结算过程中形成的有关代扣款项等。

为了反映和监督其他应付款的结算情况，应设置"其他应付款"账户进行总分类核算。该账户属于负债类账户，其贷方登记企业发生的其他各种应付、暂收款项，借方登记企业实际支付或转销的其他应付、暂收款项，期末余额在贷方，反映企业应付而未付的其他应付款项。该账户按其他应付款的项目和对方单位(或个人)设置明细账。

企业发生应付而未付的各种应付、暂收等款项时，借记相关账户，贷记"其他应付款"账户；支付各种应付、暂收款项时，借记"其他应付款"账户，贷记"银行存款"或"库存现金"账户。

【案例 8-27】

3 月 5 日，A 公司收到 B 公司租用包装物押金 9 000 元，存入银行。A 公司的账务处理如下。

借：银行存款　　　　　　　　　　　　　　　　　　　　　9 000
　　贷：其他应付款——存入保证金(B 公司)　　　　　　　　　9 000

【案例 8-28】

承案例 8-27，5 月 5 日，B 公司归还包装物，A 公司开出转账支票退还 B 公司包装物押金。A 公司的账务处理如下。

借：其他应付款——存入保证金(B 公司)　　　　　　　　　9 000
　　贷：银行存款　　　　　　　　　　　　　　　　　　　　　9 000

项目小结

　　流动负债是指将在一年(含一年)或一个营业周期内,需用流动资产、劳务或举借新的流动负债来偿还的债务,主要包括短期借款、应付票据、应付账款、预收账款、应付职工薪酬、应交税费、应付利息、应付股利及其他应付款,并应设置相应的账户进行核算。应付账款的入账时间应以所购货物的所有权转移为标志,但为了简化核算工作,可根据具体情况进行确认。职工薪酬是指企业为获得职工提供的服务或解除劳动关系而给予的各种形式的报酬或补偿,包括短期薪酬、离职后福利、辞退福利和其他长期职工福利。企业提供给职工配偶、子女、受赡养人、已故员工遗属及其他受益人等的福利,也属于职工薪酬,具体应通过"应付职工薪酬"账户进行核算。应交税费是指企业按国家税法规定应缴纳的各种税金和应缴纳的款项,主要有增值税、消费税、所得税等。"应交税费——应交增值税"账户应设置专栏进行核算。

微课视频资源

短期借款的核算.mp4

应付票据的核算.mp4

应付账款的核算.mp4

预收账款的核算.mp4

应付职工薪酬的核算.mp4

应交税费的核算(1).mp4

应交税费的核算(2).mp4

其他流动负责的核算.mp4

项目九 非流动负债的核算

知识目标

- 熟悉非流动负债的内容。
- 掌握长期借款、应付债券利息费用的计算方法。

技能目标

- 能分析和处理长期借款的各项经济业务。
- 能分析和处理应付债券发行、计息摊销和还本付息的经济业务。

任务一　长期借款的核算

一、长期借款概述

长期借款是指企业向银行或其他金融机构借入的期限在一年以上(不含一年)的各种借款。

企业借入长期借款一般用于固定资产的购建、改扩建工程、大修理工程、对外投资及为保持长期经营能力等方面的需要。与短期借款相比，长期借款除数额大、偿还期限较长外，其借款费用需要根据权责发生制的要求，按期预提计入所构建资产的成本或直接计入当期财务费用。

二、借款费用的会计处理原则

借款费用是企业因借入资金所付出的代价，它包括借款利息、折价或溢价的摊销、辅助费用，以及因外币借款而发生的汇兑差额等。根据借款费用准则的规定，借款费用确认的基本原则是：企业发生的借款费用，可直接归属于符合资本化条件的资产的购建或生产的，应当予以资本化，计入相关资产成本；其他借款费用，应当在发生时根据其发生额确认为费用，计入当期损益。

企业只有发生在资本化期间内的有关借款费用才允许资本化，资本化期间的确定是借款费用确认和计量的重要前提。借款费用资本化期间，是指从借款费用开始资本化时点到停止资本化时点的期间，但不包括借款费用暂停资本化的期间。

借款费用允许开始资本化必须同时满足三个条件，即资产支出已经发生、借款费用已经发生、为使资产达到预定可使用或可销售状态所必要的购建或生产活动已经开始。

借款费用应当暂停或停止资本化的情况包括：①符合资本化条件的资产在购建或生产过程中发生非正常中断，且中断时间连续超过三个月的，应当暂停借款费用的资本化。中断的原因必须是非正常中断，属于正常中断的，相关借款费用仍可资本化。②购建或生产符合资本化条件的资产达到预定可使用或可销售状态的，应当停止借款费用的资本化。

三、长期借款的具体核算

企业为了核算长期借款取得、归还及利息确认等业务，应设置"长期借款"账户。该账户为负债类账户，该账户的贷方登记企业取得的长期借款，借方登记归还的长期借款，期末余额在贷方，反映企业尚未归还的长期借款。该账户按贷款单位和贷款种类设置明细账，并分"本金""利息调整""应计利息"等项目进行明细分类核算。

企业借入各种长期借款时，按实际收到的款项，借记"银行存款"账户，贷记"长期借款——本金"账户；按借贷双方之间的差额(如补偿性金额)，借记"长期借款——利息调整"账户。

长期借款计算确定的利息费用，应当按以下原则计入有关成本、费用：筹建期间的长期借款利息计入"管理费用"账户；生产经营期间的长期借款利息计入"财务费用"账户；为固定资产建设发生的符合资本化条件的长期借款利息计入"在建工程"账户。

在资产负债表日，企业应按长期借款的摊余成本和实际利率计算确定的长期借款的利息费用，借记"在建工程""财务费用""管理费用"等账户；按借款本金和合同利率计算确定的应付未付利息，贷记"应付利息"账户(对于一次还本付息的长期借款，贷记"长期借款——应计利息"账户)；按其差额，贷记"长期借款——利息调整"账户。

企业归还长期借款，按归还的长期借款本金，借记"长期借款——本金"账户；按转销的利息调整金额，贷记"长期借款——利息调整"账户；按实际归还的款项，贷记"银行存款"账户；按借贷双方之间的差额，借记"在建工程""财务费用""管理费用"等账户。

【案例9-1】

A公司为建造一幢厂房，2019年1月1日借入期限为2年的长期专门借款2 000 000元，款项已存入银行。借款利率按市场年利率确定为9%，每年付息一次，期满后一次还清本金。2019年年初，以银行存款支付工程价款共计1 500 000元，2020年年初又以银行存款支付工程费用500 000元。该厂房于2020年8月底完工，达到预定可使用状态。假定不考虑闲置专门借款资金存款的利息收入或者投资收益。A公司的账务处理如下。

① 2019年1月1日，取得借款时。

借：银行存款　　　　　　　　　　　　　　　　　　　　　2 000 000
　　贷：长期借款　　　　　　　　　　　　　　　　　　　　2 000 000

② 2019年年初，支付工程价款时。

借：在建工程　　　　　　　　　　　　　　　　　　　　　1 500 000
　　贷：银行存款　　　　　　　　　　　　　　　　　　　　1 500 000

③ 2019年12月31日，计算2019年应计入工程成本的利息时。

借款利息=2 000 000×9%=180 000(元)

借：在建工程　　　　　　　　　　　　　　　　　　　　　　180 000
　　贷：应付利息　　　　　　　　　　　　　　　　　　　　　180 000

④ 2019年12月31日，支付借款利息时。

借：应付利息　　　　　　　　　　　　　　　　　　　　　　180 000
　　贷：银行存款　　　　　　　　　　　　　　　　　　　　　180 000

⑤ 2020年年初，支付工程价款时。

借：在建工程　　　　　　　　　　　　　　　　　　　　　　500 000
　　贷：银行存款　　　　　　　　　　　　　　　　　　　　　500 000

⑥ 2020年8月底，达到预定可使用状态时。

该期应计入工程成本的利息=(2 000 000×9%÷12)×8=120 000(元)

借：在建工程　　　　　　　　　　　　　　　　　　　　　　120 000
　　贷：应付利息　　　　　　　　　　　　　　　　　　　　　120 000

同时

借：固定资产	2 300 000
贷：在建工程	2 300 000

⑦ 2020 年 12 月 31 日，计算 2020 年 9—12 月应计入财务费用的利息。

4 个月的利息=(2 000 000×9%÷12)×4=60 000(元)

借：财务费用	60 000
贷：应付利息	60 000

⑧ 2020 年 12 月 31 日，支付利息时。

借：应付利息	180 000
贷：银行存款	180 000

⑨ 2021 年 1 月 1 日，到期还本时。

借：长期借款	2 000 000
贷：银行存款	2 000 000

【案例 9-2】

A 公司为建一幢办公楼于 2019 年 1 月 1 日从银行借入期限 2 年、年利率 10%、到期时一次还本付息的借款 1 000 000 元。借款于 2019 年 1 月 1 日全部支付工程价款，该固定资产于第一年年末达到预定可使用状态，交付使用。A 公司的账务处理如下。

① 2019 年 1 月 1 日，借入款项时。

借：银行存款	1 000 000
贷：长期借款——本金	1 000 000

② 2019 年 1 月 1 日，支付工程价款时。

借：在建工程	1 000 000
贷：银行存款	1 000 000

③ 2019 年 12 月 31 日，计息时。

借：在建工程	100 000
贷：长期借款——应计利息	100 000

同时

借：固定资产	1 100 000
贷：在建工程	1 100 000

④ 2020 年 12 月 31 日，计息时。

借：财务费用	100 000
贷：长期借款——应计利息	100 000

⑤ 2021 年 1 月 1 日，到期时。

借：长期借款——本金	1 000 000
——应计利息	200 000
贷：银行存款	1 200 000

任务二　应付债券的核算

一、应付债券概述

债券是指企业为了筹集资金而发行的一种书面凭证，在该书面凭证上注明了债券的面值、利率、期限和还本付息方式。应付债券是指企业为了筹集(长期)资金而发行的债券。通过发行债券取得的资金，构成了企业一项非流动负债，企业会在未来某一特定日期按债券所记载的利率、期限等约定还本付息。

公司债券的发行方式有三种，即面值发行(也称平价发行)、溢价发行、折价发行。假设其他条件不变，债券的票面利率高于同期银行存款利率时，可按超过债券票面价值的价格发行，称为溢价发行。溢价是企业以后各期多付利息而事先得到的补偿。如果债券的票面利率低于同期银行存款利率，可按低于债券面值的价格发行，称为折价发行。折价是企业以后各期少付利息而预先给投资者的补偿。如果债券的票面利率与同期银行存款利率相同，可按票面价格发行，称为面值发行。溢价或折价是发行债券企业在债券存续期间内对利息费用的一种调整。

应付债券借款费用的处理原则，与长期借款的借款费用处理原则一致，即符合资本化条件的借款费用，应予资本化，计入相关的资产成本；不符合资本化条件的借款费用，应予费用化，计入当期费用。

二、应付债券的具体核算

为了对应付债券的发行、计息和到期归还进行核算，企业应设置"应付债券"账户，并且在"应付债券"账户下设置"面值""利息调整"和"应计利息"三个明细账户，按债券种类进行明细核算。该账户的贷方登记发行债券的本金、应付利息等，借方登记偿还应付债券的本息等，期末余额在贷方，反映尚未偿还的应付债券本息。

企业还应该设置企业债券备查簿，详细登记每一张企业债券的票面金额、票面利率、还本付息期限与方式、发行总额、发行日期和编号、委托代销单位等相关资料。企业债券到期结清时，应在企业债券备查簿内逐笔注销。

应付债券的核算包括债券的发行、债券的利息费用和债券的到期偿还。

(一)债券的发行

债券在发行时无论是按面值发行、溢价发行还是折价发行，均按债券面值记入"应付债券"账户的"面值"明细账户；实际收到的价款与面值的差额，记入"利息调整"明细账户。企业发行债券时，按实际收到的款项，借记"银行存款""库存现金"等账户；按债券票面价值，贷记"应付债券——面值"账户；按实际收到的金额与票面价值之间的差额，贷记或借记"应付债券——利息调整"账户。

(二)债券的利息费用

企业应在资产负债表日采用实际利率法计算确定债券的利息费用。实际利率法是指按照应付债券的实际利率计算其摊余成本及各期利息费用的方法；实际利率是指将应付债券在债券存续期间的未来现金流量，折现为该债券当前账面价值所使用的利率。

由于债券的摊余成本逐期不同，因而计算出来的利息费用也就逐期不同。在溢价发行的情况下，债券的摊余成本逐期减少，利息费用也就随之逐期减少；反之，在折价发行的情况下，债券的摊余成本逐期增加，利息费用因而也逐期增加。

企业在每期期末计提利息或计算应付利息并进行利息调整时，应按摊余成本和实际利率计算确定的债券利息费用，采用与长期借款相一致的原则，借记"在建工程""财务费用"等账户；按票面利率计算确定的应付未付利息，贷记"应付债券——应计利息"或"应付利息"账户；按其差额，借记或贷记"应付债券——利息调整"账户。

实际利率与票面利率差异较小的，也可采用票面利率计算确定利息费用。

(三)债券的到期偿还

企业发行的债券一般都是到期一次还本付息，或者一次还本、分期付息。采用一次还本付息方式时，企业应于债券到期支付债券本息时，借记"应付债券——面值、应计利息"账户，贷记"银行存款"账户。采用一次还本、分期付息方式的，在每期支付利息时，借记"应付利息"账户，贷记"银行存款"账户；债券到期偿还本金并支付最后一期利息时，借记"应付债券——面值""在建工程""财务费用""管理费用"等账户，贷记"银行存款"账户；按借贷双方之间的差额，借记或贷记"应付债券——利息调整"账户。

【案例9-3】

假设A公司发行面值2 000 000元的债券，债券票面年利率为10%，发行日期为2015年7月1日，5年期，到期一次性还本，每半年付息一次。当市场利率为8%的情况下发行价格为2 163 100元，当市场利率为12%的情况下发行价格为1 852 000元，当市场利率为10%的情况下发行价格为2 000 000元，收到款项存入银行。A公司的账务处理如下。

① 债券发行的核算。
- 在市场利率为8%的情况下溢价发行债券时。

借：银行存款　　　　　　　　　　　　　　　　　　　　　2 163 100
　　贷：应付债券——面值　　　　　　　　　　　　　　　　2 000 000
　　　　　　　　——利息调整　　　　　　　　　　　　　　　163 100

- 在市场利率为12%的情况下折价发行债券时。

借：银行存款　　　　　　　　　　　　　　　　　　　　　1 852 000
　　应付债券——利息调整　　　　　　　　　　　　　　　　148 000
　　贷：应付债券——面值　　　　　　　　　　　　　　　　2 000 000

- 在市场利率为10%的情况下按面值发行债券时。

借：银行存款　　　　　　　　　　　　　　　　　　　　　2 000 000
　　贷：应付债券——面值　　　　　　　　　　　　　　　　2 000 000

② 债券利息费用的核算(以溢价发行为例)，如表9-1所示。

表9-1 企业债券费用计算表

单位：元

付息日期	实际利息	票面利息	利息调整	未调整利息	账面价值
2015.7.1	—	—	—	163 100	2 163 100
2015.12.31	86 520	100 000	13 480	149 620	2 149 620
2016.6.30	85 980	100 000	14 020	135 600	2 135 600
2016.12.31	85 420	100 000	14 580	121 020	2 121 020
2017.6.30	84 840	100 000	15 160	105 860	2 105 860
2017.12.31	84 230	100 000	15 770	90 090	2 090 090
2018.6.30	83 600	100 000	16 400	73 690	2 073 690
2018.12.31	82 950	100 000	17 050	56 640	2 056 640
2019.6.30	82 270	100 000	17 730	38 910	2 038 910
2019.12.31	81 560	100 000	18 440	20 470	2 020 470
2020.6.30	79 530	100 000	20 470	0	2 000 000
合　计	836 900	1 000 000	163 100	—	—

- 2015年12月31日，计息时。

借：财务费用　　　　　　　　　　　　　　　　　　　　86 520
　　应付债券——利息调整　　　　　　　　　　　　　　13 480
　　贷：应付利息　　　　　　　　　　　　　　　　　　100 000

- 付息时。

借：应付利息　　　　　　　　　　　　　　　　　　　100 000
　　贷：银行存款　　　　　　　　　　　　　　　　　　100 000

其他分录略。

③ 债券到期偿还的核算。

借：应付债券——面值　　　　　　　　　　　　　　2 000 000
　　　　　　——利息调整　　　　　　　　　　　　　 20 470
　　财务费用　　　　　　　　　　　　　　　　　　　 79 530
　　贷：银行存款　　　　　　　　　　　　　　　　　2 100 000

任务三　长期应付款的核算

一、长期应付款的核算内容

长期应付款是指企业除长期借款和应付债券以外的其他各种长期应付款项，包括应付融资租入固定资产的租赁费、以分期付款方式购入固定资产发生的应付款项等。

企业应设置"长期应付款"账户核算上述长期应付款项，该账户应当按照长期应付的种类和债权人进行明细核算。该账户贷方反映发生的长期应付款，借方反映长期应付款的归还情况，期末余额在贷方，反映企业尚未归还的长期应付款。

二、长期应付款的具体核算

(一)应付融资租入固定资产租赁费的核算

企业采用融资租赁方式租入的固定资产，应在租赁期开始日，将租赁开始日租赁资产公允价值与最低租赁付款额现值两者中较低者，加上初始直接费用，作为租入资产的入账价值，借记"固定资产"等账户；按最低租赁付款额，贷记"长期应付款"账户；按发生的初始直接费用，贷记"银行存款"等账户；按其差额，借记"未确认融资费用"账户。企业按合同约定的付款日支付租赁费时，借记"长期应付款"账户，贷记"银行存款"等账户；未确认融资费用在付款期内摊销时，借记"财务费用"账户，贷记"未确认融资费用"账户。租赁期满，如果合同约定将设备的所有权转移给承租人企业的，应将固定资产从"融资租入固定资产"明细账户转到"生产经营用固定资产"明细账户。

【案例9-4】

2019年12月31日，A公司以融资租赁方式向融资租赁公司租入生产设备一台，租期为8年，约定每年末支付租金80万元。租赁开始日确定的固定资产公允价值为650万元，最低租赁付款额的现值为600万元。租赁期满，设备的所有权转给承租企业。固定资产无残值，每年末用年限平均法计提折旧。假定未确认的融资费用在租赁期内平均摊销。A公司的账务处理如下。

① 融资租赁日，租入设备，交付使用时。

借：固定资产——融资租入固定资产　　　　　　　　　6 000 000
　　未确认融资费用　　　　　　　　　　　　　　　　400 000
　　贷：长期应付款——应付融资租赁款　　　　　　　　　　6 400 000

② 租赁期内，每年末摊销未确认融资费用时。

每年应摊未确认的融资费用=400 000÷8=50 000(元)

借：财务费用　　　　　　　　　　　　　　　　　　　50 000
　　贷：未确认融资费用　　　　　　　　　　　　　　　　　50 000

③ 租赁期内，每年支付租金时。

借：长期应付款——应付融资租赁款　　　　　　　　　800 000
　　贷：银行存款　　　　　　　　　　　　　　　　　　　800 000

④ 租赁期内，每年计提折旧时。

每年应计提的折旧=6 000 000÷8=750 000(元)

借：制造费用　　　　　　　　　　　　　　　　　　　750 000
　　贷：累计折旧　　　　　　　　　　　　　　　　　　　750 000

⑤ 租赁期满，设备的所有权转给A公司时。

借：固定资产——生产经营用　　　　　　　　　　　　6 000 000
　　贷：固定资产——融资租赁　　　　　　　　　　　　　6 000 000

(二)以分期付款方式购买固定资产的核算

企业以分期付款方式购买固定资产,属于超过正常信用条件延期支付价款,实质上具有融资性质,应按购买价款的现值借记"固定资产"等账户,按应支付的价款总额贷记"长期应付款"账户,两者之间的差额,借记"未确认融资费用"账户;企业在按合同约定的付款日分期付款时,借记"长期应付款"账户,贷记"银行存款"账户;未确认融资费用在付款期内摊销时,借记"财务费用"账户,贷记"未确认融资费用"账户。

项 目 小 结

非流动负债是指偿还期在一年或超过一年的一个营业周期以上的债务,主要包括长期借款、应付债券和长期应付款等。

长期借款是指企业向银行或其他金融机构借入的,期限在一年以上(不含一年)的各种借款,具体应通过"长期借款"账户进行核算。应付债券是指企业为筹集长期资金而发行一年期以上的债券。企业债券的发行方式有三种,即面值发行、溢价发行、折价发行,并通过"应付债券"账户进行核算,其明细账户必须设置"面值""利息调整"和"应计利息"三个账户。长期应付款是指企业除长期借款、应付债券以外的其他各种长期应付款项,主要包括以分期付款方式购入固定资产和应付融资租入固定资产的租赁费等,具体是通过"长期应付款"账户进行核算的。

微课视频资源

长期借款的核算.mp4

应付债券的核算.mp4

长期应付款的核算.mp4

项目十 所有者权益的核算

知识目标

- 理解所有者权益的概念及内容。
- 掌握所有者权益的会计核算方法。

技能目标

- 能够明确盈余公积的计提方法。
- 熟练掌握实收资本、资本公积、留存收益的核算。

任务一 实收资本的核算

所有者权益是指企业资产扣除负债后由所有者享有的剩余权益。公司的所有者权益又称股东权益。所有者权益的来源包括所有者投入的资产、直接计入所有者权益的利得和损失、留存收益等。所有者权益可分为实收资本(或股本)、资本公积、其他综合收益、盈余公积和未分配利润等部分。其中,盈余公积和未分配利润统称为留存收益。

一、实收资本的概念

实收资本是指投资者作为资本投入到企业中的各种资产的价值,在一般情况下无须偿还,可以长期周转使用。它是企业进行生产经营活动的必要物质基础。投资者对依法投入的资本享有法定权利并以此为限。实收资本也是企业获取利润并形成积累的基础。实收资本一般分为国家投资、法人投资、个人投资和外商投资。

我国目前实行的是注册资本金制度,要求企业的实收资本与注册资本相一致。所谓注册资本,是指企业设立时向工商行政管理部门登记的法定资本总额。

二、实收资本的具体核算

企业组织形式的划分,国际上通行的是按企业资产经营的法律责任分类,把企业组织分为两种基本类型,即非公司制企业组织和公司制企业组织。非公司制企业分为独资企业和合伙企业;公司制企业分为有限责任公司和股份有限公司。

由于企业的组织形式不同,投资者投入资本的核算也有所不同。从会计核算的角度来看,企业的组织形式对会计影响较大。因此,实收资本应按企业组织的形式进行核算。

除股份有限公司对股东投入资本应设置"股本"账户外,其余企业均设置"实收资本"账户,核算企业实际收到投资者投入的资本。该账户的贷方反映企业实际收到投资者缴付的资本,借方反映企业按法定程序减资时所减少的注册资本数额,期末贷方余额反映企业期末实收资本实有数额。"实收资本"账户还必须按所有者设置明细账户进行明细分类核算。

投资者投入资本的形式可以有多种,如投资者可以用货币出资,也可以用实物、知识产权、土地使用权等可以用货币估价并可以依法转让的非货币财产作价出资。但是,法律、行政法规规定不得作为出资的财产除外。企业收到所有者投入企业的资本后,应根据有关原始凭证,分别以不同的出资方式进行核算。

(一)接受货币投资

企业应以实际收到或存入到该企业开户银行的金额,借记"银行存款"账户;按在注册资本中应享有的份额,贷记"实收资本"或"股本"账户;按其差额,贷记"资本公积——资本溢价"或"资本公积——股本溢价"等账户。

【案例 10-1】

甲、乙、丙共同出资设立有限责任公司 A。A 公司注册资本为 20 000 000 元,甲、乙、丙持股比例分别为 50%、40%、10%。2020 年 1 月 5 日,A 公司如期收到各投资者一次性缴足的款项。根据上述资料,A 公司的账务处理如下。

借:银行存款	20 000 000
贷:实收资本——甲	10 000 000
——乙	8 000 000
——丙	2 000 000

【案例 10-2】

B 股份有限公司发行普通股 40 000 000 股,每股面值为 1 元,发行价格为 5 元。股款 200 000 000 元已经全部收到,发行过程中发生相关税费 150 000 元。根据上述资料,B 股份有限公司的账务处理如下。

计入股本的金额=40 000 000×1=40 000 000(元)

计入资本公积的金额=(5-1)×40 000 000-150 000=159 850 000(元)

借:银行存款	199 850 000
贷:股本	40 000 000
资本公积——股本溢价	159 850 000

(二)接受非货币资产投资

企业接受非货币资产投资时,应按合同或协议约定的价值确定非货币资产价值(但合同或协议约定价值不公允的除外),借记"固定资产""原材料""库存商品""无形资产"等账户;按在注册资本中应享有的份额,贷记"实收资本"或"股本"账户;按其差额,贷记"资本公积——资本溢价"或"资本公积——股本溢价"等账户。

1. 接受固定资产投资

企业接受投资者作价投入的房屋、建筑物、机器设备等固定资产,应按合同或协议约定的价值确定固定资产的价值(但合同或协议约定价值不公允的除外)和在注册资本中应享有的份额。

【案例 10-3】

某公司注册资本为 100 000 元,该公司接受乙公司以一台设备进行投资。该设备原价为 56 000 元,已提折旧 16 620 元,合同约定该设备的价值为 44 380 元,占该公司注册资本的 30%。合同约定的设备价值与公允价值相符。假定不考虑相关税费。该公司的账务处理如下。

借:固定资产	44 380
贷:实收资本——乙公司	30 000
资本公积——资本溢价	14 380

2. 接受存货投资

企业接受投资者作价投入的材料物资，应按合同或协议约定的价值确定材料物资的价值(但合同或协议约定价值不公允的除外)和在注册资本中应享有的份额。

【案例 10-4】

某公司收到 B 公司投入的原材料一批，合同约定该原材料不含税价值为 100 000 元，增值税专用发票列明的税款为 13 000 元(由投资方支付税款，并提供或开具增值税专用发票)。合同约定的价值与公允价值相符。不考虑其他因素。该公司的账务处理如下。

借：原材料　　　　　　　　　　　　　　　　　　　　　　　100 000
　　应交税费——应交增值税(进项税额)　　　　　　　　　　　13 000
　　贷：实收资本——B 公司　　　　　　　　　　　　　　　　113 000

3. 接受无形资产投资

企业收到以无形资产方式投入的资本，应按合同或协议约定的价值确定无形资产的价值(但合同或协议约定价值不公允的除外)和在注册资本中应享有的份额。

【案例 10-5】

某公司收到丙企业作为资本投入的专利权一项，该专利权合同约定的价值为 30 000 元。合同约定的价值与公允价值相符。不考虑其他因素。该公司的账务处理如下。

借：无形资产　　　　　　　　　　　　　　　　　　　　　　30 000
　　贷：实收资本——丙企业　　　　　　　　　　　　　　　　30 000

(三)实收资本(或股本)增减变动的核算

一般情况下，企业的实收资本(或股本)应保持不变，但在符合国家有关规定的条件下，经有关部门审批可以增减实收资本(或股本)，并持相关文件、证件、资信证明、验资报告和变更登记申请书等凭证到工商行政管理部门申请变更登记。

1. 实收资本(或股本)增加的核算

企业增加资本的途径一般有三条。

(1) 将资本公积转为实收资本或股本。会计上应借记"资本公积——资本溢价"或"资本公积——股本溢价"账户，贷记"实收资本"或"股本"账户。

(2) 将盈余公积转为实收资本或股本。会计上应借记"盈余公积"账户，贷记"实收资本"或"股本"账户。这里要注意的是，资本公积和盈余公积均属于所有者权益，转为实收资本或股本时，企业为独资企业的，核算比较简单，直接结转即可；如为股份有限公司或有限责任公司的，应按原投资者各自出资比例相应增加各投资者的出资额。

(3) 所有者(包括原企业所有者和新投资者)投入。企业接受投资者投入的资本，借记"银行存款""固定资产""无形资产""长期股权投资"等账户，贷记"实收资本"或"股本"等账户。

【案例 10-6】

A 有限责任公司由甲、乙两人共同投资设立,原注册资本为 20 000 000 元。甲、乙出资分别为 15 000 000 元和 5 000 000 元。为了扩大经营规模,经批准,A 有限责任公司按照原出资比例将资本公积 4 000 000 元转增资本。根据上述资料,A 有限责任公司账务处理如下。

借:资本公积　　　　　　　　　　　　　　　　　　　　　　4 000 000
　　贷:实收资本——甲　　　　　　　　　　　　　　　　　　　3 000 000
　　　　　　　　——乙　　　　　　　　　　　　　　　　　　　1 000 000

【案例 10-7】

甲、乙两人共同投资设立 A 公司,原注册资本为 6 000 000 元(其中甲占 70%、乙占 30%)。为扩大经营规模,经批准,A 公司注册资本扩大为 8 000 000 元,甲、乙按照原出资比例分别追加投资 1 400 000 元和 600 000 元。A 公司如期收到甲、乙追加的现金投资。根据上述资料,A 公司的账务处理如下。

借:银行存款　　　　　　　　　　　　　　　　　　　　　　2 000 000
　　贷:实收资本——甲　　　　　　　　　　　　　　　　　　　1 400 000
　　　　　　　　——乙　　　　　　　　　　　　　　　　　　　600 000

2. 实收资本(或股本)减少的核算

企业实收资本减少的原因主要有两种:一是资本过剩;二是企业发生重大亏损而需要减少实收资本。企业因资本过剩而减资,一般要发还股款。有限责任公司和一般企业发还投资的会计处理比较简单,按法定程序报经批准减少注册资本的,借记"实收资本"账户,贷记"库存现金""银行存款"等账户。

股份有限公司由于采用的是发行股票的方式筹集股本,发还股款时,则要回购发行的股票。发行股票的价格与股票面值可能不同,回购股票的价格也可能与发行价格不同,会计处理较为复杂。股份有限公司因减少注册资本而回购本公司股份的,应按实际支付的金额,借记"库存股"账户,贷记"银行存款"等账户。注销库存股时,应按股票面值和注销股数计算的股票面值总额,借记"股本"账户;按注销库存股的账面余额,贷记"库存股"账户;按其差额,冲减股票发行时原计入资本公积的溢价部分,借记"资本公积——股本溢价"账户。回购价格超过上述冲减"股本"账户及"资本公积——股本溢价"账户的部分,应依次借记"盈余公积""利润分配——未分配利润"等账户。如回购价格低于回购股份所对应的股本,所注销库存股的账面余额与所冲减股本的差额作为增加股本溢价处理,按回购股份所对应的股本面值,借记"股本"账户;按注销库存的账面余额,贷记"库存股"账户;按其差额,贷记"资本公积——股本溢价"账户。

【案例 10-8】

甲股份有限公司截至 2020 年 12 月 31 日共发行股票 30 000 000 股,股票面值为 1 元,资本公积(股本溢价)6 000 000 元,盈余公积 4 000 000 元。经股东大会批准,甲公司以现金回购本公司股票 3 000 000 股并注销。假定甲股份有限公司按照每股 4 元回购股票,不考虑其他因素。甲公司的账务处理如下。

① 回购本公司股份时。

库存股的成本=3 000 000×4=12 000 000(元)

借：库存股　　　　　　　　　　　　　　　　　　12 000 000
　　贷：银行存款　　　　　　　　　　　　　　　　　　12 000 000

② 注销本公司股份时。

借：股本　　　　　　　　　　　　　　　　　　　　3 000 000
　　资本公积——股本溢价　　　　　　　　　　　　　6 000 000
　　盈余公积　　　　　　　　　　　　　　　　　　　3 000 000
　　贷：库存股　　　　　　　　　　　　　　　　　　12 000 000

【案例 10-9】

承案例 10-8，假定甲股份有限公司以每股 0.7 元回购股票，其他条件不变。甲公司的账务处理如下。

① 回购本公司股份时。

库存股的成本=3 000 000×0.7=2 100 000(元)

借：库存股　　　　　　　　　　　　　　　　　　　2 100 000
　　贷：银行存款　　　　　　　　　　　　　　　　　2 100 000

② 注销本公司股份时。

借：股本　　　　　　　　　　　　　　　　　　　　3 000 000
　　贷：库存股　　　　　　　　　　　　　　　　　　2 100 000
　　　　资本公积——股本溢价　　　　　　　　　　　　900 000

由于甲股份有限公司以低于面值的价格回购股票，股本与库存股成本的差额 900 000 元应作为增加资本公积处理。

任务二　资本公积和其他综合收益的核算

一、资本公积

(一)资本公积的概念

资本公积是企业收到投资者出资额超出其在注册资本(或股本)中所占份额的部分，以及直接计入所有者权益的利得和损失等。资本公积包括资本溢价(或股本溢价)和其他资本公积等。

资本溢价(或股本溢价)是企业收到投资者的超出其在企业注册资本(或股本)中所占份额的投资。形成资本溢价(或股本溢价)的原因有溢价发行股票、投资者超额缴入资本等。

(二)资本公积的具体核算

为了核算企业资本公积的增减变动情况，企业应设置"资本公积"账户。该账户贷方核算企业资本公积增加数额,借方核算企业资本公积减少数额,期末余额为企业资本公积的实有数额。本账户应当分别设置"资本溢价(股本溢价)""其他资本公积"明细账户进行明细核算。

1. 资本溢价或股本溢价

1) 资本溢价

资本溢价是指投资者缴付企业的出资额大于该所有者在企业注册资本中所占有份额的数额。

除股份有限公司以外的其他类型企业,在企业创立时,投资者认缴的出资额与注册资本一致,一般不会产生资本溢价。但在企业重组或有新的投资者加入时,常常会出现资本溢价。因为在企业进行正常生产经营后,其资本利润率通常要高于企业初创阶段,另外,企业有内部积累,新投资者加入企业后,对这些积累也要分享,所以新加入的投资者往往要付出大于原有投资者的出资额,才能取得与原投资者相同的投资比例。投资者多缴的部分就形成了资本溢价。

投资者投入的资本中按其投资比例计算的出资额部分,应记入"实收资本"账户,大于的部分,应记入"资本公积"账户。企业经股东大会或类似机构决议,用资本公积转增资本,借记"资本公积"账户(资本溢价),贷记"实收资本"账户。

【案例10-10】

某有限责任公司由甲、乙、丙三位股东各自出资100万元设立,设立时的实收资本为300万元。经过3年的经营,该企业留存收益为150万元。这时又有丁投资者有意加入该公司,并表示愿意出资180万元而仅占该公司股份的25%。在会计核算时,将丁股东投入资本中的100万元计入"实收资本"账户,其余80万元计入"资本公积"账户。该有限责任公司的账务处理如下。

借:银行存款　　　　　　　　　　　　　　　　　1 800 000
　　贷:实收资本——丁　　　　　　　　　　　　　1 000 000
　　　　资本公积——资本溢价　　　　　　　　　　　800 000

2) 股本溢价

股本溢价是指股份有限公司溢价发行股票时实际收到的款项超过股票面值总额的部分。

股份有限公司是以发行股票的方式筹集股本的,股票是企业签发的证明股东按其所持股份享有权利和承担义务的书面证明。由于股东按其所持企业股份享有权利和承担义务,为了反映和便于计算各股东所持股份占企业全部股本的比例,企业的股本总额应按股票的面值与股份总数的乘积计算。根据国家规定,实收股本总额应与注册资本相等。因此,为提供企业股本总额及其构成和注册资本等信息,在采用与股票面值相同的价格发行股票的情况下,企业发行股票取得的收入,应全部记入"股本"账户;在采用溢价发行股票的情况下,企业发行股票取得的收入,相当于股票面值的部分记入"股本"账户,超出股票面值的溢价收入记入"资本公积——股本溢价"账户。委托证券商代理发行股票而支付的手续费、佣金等,应从溢价发行收入中扣除,企业应按扣除手续费、佣金后的数额记入"资本公积——股本溢价"账户。无溢价发行股票或溢价金额不足以抵扣的,应将不足抵扣的部分冲减盈余公积和未分配利润。

【案例 10-11】

甲股份有限公司委托乙证券公司代理发行普通股 1 000 000 股，每股面值 1 元，按每股 1.5 元的价格发行。甲股份有限公司与委托单位约定，按发行收入的 2%收取手续费，从发行收入中扣除。假如收到的股款已存入银行。根据上述资料，甲股份有限公司的账务处理如下。

甲股份有限公司收到受托单位交来的现金=1 000 000×1.5×(1−2%)=1 470 000(元)

应记入"资本公积"账户的金额=溢价收入−发行手续

=1 000 000×(1.5−1)−1 000 000×1.5×2%=470 000(元)

借：银行存款　　　　　　　　　　　　　　　　　1 470 000

　　贷：股本　　　　　　　　　　　　　　　　　　1 000 000

　　　　资本公积——股本溢价　　　　　　　　　　　470 000

2. 其他资本公积

其他资本公积是指除资本溢价(或股本溢价)项目以外所形成的资本公积。例如，企业对被投资单位的长期股权投资采用权益法核算的，在持股比例不变的情况下，对因被投资单位除净损益、其他综合收益和利润分配以外的所有者权益的其他变动，应按持股比例计算其应享有或应分担被投资单位所有者权益的增减数额。在处置长期股权投资时，应转销与该笔投资相关的其他资本公积。

【案例 10-12】

A 公司持有甲公司 40%的股份，采用权益法对长期股权投资进行核算。2020 年 12 月 31 日，甲公司除净损益、其他综合收益和利润分配以外的所有者权益增加了 600 000 元，假定除此以外，甲公司的所有者权益没有变化，且其资产账面价值与公允价值一致。不考虑其他因素。A 公司的账务处理如下。

A 公司对甲公司投资增加的资本公积=600 000×40%=240 000(元)

借：长期股权投资——甲公司　　　　　　　　　　240 000

　　贷：资本公积——其他资本公积　　　　　　　　240 000

3. 资本公积转增资本

经股东大会或类似机构决议，用资本公积转增资本时，应冲减资本公积(资本溢价或股本溢价)，同时按照转增资本前的实收资本(或股本)的结构或比例，将转增的金额记入"实收资本"(或"股本")账户下各所有者的明细分类账。

有关账务处理，参见本项目案例 10-6 的有关内容。

二、其他综合收益

其他综合收益主要是指直接计入所有者权益的利得或损失。其他综合收益一般是由特定资产计价变动而形成的,当处理特定资产时,其他综合收益也应一并处理。其他综合收益不同于资本公积,资本公积是股权投资者投入的资本的一个组成部分,资本公积主要是用于转增资本。其他综合收益不得用于转增资本,包括下列两类:

(1) 以后会计期间不能重分类进损益的其他综合收益,包括:①重新计量设定受益计划净负债或净资产导致的变动。②权益法下不能转损益的其他综合收益。③其他权益工具投资的公允价值变动。④企业自身信用风险公允价值变动。

(2) 以后会计期间满足规定条件时将重分类进损益的其他综合收益,包括:①权益法下可转损益的其他综合收益。②其他债权投资的公允价值变动。③金融资产重分类计入其他综合收益的金额。④其他债权投资信用减值准备。⑤现金流量套期储备。⑥外币财务报表折算差额。⑦在公允价值模式下,存货或自用房地产转换为投资性房地产。

任务三 留存收益的核算

留存收益是指企业从历年实现的净利润中提取或形成的留存于企业内部的积累,包括盈余公积和未分配利润两部分。

一、盈余公积

(一)盈余公积的有关规定

根据我国《公司法》等有关法规的规定,企业当年实现的净利润,一般应当按照如下顺序进行分配。

(1) 提取法定公积金。公司制企业的法定公积金按照税后利润的 10% 的比例提取(非公司制企业也可按照超过 10% 的比例提取),在计算提取法定盈余公积的基数时,不应包括企业年初未分配利润。公司法定公积金累计额为公司注册资本的 50% 以上时,可以不再提取法定公积金。

公司的法定公积金不足以弥补以前年度亏损的,在提取法定公积金之前,应当先用当年利润弥补亏损。

(2) 提取任意公积金。公司从税后利润中提取法定公积金后,经股东会或股东大会决议,还可以从税后利润中提取任意公积金。非公司制企业经类似权力机构批准后,也可提取任意盈余公积。

(3) 向投资者分配利润或股利。公司弥补亏损和提取公积金后所余税后利润,有限责任公司股东按照实缴的出资比例分取红利,但是,全体股东约定不按照出资比例分取红利的除外;股份有限公司按照股东持有的股份比例分配,但股份有限公司章程规定不按持股比例分配的除外。

股东会、股东大会或董事会违反规定,在公司弥补亏损和提取法定公积金之前向股东分配利润的,股东必须将违反规定分配的利润退还公司。公司持有的本公司股份不得分配利润。

盈余公积是指企业按照规定从净利润中提取的各种积累资金。公司制企业的盈余公积分为法定盈余公积和任意盈余公积。两者的区别就在于其各自计提的依据不同，前者以国家的法律或行政规章为依据提取，后者则由企业自行决定提取。

企业提取盈余公积主要可以用于以下三个方面：①弥补亏损；②转增资本；③扩大企业生产经营。

企业发生亏损时，应由企业自行弥补。弥补亏损的渠道主要有三条：一是用以后年度税前利润弥补。按照现行制度规定，企业发生亏损时，可以用以后五年内实现的税前利润弥补，即税前利润弥补亏损的期间为五年。二是用以后年度税后利润弥补。企业发生的亏损经过五年期间未弥补足额的，尚未弥补的亏损应用所得税后的利润弥补。三是以盈余公积弥补亏损。企业以提取的盈余公积弥补亏损时，应当由公司董事会提议，并经股东大会批准。

(二)盈余公积的确认和计量

为了反映盈余公积的形成及使用情况，企业应设置"盈余公积"账户。企业应当分"法定盈余公积""任意盈余公积"进行明细核算，外商投资企业还应分"储备基金""企业发展基金"进行明细核算。

企业提取盈余公积时，借记"利润分配——提取法定盈余公积""利润分配——提取任意盈余公积"账户，贷记"盈余公积——法定盈余公积""盈余公积——任意盈余公积"账户。

企业用盈余公积弥补亏损或转增资本时，借记"盈余公积"账户，贷记"利润分配——盈余公积补亏""实收资本"或"股本"账户。经股东大会决议，用盈余公积派送新股的，按派送新股计算的金额，借记"盈余公积"账户；按股票面值和派送新股总数计算的股票面值总额，贷记"股本"账户。

【案例10-13】

某企业本年实现净利润900 000元，分别按10%、5%比例提取法定盈余公积和任意盈余公积。该企业的账务处理如下。

```
借：利润分配——提取法定盈余公积              90 000
          ——提取任意盈余公积              45 000
    贷：盈余公积——法定盈余公积              90 000
          ——任意盈余公积                  45 000
```

【案例10-14】

经批准，甲公司用法定盈余公积800 000元转增资本。转增资本时，甲公司的账务处理如下。

```
借：盈余公积——法定盈余公积                 800 000
    贷：实收资本                            800 000
```

二、未分配利润

未分配利润是企业留待以后年度进行分配的结存利润，也是企业所有者权益的组成部分。相对于所有者权益的其他部分来讲，企业对于未分配利润的使用分配有较大的自主权。从数量上来讲，未分配利润是期初未分配利润，加上本期实现的净利润，减去提取的各种盈余公积和分出利润后的余额。

在会计处理上，未分配利润是通过"利润分配"账户进行核算的，"利润分配"账户应当分别用"提取法定盈余公积""提取任意盈余公积""应付现金股利或利润""转作股本的股利""盈余公积补亏"和"未分配利润"等账户进行核算。

(一)期末结转的会计处理

企业期末结转利润时，应将各损益类账户的余额转入"本年利润"账户，结平各损益类账户。结转后"本年利润"账户的贷方余额为当年实现的净利润，借方余额为当期发生的净亏损。年度终了，应将本年收入和支出相抵后结出的本年实现的净利润或净亏损，转入"利润分配——未分配利润"账户。同时，将"利润分配"账户所属的其他明细账户的余额，转入"未分配利润"明细账户。结转后，"未分配利润"明细账户的贷方余额，就是未分配利润的金额；如出现借方余额，则表示未弥补亏损的金额。"利润分配"账户所属的其他明细账户应无余额。

(二)弥补亏损的会计处理

企业在生产经营过程中既有可能发生盈利，也有可能出现亏损。企业在当年发生亏损的情况下，与实现利润的情况相同，应当将本年发生的亏损自"本年利润"账户转入"利润分配——未分配利润"账户，借记"利润分配——未分配利润"账户，贷记"本年利润"账户。结转后"利润分配"账户的借方余额，即为未弥补亏损的数额，然后通过"利润分配"账户核算有关亏损的弥补情况。

由于未弥补亏损形成的时间长短不同等原因，以前年度未弥补亏损有的可以以当年实现的税前利润弥补，有的则需用税后利润弥补。以当年实现的利润弥补以前年度结转的未弥补亏损，不需要进行专门的账务处理。企业应将当年实现的利润自"本年利润"账户转入"利润分配——未分配利润"账户的贷方，其贷方发生额与"利润分配——未分配利润"的借方余额自然抵补。无论是以税前利润还是以税后利润弥补亏损，其会计处理方法均相同。但是，两者在计算缴纳所得税时的处理是不同的。在以税前利润弥补亏损的情况下，其弥补的数额可以抵减当期企业应纳税所得额；而以税后利润弥补的数额，则不能作为纳税所得扣除处理。

(三)分配股利或利润的会计处理

经股东大会或类似机构决议，分配给股东或投资者的现金股利或利润，借记"利润分配——应付现金股利或利润"账户，贷记"应付股利"账户。经股东大会或类似机构决议，分配给股东的股票股利，应在办理增资手续后，借记"利润分配——转作股本的股利"账户，贷记"股本"账户。

【案例10-15】

甲企业2020年年初未分配利润为贷方600 000元,2020年实现净利润1 200 000元,按10%提取法定盈余公积、5%提取任意盈余公积,并分配给投资者利润500 000万元。甲企业的账务处理如下。

① 提取法定盈余公积。

提取法定盈余公积=1 200 000×10%=120 000(元)

提取任意盈余公积=1 200 000×5%=60 000(元)

借:利润分配——提取法定盈余公积	120 000
——提取任意盈余公积	60 000
贷:盈余公积——法定盈余公积	120 000
——任意盈余公积	60 000

② 向投资者分配利润。

借:利润分配——应付现金股利或利润	500 000
贷:应付股利	500 000

③ 进行净利润的年终结转。

- 当年实现的净利润转账。

借:本年利润	1 200 000
贷:利润分配——未分配利润	1 200 000

- 利润分配中的各个明细账(除未分配利润外)结转。

借:利润分配——未分配利润	680 000
贷:利润分配——提取法定盈余公积	120 000
——提取任意盈余公积	60 000
——应付现金股利或利润	500 000

甲企业2020年年底"利润分配——未分配利润"账户的余额=600 000+1 200 000-680 000=1 120 000(元),即贷方余额1 120 000元,反映企业的累计未分配利润为1 120 000元。

项 目 小 结

所有者权益的核算主要包括以下内容:实收资本(或股本)的核算、资本公积和其他综合收益的核算、留存收益的核算等。实收资本是投资者作为资本投入到企业中的各种资产的价值。一般情况下,企业的实收资本(或股本)应保持不变,但在符合国家有关规定的条件下,经有关部门审批可以增减实收资本(或股本)。资本公积是企业收到投资者的超出其在企业注册资本(或股本)中所占份额的投资,以及直接计入所有者权益的利得和损失等。其他综合收益主要是指直接计入所有者权益的利得或损失。其他综合收益不同于资本公积,资本公积是股权投资者投入的资本的一个组成部分,资本公积主要是用于转增资本。其他综合收益不得用于转增资本。留存收益是指企业从实现的净利润中提取或形成的留于企业内部的积累。留存收益包括提取的盈余公积和未分配利润两部分。盈余公积是指企业按照规定从净利润中提取的各种积累资金。未分配利润是企业留待以后年度进行分配的结存利润。它在以后年度可继续进行分配，在未进行分配之前，属于所有者权益的组成部分。

微课视频资源

实收资本的核算.mp4　　资本公积的核算.mp4　　留存收益的核算.mp4

项目十一 收入、费用及利润的核算

知识目标

- ◆ 熟悉收入、费用和利润的概念和分类。
- ◆ 理解收入与利得、费用与损失的区别。
- ◆ 掌握收入与费用的确认及核算、利得与损失的确认与核算。

技能目标

- ◆ 能够分析和处理营业收入与费用的经济业务。
- ◆ 能够分析和处理营业外收入与营业外支出的经济业务。
- ◆ 能够分析和处理利润的形成的经济业务。

任务一 收入的核算

一、收入概述

(一)收入的概念

收入是指企业在日常活动中形成、会导致所有者权益增加的、与所有者投入资本无关的经济利益的总流入。会计理论上有狭义和广义两种观点。

狭义的收入，通常是指企业因销售商品、提供劳务等日常经营活动而形成的经济利益总流入，包括营业收入和投资收益。其中，营业收入在我国是指企业因销售商品、提供劳务以及他人使用本企业资产等日常经营活动而形成的经济利益总流入。投资收益是指企业从事对外投资活动产生的收入。总之，狭义的收入强调收入必须产生于日常经营活动，而不是产生于偶然的交易或事项。我国《企业会计准则》使用的是狭义的收入概念。

广义的收入是指企业因生产经营及其他活动而获得的全部经济利益总流入，其表现形式为资产增加或负债减少而引起的所有者权益增加，但不包括与所有者出资等有关资产增加或负债减少。具体说来，包括营业收入、投资收益、公允价值变动损益以及营业外收入。其中公允价值变动损益是指交易性金融资产等因公允价值变动而形成的损益；营业外收入是指与企业生产经营活动没有直接关系的各种收入，相对于营业收入，其获得具有一定的偶然性，通常也不需要付出代价。

(二)收入的特征

收入具有以下特征。

1. 收入是企业在日常活动中形成的经济利益的总流入

日常活动是指企业为完成其经营目标而从事的经常性活动以及与之相关的活动。工业企业销售产品、商品流通企业销售商品、安装公司提供安装服务和商业银行对外贷款等活动，均属于企业为完成其经营目标所从事的经常性活动，由此形成的经济利益的总流入构成收入。工业企业对外出售不需用的原材料、对外转让无形资产使用权等活动，虽不属于企业的经常性活动，但属于企业为完成其经营目标所从事的与经常性活动相关的活动，由此形成的经济利益的总流入也构成收入。

收入形成于企业日常活动的特征使其与产生非日常活动的利得相区分。例如，接受捐赠、因其他企业违约收取的罚款等，这些流入企业的经济利益属于利得而不是收入。

2. 收入会导致企业所有者权益的增加

收入形成的经济利益的总流入，既可能表现为资产的增加，也可能表现为负债的减少，还可能表现为两者兼而有之。因此，根据"资产-负债=所有者权益"的等式，企业所取得的收入一定能增加企业的所有者权益。这里所说的收入能增加企业的所有者权益，仅指收入本身的影响，而收入扣除与之相配比的费用后的净额，既可能增加所有者权益，也可能减少所有者权益。

企业为第三方或客户代收的款项，如企业代国家收取的增值税、代客户收取的受托代销商品款等，一方面增加企业的资产，另一方面增加企业的负债，因此，不增加企业的所有者权益，也不属于本企业经济利益的总流入，不构成本企业的收入。

3. 收入与所有者投入资本无关

所有者投入资本主要是为谋求享有企业资产的剩余权益，由此形成的经济利益的总流入不构成收入，而应确认为企业的所有者权益。

(三)收入的分类

根据不同的标准，可以对收入进行不同的分类。

1. 按企业从事日常活动的性质划分

收入按企业从事日常活动的性质不同，可以分为销售商品收入、提供劳务收入和让渡资产使用权收入。

销售商品收入是指企业通过销售商品实现的收入，这里的商品包括企业为销售而生产的产品和为转售而购进的商品。企业销售的其他存货，如原材料、包装物等也视同商品。

提供劳务收入是指企业通过提供劳务实现的收入，如企业通过提供旅游、运输、饮食、广告、咨询、代理、培训和产品安装等劳务所实现的收入。

让渡资产使用权收入是指企业通过让渡资产使用权实现的收入，包括利息收入和使用费收入。利息收入是指金融企业对外贷款形成以及同业之间发生往来形成的利息收入。使用费收入是指企业转让无形资产等资产的使用权形成的使用费收入。企业对外出租固定资产收取的租金、进行股权投资取得的现金股利、进行债权投资收取的利息等，也构成让渡资产使用权收入。

2. 按企业经营业务的主次划分

收入按企业经营业务的主次不同，可以分为主营业务收入和其他业务收入。

主营业务收入是指企业为完成其经营目标而从事的经常性活动所实现的收入。主营业务收入一般占企业总收入的比重较大，对企业的经济效益产生较大的影响。不同行业企业的主营业务收入所包括的内容不同，如工业企业的主营业务收入主要包括销售商品、自制半成品、代制品、代修品，提供工业性劳务等实现的收入；商品流通企业的主营业务收入主要包括销售商品所取得的收入；安装公司的主营业务收入主要包括提供安装服务实现的收入。

主营业务收入通过"主营业务收入"账户核算，并通过"主营业务成本"账户核算其相关成本。

其他业务收入是指企业为完成其经营目标所从事的与经常性活动相关的活动实现的收入。其他业务收入属于企业日常活动中次要交易实现的收入，一般占企业总收入的比重较小。不同行业企业的其他业务收入所包括的内容不同，如工业企业的其他业务收入主要包括对外销售材料，对外出租包装物、商品或固定资产、对外转让无形资产使用权和提供非工业性劳务等实现的收入。

企业实现的原材料销售收入、包装物租金收入，固定资产租金收入和无形资产使用费收入等，通过"其他业务收入"账户核算，并通过"其他业务成本"账户核算其相关成本。

二、收入的确认和计量

企业在确认和计量收入时，应遵循的基本原则是：确认收入的方式应当反映其向客户转让商品或提供服务的模式，收入的金额应当反映企业因转让商品或提供服务而预期有权收取的对价金额。通过收入确认和计量能进一步如实地反映企业的生产经营成果，准确核算企业实现的损益。

(一)收入确认的原则

企业应当在履行了合同中的履约义务，即在客户取得相关商品控制权时确认收入。取得相关商品控制权，是指客户能够主导该商品的使用并从中获得几乎全部经济利益，也包括有能力阻止其他方主导该商品的使用并从中获得经济利益。取得商品控制权包括三个要素。

(1) 客户必须拥有现时权利，能够主导该商品的使用并从中获得几乎全部经济利益。如果客户只能在未来的某一期间主导该商品的使用并从中获益，则表明其尚未取得该商品的控制权。

(2) 客户有能力主导该商品的使用，即客户在其活动中有权使用该商品，或者能够允许或阻止其他方使用该商品。

(3) 客户能够获得商品几乎全部的经济利益。商品的经济利益是指商品的潜在现金流量，既包括现金流入的增加，也包括现金流出的减少。客户可以通过使用、消耗、出售、处置、交换、抵押或持有等多种方式直接或间接地获得商品的经济利益。

需要说明的是，本项目所称的客户是指与企业订立合同以向该企业购买其日常活动产出的商品并支付对价的一方；所称的商品包括商品和服务。本项目的收入不涉及企业对外出租资产收取的租金、进行债权投资收取的利息、进行股权投资取得的现金股利以及保费收入等。

(二)收入确认的前提条件

企业与客户之间的合同同时满足下列五个条件的，企业应当在客户取得相关商品控制权时确认收入。

(1) 合同各方已批准该合同并承诺将履行各自义务。
(2) 该合同明确了合同各方与所转让商品相关的权利和义务。
(3) 该合同有明确的与所转让商品相关的支付条款。
(4) 该合同具有商业实质，即履行该合同将改变企业未来现金流量的风险、时间分布和金额。
(5) 企业因客户转让商品而有权取得的对价很可能收回。

(三)收入确认和计量的步骤

根据《企业会计准则第14号——收入》(2018)，收入确认和计量大致分为以下五步。

第一步：识别与客户订立的合同。合同是指双方或多方之间订立有法律约束力的权利义务的协议。合同有书面形式、口头形式及其他形式。合同的存在是企业确认客户合同收入的前提，企业与客户之间的合同一经签订，企业即享有从客户取得与转移商品和服务对价的权利，同时负有向客户转移商品和服务的履约义务。

第二步：识别合同中的单项履约义务。履约义务是指合同中企业向客户转让可明确区分商品或服务的承诺。企业应当将向客户转让可明确区分商品(或者商品的组合)的承诺及向客户转让一系列实质相同且转让模式相同的、可明确区分商品的承诺作为单项履约义务。例如，企业与客户签订合同，向其销售商品并提供安装服务，该安装服务简单，除该企业外其他供应商也可以提供此类安装服务，该合同中销售商品和提供安装服务为两项单项履约义务。若该安装服务复杂且商品需要按客户定制要求修改，则合同中销售商品和提供安装服务合并为单项履约义务。

第三步：确定交易价格。交易价格是指企业因向客户转让商品而预期有权收取的对价金额，不包括企业代第三方收取的款项(如增值税)及企业预期将退还给客户的款项。合同条款所承诺的对价，可能是固定金额、可变金额或两者兼有。例如，甲公司与客户签订合同为其建造一栋厂房，约定的价款为50万元，4个月完工，交易价格就是固定金额50万元；假如合同中约定若提前1个月完工，客户将额外奖励甲公司5万元，甲公司对合同估计工程提前1个月完工的概率为95%，则甲公司预计有权收取的对价为55万元，因此，交易价格包括固定金额50万元和可变金额5万元，总计为55万元。

第四步：将交易价格分摊至各单项履约义务。当合同中包含两项或多项履约义务时，需要将交易价格分摊至各单项履约义务，分摊的方法是在合同开始日，按照各单项履约义务所承诺商品的单独售价(企业向客户单独销售商品的价格)的相对比例，将交易价格分摊至各单项履约义务。通过分摊交易价格，使企业分摊至各单项履约义务的交易价格能够反映其因向客户转让已承诺的相关商品而有权收取的对价金额。例如，企业与客户签订合同，向其销售A、B、C三件产品，不含增值税的合同总价款为20 000元。A、B、C产品的不含增值税单独售价分别为10 000元、7 000元和15 000元，合计32 000元。按照交易价格分摊原则，A产品应当分摊的交易价格为6 250(10 000÷32 000×20 000)元，B产品应当分摊的交易价格为4 375(7 000÷32 000×20 000)元，C产品应当分摊的交易价格为9 375(15 000÷32 000×20 000)元。

第五步：履行各单项履约义务时确认收入。当企业将商品转移给客户，客户取得了相关商品的控制权，意味着企业履行了合同履约义务，此时，企业应确认收入。企业将商品控制权转移给客户，可能是在某一时段内(即履行履约义务的过程中)发生，也可能在某一时点(即履约义务完成时)发生。企业应当根据实际情况，首先判断履约义务是否满足在某一时段内履行的条件，如不满足，则该履约义务属于在某一时点履行的履约义务。收入确认和计量五个步骤中，第一、第二、第五步主要与收入的确认有关，第三、第四步主要与收入的计量有关。

一般而言，确认和计量任何一项合同收入应考虑全部的五个步骤。但履行某些合同义务确认收入不一定都经过五个步骤，如企业按照第二步确定某项合同仅为单项履约义务时，可以从第三步直接进入第五步确认收入，不需要第四步(分摊价格)。

三、收入核算应设置的账户

为了核算企业与客户之间的合同产生的收入及相关的成本费用，一般需要设置"主营业务收入""其他业务收入""主营业务成本""其他业务成本""合同取得成本""合同履约成本""合同资产""合同负债"等账户。

"主营业务收入"账户用来核算企业确认的销售商品、提供服务等主营业务的收入。该账户贷方登记企业主营业务活动实现的收入，借方登记期末转入"本年利润"账户的主营业务收入，结转后该账户应无余额。该账户可按主营业务的种类进行明细核算。

"其他业务收入"账户用来核算企业确认的除主营业务活动以外的其他经营活动实现的收入，包括出租固定资产、出租无形资产、出租包装物和商品、销售材料、用材料进行非货币性交换(非货币性资产交换具有商业实质且公允价值能够可靠地计量)或债务重组等实现的收入。该账户贷方登记企业其他业务活动实现的收入，借方登记期末转入"本年利润"账户的其他业务收入，结转后该账户应无余额。该账户可按其他业务的种类进行明细核算。

"主营业务成本"账户用来核算企业确认销售商品、提供服务等主营业务收入时应结转的成本。该账户借方登记企业应结转的主营业务成本，贷方登记期末转入"本年利润"账户的主营业务成本，结转后该账户应无余额。该账户可按主营业务的种类进行明细核算。

"其他业务成本"账户用来核算企业确认的除主营业务活动以外的其他经营活动所形成的成本，包括出租固定资产的折旧额、出租无形资产的摊销额、出租包装物的成本或摊销额、销售材料的成本等。该账户借方登记企业应结转的其他业务成本，贷方登记期末转入"本年利润"账户的其他业务成本，结转后该账户应无余额。该账户可按其他业务的种类进行明细核算。

"合同取得成本"账户用来核算企业取得合同发生的、预计能够收回的增量成本。该账户借方登记发生的合同取得成本、贷方登记摊销的合同取得成本，期末借方余额，反映企业尚未结转的合同取得成本。该账户可按合同进行明细核算。

"合同履约成本"账户用来核算企业为履行当前或预期取得的合同所发生的、不属于其他企业会计准则规范范围且按照收入准则应当确认为一项资产的成本。该账户借方登记发生的合同履约成本，贷方登记摊销的合同履约成本，期末借方余额反映企业尚未结转的合同履约成本。该账户可按合同分别"服务成本""工程施工"等进行明细核算。

"合同资产"账户用来核算企业已向客户转让商品而有权收取对价的权利，且该权利取决于时间流逝之外的其他因素(如履行合同中的其他履约义务)。该账户借方登记因已转让商品而有权收取的对价金额，贷方登记取得无条件收款权的金额，期末借方余额反映企业已向客户转让商品而有权收取的对价金额。该账户按合同进行明细核算。

"合同负债"账户用来核算企业已收或应收客户对价而应向客户转让商品的义务。该账户贷方登记企业在向客户转让商品之前，已经收到或已经取得无条件收取合同对价权利的金额，借方登记企业向客户转让商品时冲销的金额；期末贷方余额反映企业在向客户转让商品之前，已经收到的合同对价或已经取得的无条件收取合同对价权利的金额，该账户按合同进行明细核算。

此外，企业发生减值的，还应当设置"合同履约成本减值准备""合同取得成本减值准备""合同资产减值准备"等账户进行核算。

四、履行履约义务确认收入的账务处理

(一)在某一时点履行履约义务确认收入

对于在某一时点履行履约义务，企业应当在客户取得相关商品控制权时点确认收入。在判断控制权是否转移时，企业应当综合考虑下列迹象。

(1) 企业就该商品享有现时收款权利，即客户就该商品负有现时付款义务。例如，甲企业与客户签订销售商品合同，约定客户有权定价且在收到商品无误后10日内付款。在客户收到甲企业开具的发票、商品验收入库后，客户能够自主确定商品的销售价格或商品的使用情况，此时，甲企业享有现时收款权利，客户负有现时付款义务。

(2) 企业已将该商品的法定所有权转移给客户，即客户已拥有该商品的法定所有权。例如，房地产企业向客户销售商品房，在客户付款后取得房屋产权证时，表明企业已将该商品房的法定所有权转移给客户。

(3) 企业已将该商品实物转移给客户，即客户已占有该商品实物。例如，企业与客户签订交款提货合同，在企业销售商品并送货到客户指定地点，客户验收合格并付款，表明企业已将该商品实物转移给客户，即客户已占有该商品实物。

(4) 企业已将该商品所有权上的主要风险和报酬转移给客户，即客户已取得该商品所有权上的主要风险和报酬。例如，甲房地产公司向客户销售商品房办理产权转移手续后，该商品房价格上涨或下跌带来的利益或损失全部属于客户，表明客户已取得该商品房所有权上的主要风险和报酬。

(5) 客户已接受该商品。例如，企业向客户销售为其定制生产的节能设备，客户收到并验收合格后办理入库手续，表明客户已接受该商品。

(6) 其他表明客户已取得商品控制权的迹象。

1. 一般销售商品业务收入的账务处理

企业售出的商品符合销售收入确认的前提条件的，应当及时确认收入并结转相关的销售成本。通常情况下，销售商品采用托收承付方式的，在办妥托收手续时确认收入；交款提货销售商品的，在开出发票账单收到货款时确认收入。并按确定的收入金额与应收取的增值税税额，借记"银行存款""应收账款""应收票据"等账户；按确认的收入金额，贷记"主营业务收入"账户；按应收取的增值税税额，贷记"应交税费——应交增值税(销项税额)"账户。企业销售商品，在销售商品收入实现时或月份终了，结算已销商品的实际成本，借记"主营业务成本"账户，贷记"库存商品"等账户。

【案例11-1】

甲公司为增值税一般纳税人，2020年9月1日，向乙公司销售商品一批，开具的增值税专用发票上注明售价为200 000元，增值税税额为26 000元；甲公司收到乙公司开出的不带息银行承兑汇票一张，票面金额为226 000元，期限为2个月；甲公司以银行存款支付

代垫运费，增值税专用发票上注明运输费 1 000 元，增值税税额为 90 元，所垫运费尚未收到；该批商品成本为 160 000 元；乙公司收到商品并验收入库。

甲公司收到乙公司开出的不带息银行承兑汇票，客户乙公司收到商品并验收入库，因此，销售商品为单项履约义务且属于在某个时点履行履约义务。甲公司应编制会计分录如下。

① 确认收入时。

借：应收票据　　　　　　　　　　　　　　　　　　　226 000
　　贷：主营业务收入　　　　　　　　　　　　　　　　200 000
　　　　应交税费——应交增值税(销项税额)　　　　　 26 000

同时，结转成本。

借：主营业务成本　　　　　　　　　　　　　　　　　160 000
　　贷：库存商品　　　　　　　　　　　　　　　　　　160 000

② 代垫运费时。

借：应收账款　　　　　　　　　　　　　　　　　　　1 090
　　贷：银行存款　　　　　　　　　　　　　　　　　　1 090

2. 已经发出商品但不能确认收入的账务处理

企业按合同发出商品，合同约定客户只有在商品售出取得价款后才支付货款。企业向客户转让商品的对价未达到"很可能收回"收入确认条件，在发出商品时，企业不应确认收入，将发出商品的成本，记入"发出商品"账户，借记"发出商品"账户，贷记"库存商品"账户。如已发出的商品被客户退回，应编制相反的会计分录。"发出商品"账户用来核算企业商品已发出但客户没有取得商品的控制权的商品成本。当收到货款或取得收取货款权利时，确认收入，借记"银行存款""应收账款"账户，贷记"主营业务收入""应交税费——应交增值税(销项税额)"账户；同时结转已销商品成本，借记"主营业务成本"账户，贷记"发出商品"账户。

【案例 11-2】

甲公司与乙公司均为增值税一般纳税人。2020 年 4 月 5 日，甲公司与乙公司签订委托代销合同，甲公司委托乙公司销售 A 商品 2 000 件，A 商品已经发出，每件商品成本为 140 元。合同约定乙公司应按每件 200 元对外销售，甲公司按不含增值税的销售价格的 10%向乙公司支付手续费。除非这些商品在乙公司存放期间内由于乙公司的责任发生毁损或丢失，否则在 A 商品对外销售之前，乙公司没有义务向甲公司支付货款。乙公司不承担包销责任，没有售出的 A 商品须退回给甲公司，同时，甲公司也有权要求收回 A 商品或将其销售给其他客户。至 2020 年 4 月 30 日，乙公司实际对外销售 2000 件，开出的增值税专用发票上注明的销售价款为 400 000 元，增值税税额为 52 000 元。

本例中，甲公司将 A 商品发送至乙公司后，乙公司虽然已经承担 A 商品的实物保管责任，但仅为接受甲公司的委托销售 A 商品，并根据实际销售的数量赚取一定比例的手续费。甲公司有权要求收回 A 商品或将其销售给其他的客户，乙公司并不能主导这些商品的销售，这些商品对外销售与否、是否获利及获利多少等不由乙公司控制，乙公司没有取得这些商品的控制权。因此，甲公司将 A 商品发送至乙公司时，不应确认收入，而应当在乙公司将 A 商品销售给最终客户时确认收入。

① 2020 年 4 月 5 日，发出商品时。

借：发出商品　　　　　　　　　　　　　　　　　　　280 000
　　贷：库存商品　　　　　　　　　　　　　　　　　　　280 000

② 2020 年 4 月 30 日，收到乙公司的代销清单时。

借：应收账款　　　　　　　　　　　　　　　　　　　452 000
　　贷：主营业务收入　　　　　　　　　　　　　　　　　400 000
　　　　应交税费——应交增值税(销项税额)　　　　　　　52 000

同时，结转成本。

借：主营业务成本　　　　　　　　　　　　　　　　　280 000
　　贷：发出商品　　　　　　　　　　　　　　　　　　　280 000

确认手续费时。

借：销售费用　　　　　　　　　　　　　　　　　　　40 000
　　应交税费——应交增值税(进项税额)　　　　　　　2 400
　　贷：应收账款　　　　　　　　　　　　　　　　　　　42 400

③ 收到乙公司货款时。

借：银行存款　　　　　　　　　　　　　　　　　　　409 600
　　贷：应收账款　　　　　　　　　　　　　　　　　　　409 600

3. 商业折扣、现金折扣和销售退回的账务处理

(1) 商业折扣与现金折扣。商业折扣是指企业为促进商品销售而在商品标价上给予的价格扣除，因而不影响销售商品收入的计量。

现金折扣是指在销售商品收入金额确定的情况下，债权人为鼓励债务人在规定的期限内付款而向债务人提供的债务扣除。也就是说，如果债务人愿意提前付款，则可以比合同约定的总价款"少"付一部分款项。对此，会计核算中有两种处理方法：一是按合同总价款扣除现金折扣后的净额计量收入；二是按合同总价款全额计量收入。我国《企业会计准则》采用的是第二种做法。这样，当现金折扣以后实际发生时，直接计入当期损益。

【案例 11-3】

2020 年 5 月 1 日，甲公司向乙公司销售一批商品，增值税专用发票上注明售价 20 000 元，增值税税额 2 600 元。为及早收回货款，甲公司给予乙公司的现金折扣条件为：2/10，1/20，n/30。假定计算现金折扣时不考虑增值税额及其他因素。甲公司编制会计分录如下。

① 5 月 1 日销售实现时，按销售总价确认收入。

借：应收账款　　　　　　　　　　　　　　　　　　　22 600
　　贷：主营业务收入　　　　　　　　　　　　　　　　　20 000
　　　　应交税费——应交增值税(销项税额)　　　　　　　2 600

② 如果乙公司在 5 月 9 日付清货款，则按销售总价的 2%享受现金折扣 400(20 000×2%)元，实际付款 22 200(22 600-400)元。

借：银行存款		22 200
财务费用		400
贷：应收账款		22 600

③ 如果乙公司在 5 月 18 日付清货款，则按销售总价的 1%享受现金折扣 200(20 000×1%)元，实际付款 22 400(22 600-200)元。

借：银行存款		22 400
财务费用		200
贷：应收账款		22 600

④ 如果乙公司在 5 月底才付清货款，则按全额付款。

借：银行存款		22 600
贷：应收账款		22 600

(2) 销售退回的核算。销售退回是指企业售出的商品由于质量、品种不符合要求等原因而发生的退货。对于销售退回，企业应分别不同情况进行会计处理。

第一，未确认收入的售出商品发生销售退回的，企业应按已记入"发出商品"账户的商品成本金额，借记"库存商品"账户，贷记"发出商品"账户。

第二，已确认收入的售出商品发生销售退回的，企业一般应在发生时冲减当期销售商品收入，同时冲减当期销售商品成本。如该项销售退回已发生现金折扣的，应同时调整相关财务费用的金额；如该项销售退回允许扣减增值税额，应同时调整"应交税费——应交增值税(销项税额)"账户的相应金额。也就是说，让它回到从前。库存商品发出后衍生出了应收账款、主营业务收入、应交税费、主营业务成本、银行存款和财务费用，退回后，衍生出的内容全部消失，只留下库存商品。

第三，已确认收入的售出商品发生的销售退回属于资产负债表日后事项的，应当按照有关资产负债表日后事项的相关规定进行会计处理。

【案例 11-4】

2020 年 5 月 20 日，甲公司销售给丙企业商品一批，成本为 91 000 元，增值税专用发票上注明售价 150 000 元，增值税税额 19 500 元。商品已发出，购货方于 5 月 27 日付款。2020 年 9 月 20 日，丙企业发现该批商品质量出现问题，按合同约定将该批商品全部退回给甲公司，公司验收入库后将所收货款退回，并按规定向对方开具了增值税专用发票(红字)。甲公司编制会计分录如下。

① 5 月 20 日，销售实现时。

借：应收账款——丙企业		169 500
贷：主营业务收入		150 000
应交税费——应交增值税(销项税额)		19 500

同时，结转成本。

借：主营业务成本		91 000
贷：库存商品		91 000

② 5 月 27 日，收到货款时。

借：银行存款		169 500
贷：应收账款——丙企业		169 500

③ 9月20日，销售退回时。

借：主营业务收入		150 000
应交税费——应交增值税(销项税额)		19 500
贷：银行存款		169 500

同时，转销成本。

借：库存商品		91 000
贷：主营业务成本		91 000

4. 销售材料等存货的处理

企业销售原材料、包装物等存货应视同商品销售，其收入确认和计量原则比照商品销售。企业销售原材料、包装物等存货实现的收入作为其他业务收入处理，结转的相关成本作为其他业务成本处理，分别通过"其他业务收入"和"其他业务成本"账户核算。

【案例11-5】

甲公司销售一批原材料，增值税专用发票上注明的价款为10 000元，增值税税额为1 300元，款项已收存银行。该批原材料的实际成本为8 000元。甲公司编制会计分录如下。

① 取得原材料销售收入时。

借：银行存款		11 300
贷：其他业务收入		10 000
应交税费——应交增值税(销项税额)		1 300

② 结转已销原材料的实际成本时。

借：其他业务成本		8 000
贷：原材料		8 000

(二)在某一时段内履行履约义务确认收入

对于在某一时段内履行的履约义务，企业应当在该段时间内按照履约进度确认收入，履约进度不能合理确定的除外。满足下列条件之一的，属于在某一时段内履行的履约义务。

(1) 客户在企业履约的同时即取得并消耗企业履约所带来的经济利益。
(2) 客户能够控制企业履约过程中在建的商品。
(3) 企业履约过程中所产出的商品具有不可替代用途，且该企业在整个合同期间内有权就累计至今已完成的履约部分收取款项。

企业应当考虑商品的性质，采用实际测量的完工进度、评估已实现的结果、时间进度、已完工或交付的产品等产出指标，或采用投入的材料数量、花费的人工工时、机器工时、发生的成本和时间进度等投入指标确定恰当的履约进度，并且在确定履约进度时，应当扣除那些控制权尚未转移给客户的商品和服务。资产负债表日，企业按照合同的交易价格总额乘以履约进度扣除以前会计期间累计已确认的收入后的金额，确认当期收入。

【案例 11-6】

甲公司为增值税一般纳税人,装修服务适用增值税税率为9%。2019年12月1日,甲公司与乙公司签订一份为期3个月的装修合同,合同约定装修价款为250 000元,增值税税额为22 500元,装修费用每月月末按完工进度支付。2019年12月31日,经专业测量师测量后,确定该项劳务的完工程度为25%;乙公司按完工进度支付价款及相应的增值税税款。截至2019年12月31日,甲公司为完成该合同累计发生劳务成本50 000元(假定均为装修人员薪酬),估计还将发生劳务成本150 000元。

假定该业务属于甲公司的主营业务,全部由其自行完成;该装修服务构成单项履约义务,并属于在某一时段内履行的履约义务;甲公司按照实际测量的完工进度确定履约进度。甲公司应编制会计分录如下。

① 实际发生劳务成本50 000元时。

借:合同履约成本　　　　　　　　　　　　　　　　　　　　　　　50 000
　　贷:应付职工薪酬　　　　　　　　　　　　　　　　　　　　　　　　50 000

② 2019年12月31日,确认劳务收入并结转劳务成本时。

2019年12月31日确认的劳务收入=250 000×25%−0=62 500(元)

借:银行存款　　　　　　　　　　　　　　　　　　　　　　　　　68 125
　　贷:主营业务收入　　　　　　　　　　　　　　　　　　　　　　　　62 500
　　　　应交税费——应交增值税(销项税额)　　　　　　　　　　　　　5 625
借:主营业务成本　　　　　　　　　　　　　　　　　　　　　　　50 000
　　贷:合同履约成本　　　　　　　　　　　　　　　　　　　　　　　　50 000

2020年1月31日,经专业测量师测量后,确定该项劳务的完工程度为70%;乙公司按完工进度支付价款同时支付对应的增值税税款。2020年1月,为完成该合同发生劳务成本90 000元(假定均为装修人员薪酬),为完成该合同估计还将发生劳务成本60 000元。甲公司应编制会计分录如下。

① 实际发生劳务成本90 000元时。

借:合同履约成本　　　　　　　　　　　　　　　　　　　　　　　90 000
　　贷:应付职工薪酬　　　　　　　　　　　　　　　　　　　　　　　　90 000

② 2020年1月31日,确认劳务收入并结转劳务成本时。

2020年1月31日确认的劳务收入=250 000×70%−62 500=112 500(元)

借:银行存款　　　　　　　　　　　　　　　　　　　　　　　　122 625
　　贷:主营业务收入　　　　　　　　　　　　　　　　　　　　　　　112 500
　　　　应交税费——应交增值税(销项税额)　　　　　　　　　　　　10 125
借:主营业务成本　　　　　　　　　　　　　　　　　　　　　　　90 000
　　贷:合同履约成本　　　　　　　　　　　　　　　　　　　　　　　　90 000

2020年2月28日,装修完工,乙公司验收合格,按完工进度支付价款同时支付对应的增值税税款。2020年2月,为完成该合同发生劳务成本60 000元(假定均为装修人员薪酬)。甲公司应编制会计分录如下。

① 实际发生劳务成本 60 000 元时。

借：合同履约成本　　　　　　　　　　　　　　　　　　　　　　60 000
　　贷：应付职工薪酬　　　　　　　　　　　　　　　　　　　　　60 000

② 2020 年 2 月 28 日，确认劳务收入并结转劳务成本时。

2020 年 2 月 28 日确认的劳务收入=250 000-62 500-112 500=75 000(元)

借：银行存款　　　　　　　　　　　　　　　　　　　　　　　　81 750
　　贷：主营业务收入　　　　　　　　　　　　　　　　　　　　　75 000
　　　　应交税费——应交增值税(销项税额)　　　　　　　　　　　6 750
借：主营业务成本　　　　　　　　　　　　　　　　　　　　　　60 000
　　贷：合同履约成本　　　　　　　　　　　　　　　　　　　　　60 000

【案例 11-7】

甲公司经营一家健身俱乐部。2019 年 7 月 1 日，某客户与甲公司签订合同，成为甲公司的会员，并向甲公司支付会员费 4 800 元(不含税价)，可在未来的 12 个月内在该俱乐部健身，且没有次数的限制。该业务适用的增值税税率为 6%。

本例中，客户在会籍期间可随时来俱乐部健身，且没有次数限制，客户已使用俱乐部健身的次数不会影响其未来继续使用的次数，甲公司在该合同下的履约义务是承诺随时准备在客户需要时为其提供健身服务，因此，该履约义务属于在某一时段内履行履约义务，并且该履约义务在会员的会籍期间内随时间的流逝而被履行。因此，甲公司按照年限平均法确认收入，每月应当确认的收入为 400(4800÷12)元。甲公司应编制会计分录如下。

① 2019 年 7 月 1 日，收到会员费时。

借：银行存款　　　　　　　　　　　　　　　　　　　　　　　　4 800
　　贷：合同负债　　　　　　　　　　　　　　　　　　　　　　　4 800

本例中，客户签订合同时支付了合同对价，可在未来的 12 个月内在该俱乐部进行消费，且没有次数的限制。企业在向客户转让商品之前已经产生一项负债，即合同负债。

② 2019 年 7 月 31 日确认收入，开具增值税专用发票并收到税款时。

借：合同负债　　　　　　　　　　　　　　　　　　　　　　　　　400
　　银行存款　　　　　　　　　　　　　　　　　　　　　　　　　　24
　　贷：主营业务收入　　　　　　　　　　　　　　　　　　　　　　400
　　　　应交税费——应交增值税(销项税额)　　　　　　　　　　　　24

2019 年 8 月至 2020 年 6 月，每月确认收入同上。

当履约进度不能合理确定时，企业已经发生的成本预计能够得到补偿的，应当按照已经发生的成本金额确认收入，直到履约进度能够合理确定为止。

五、合同成本

企业在与客户之间建立合同关系过程中发生的成本主要有合同取得成本和合同履约成本。

(一)合同取得成本

企业为取得合同发生的增量成本预期能够收回的,应作为合同取得成本确认为一项资产。增量成本是指企业不取得合同就不会发生的成本,也就是企业发生的与合同直接相关,但又不是所签订合同的对象或内容(如建造商品或提供服务)本身所直接发生的费用,如销售佣金等。如果销售佣金等预期可通过未来的相关服务收入予以补偿,该销售佣金(即增量成本)应在发生时确认为一项资产,即合同取得成本。

企业取得合同发生的增量成本已经确认为资产的,应当采用与该资产相关的商品收入确认相同的基础进行摊销,计入当期损益。为简化实务操作,该资产摊销期限不超过一年的,可以在发生时计入当期损益。

企业为取得合同发生的、除预期能够收回的增量成本之外的其他支出,如无论是否取得合同均会发生的差旅费、投标费、为准备投标资料发生的相关费用等,应当在发生时计入当期损益,除非这些支出明确由客户承担。

【案例 11-8】

甲公司是一家咨询公司,通过竞标赢得一个服务期为 5 年的客户,该客户每年年末支付含税咨询费 954 000 元。为取得与该客户的合同,甲公司聘请外部律师进行尽职调查支付相关费用 7 500 元,为投标而发生的差旅费 5 000 元,支付销售人员佣金 25 000 元。甲公司预期这些支出未来均能够收回。此外,甲公司根据其年度销售目标、整体盈利情况及个人业绩等,向销售部门经理支付年度奖金 5 000 元。

在本例中,甲公司为取得与该客户的合同而向销售人员支付的佣金属于取得合同发生的增量成本,应当将其作为合同取得成本确认为一项资产;甲公司聘请外部律师进行尽职调查发生的支出、为投标发生的差旅费及向销售部门经理支付的年度奖金(不能直接归属于可识别的合同)不属于增量成本,应当于发生时直接计入当期损益。甲公司应编制会计分录如下。

① 支付相关费用时。

借:合同取得成本	25 000	
管理费用	12 500	
销售费用	5 000	
贷:银行存款		42 500

② 每月确认服务收入,摊销销售佣金时。

服务收入=954 000 ÷ (1+6%) ÷ 12=75 000(元)
销售佣金摊销额=25 000 ÷ 5 ÷ 12 = 416.67(元)

借:应收账款	79 500	
销售费用	416.67	
贷:合同取得成本		416.67
主营业务收入		75 000
应交税费——应交增值税(销项税额)		4 500

(二)合同履约成本

合同履约成本是指企业为履行当前或预期取得的合同所发生的、属于《企业会计准则第 14 号——收入》(2018)规范范围、并且按照该准则应当确认为一项资产的成本。

企业为履行合同可能会发生各种成本,企业在确认收入的同时应当对这些成本进行分析,属于《企业会计准则第 14 号——收入》(2018)准则规范范围且同时满足下列条件的,应当作为合同履约成本确认为一项资产。

(1) 该成本与一份当前或预期取得的合同直接相关。第一,与合同直接相关的成本,包括:①直接人工(如支付给直接为客户提供所承诺服务的人员的工资、奖金等);②直接材料(如为履行合同耗用的原材料、辅助材料、构配件、零件、半成品的成本和周转材料的摊销及租赁费用等);③制造费用或类似费用(如组织和管理相关生产、施工、服务等活动发生的费用,包括管理人员的职工薪酬、劳动保护费、固定资产折旧费及修理费、物料消耗、取暖费、水电费、办公费、差旅费、财产保险费、工程保修费、临时设施摊销费等)。第二,明确由客户承担的成本以及仅因该合同而发生的其他成本 (如支付给分包商的成本、机械使用费、设计和技术援助费用、施工现场二次搬运费、生产工具和用具使用费、检验试验费、工程定位复测费、工程点交费用、场地清理费等)。

(2) 该成本增加了企业未来用于履行(包括持续履行)履约义务的资源。

(3) 该成本预期能够收回。

企业应当在下列支出发生时,将其计入当期损益。①管理费用,除非这些费用明确由客户承担。②非正常消耗的直接材料、直接人工和制造费用(或类似费用),这些支出为履行合同发生,但未反映在合同价格中。③与履约义务中已履行(包括已全部履行或部分履行)部分相关的支出,即该支出与企业过去的履约活动相关。④无法在尚未履行的与已履行(或已部分履行)的履约义务之间区分的相关支出。

企业发生合同履约成本时,借记"合同履约成本"账户,贷记"银行存款""应付职工薪酬""原材料"等账户;对合同履约成本进行摊销时,借记"主营业务成本""其他业务成本"等账户,贷记"合同履约成本"账户。涉及增值税的,还应进行相应的处理。

【案例 11-9】

甲公司使用自有资产经营一家酒店。2020 年 12 月,甲公司计提与经营直接相关的酒店、客房及客房内的设备家具等折旧 60 000 元、酒店土地使用权摊销费用 32 500 元。经计算,当月确认房费、餐饮等服务含税收入 212 000 元全部存入银行。

本例中,甲公司经营酒店主要是通过提供客房服务赚取收入,而客房服务的提供直接依赖于酒店物业(包含土地)及家具等相关资产,这些资产折旧和摊销属于甲公司为履行与客户的合同而发生的合同履约成本。已确认的合同履约成本在收入确认时予以摊销,计入营业成本。甲公司应编制会计分录如下。

① 确认资产的折旧费和摊销费时。

借:合同履约成本　　　　　　　　　　　　　　　　　　92 500
　　贷:累计折旧　　　　　　　　　　　　　　　　　　　　60 000
　　　　累计摊销　　　　　　　　　　　　　　　　　　　　32 500

② 12月，确认酒店服务收入并摊销合同履约成本时。
借：银行存款　　　　　　　　　　　　　　　　　　212 000
　　贷：主营业务收入　　　　　　　　　　　　　　　　200 000
　　　　应交税费——应交增值税(销项税额)　　　　　　12 000
借：主营业务成本　　　　　　　　　　　　　　　　　92 500
　　贷：合同履约成本　　　　　　　　　　　　　　　　92 500

任务二　费用的核算

一、费用概述

费用是指企业在日常活动中发生的、会导致所有者权益减少的、与向所有者分配利润无关的经济利益的总流出。费用具有以下特点。

(1) 费用是企业在日常活动中发生的经济利益的总流出。如前所述，日常活动是指企业为完成其经营目标所从事的经常性活动以及与之相关的其他活动。例如，工业企业制造并销售产品、商业企业购买并销售商品等活动。这些活动中发生的经济利益的总流出构成费用。工业企业对外出售不需用的原材料结转的材料成本等，也构成费用。

费用形成于企业日常活动的特征使其与产生于非日常活动的损失相区分。企业从事或发生的某些活动或者事项也能导致经济利益流出企业，但不属于企业的日常活动。例如，企业处置固定资产、无形资产等非流动资产，因违约支付罚款，对外捐赠，因自然灾害等非常原因造成财产毁损等，这些活动或事项形成的经济利益的总流出属于企业的损失而不是费用。

(2) 费用会导致企业所有者权益的减少。费用既可能表现为资产的减少，如减少银行存款、库存商品等；也可能表现为负债的增加，如增加应付职工薪酬、应交税费(如应交消费税)等。根据"资产-负债=所有者权益"的会计等式，费用一定会导致企业所有者权益的减少。

企业经营管理中的某些支出并不减少企业的所有者权益，也就不构成费用。例如，企业以银行存款偿还一项负债，只是一项资产和一项负债的等额减少，对所有者权益没有影响，所以不构成企业的费用。

向所有者分配利润或股利属于企业利润分配的内容，不构成企业的费用。

二、费用的账务处理

企业的费用主要包括主营业务成本、其他业务成本、税金及附加、销售费用、管理费用和财务费用等。

(一)主营业务成本

主营业务成本是指企业销售商品、提供劳务等经常性活动所发生的成本。企业一般在确认销售商品提供劳务等主营业务收入时，或在月末，将已销售商品、已提供劳务的成本结转入主营业务成本。

(二)其他业务成本

其他业务成本是指企业除主营业务活动以外的其他经营活动所发生的成本，包括销售材料的成本、出租固定资产的折旧额、出租无形资产的摊销额、出租包装物的成本或摊销额等。

企业发生的其他业务成本，借记本账户，贷记"原材料""周转材料""累计折旧""累计摊销""应付职工薪酬""银行存款"等账户。期末，应将本账户余额转入"本年利润"账户，结转后"其他业务成本"账户无余额。

(三)税金及附加

税金及附加是指企业经营活动应负担的相关税费，即消费税、城市维护建设税、资源税和教育费附加等。

企业按规定计算确定的与经营活动相关的税费，借记本账户，贷记"应交税费"账户。期末，应将本账户余额转入"本年利润"账户，结转后"税金及附加"账户无余额。

(四)销售费用

销售费用是指企业在销售商品和材料、提供劳务过程中发生的各项费用，包括企业在销售商品过程中发生的包装费、保险费、展览费和广告费、商品维修费、预计产品质量保证损失、运输费和装卸费等费用，以及企业发生的为销售本企业商品而专设的销售机构(含销售网点、售后服务网点)的职工薪酬、业务费、折旧费、固定资产修理费等费用。

企业应通过"销售费用"账户核算销售费用的发生和结转情况。该账户借方登记企业所发生的各项销售费用，贷方登记期末转入"本年利润"账户的销售费用，结转后该账户应无余额。该账户应按销售费用的费用项目进行明细核算。

【案例 11-10】

2020 年 8 月，甲公司发生如下经济业务。

① 为宣传新产品发生广告费 200 000 元，取得增值税专用发票上注明的税额为 12 000 元，已用银行存款支付。甲公司编制会计分录如下。

借：销售费用　　　　　　　　　　　　　　　　　　　　200 000
　　应交税费——应交增值税(进项税额)　　　　　　　　 12 000
　　贷：银行存款　　　　　　　　　　　　　　　　　　 212 000

② 公司销售部 8 月份共发生费用 440 000 元，其中，销售人员薪酬 200 000 元，业务费用 140 000 元，均用银行存款支付，销售部专用办公设备折旧费 100 000 元。甲公司编制会计分录如下。

借：销售费用　　　　　　　　　　　　　　　　　　　　440 000
　　贷：应付职工薪酬　　　　　　　　　　　　　　　　 200 000

累计折旧	100 000
银行存款	140 000

③ 将"销售费用"账户余额 640 000 元结转至"本年利润"账户。甲公司编制会计分录如下。

借：本年利润	640 000
贷：销售费用	640 000

(五)管理费用

管理费用是指企业为组织和管理生产经营活动而发生的各种费用，包括企业在筹建期间发生的开办费、董事会和行政管理部门在企业的经营管理中发生的或应由企业统一负担的公司经费(包括行政管理部门职工工资及福利费、物料消耗、低值易耗品摊销、办公费和差旅费等)、工会经费、董事会费(包括董事会成员津贴、会议费和差旅费等)、聘请中介机构费、咨询费(含顾问费)、诉讼费、业务招待费、技术转让费、矿产资源补偿费、研究费用、排污费及企业生产车间(部门)和行政管理部门等发生的固定资产修理费等。

企业应通过"管理费用"账户核算管理费用的发生和结转情况。该账户借方登记企业发生的各项管理费用，贷方登记期末转入"本年利润"账户的管理费用，结转后该账户应无余额。该账户应按管理费用的费用项目进行明细核算。

【案例 11-11】

甲公司 2020 年 8 月份发生如下经济业务。

① 公司为拓展产品销售市场发生业务招待费 100 000 元，取得增值税专用发票上注明的增值税税额为 6 000 元，已用银行存款支付。甲公司编制会计分录如下。

借：管理费用	100 000
应交税费——应交增值税(进项税额)	6 000
贷：银行存款	106 000

② 甲公司行政部门 8 月份共发生费用 600 000 元，其中，行政人员薪酬 440 000 元，行政部门专用办公设备折旧费 100 000 元，报销行政人员差旅费 40 000 元(假定报销人均未预借差旅费)，其他办公、水电费 20 000 元，用银行存款支付。甲公司编制会计分录如下。

借：管理费用	600 000
贷：应付职工薪酬	440 000
累计折旧	100 000
库存现金	40 000
银行存款	20 000

③ 将"管理费用"账户余额 700 000 元结转至"本年利润"账户。甲公司编制会计分录如下。

借：本年利润	700 000
贷：管理费用	700 000

(六)财务费用

财务费用是指企业为筹集生产经营所需用资金等而发生的各项筹资费用,包括利息支出(减利息收入)、汇兑损益及相关的手续费、企业发生的现金折扣或收到的现金折扣等。

企业应通过"财务费用"账户核算财务费用的发生和结转情况。该账户借方登记企业发生的各项财务费用,贷方登记期末转入"本年利润"账户的财务费用。结转后该账户应无余额。该账户应按财务费用的费用项目进行明细核算。

【案例 11-12】

甲公司 2020 年发生如下经济业务。

① 1 月 1 日,从银行借入生产经营用短期借款 720 000 元,期限 6 个月,年利率 5%,该借款本金到期后一次归还,利息分月预提,按季支付。假定所有利息均不符合利息资本化条件。甲公司编制会计分录如下。

每月月末应预提应计利息=720 000×5%÷12=3 000(元)

借:财务费用　　　　　　　　　　　　　　　　　　　　　　　　3 000
　　贷:应付利息　　　　　　　　　　　　　　　　　　　　　　　　　3 000

② 在购买材料的过程中,获得对方给予的现金折扣 2 000 元。假定不考虑增值税。甲公司编制会计分录如下。

借:应付账款　　　　　　　　　　　　　　　　　　　　　　　　2 000
　　贷:财务费用　　　　　　　　　　　　　　　　　　　　　　　　　2 000

③ 将"财务费用"账户余额 1 000 元结转至"本年利润"账户。甲公司编制会计分录如下。

借:本年利润　　　　　　　　　　　　　　　　　　　　　　　　1 000
　　贷:财务费用　　　　　　　　　　　　　　　　　　　　　　　　　1 000

任务三　利润的核算

一、利润的概念

利润是指企业在一定会计期间的经营成果。利润包括收入减去费用后的净额、直接计入当期利润的利得和损失等。

未计入当期利润的利得和损失扣除所得税影响后的净额计入其他综合收益项目。净利润与其他综合收益的合计金额为综合收益金额。

利得是指由企业非日常活动形成的、会导致所有者权益增加的、与所有者投入资本无关的经济利益的流入。损失是指由企业非日常活动形成的、会导致所有者权益减少的、向所有者分配利润无关的经济利益的流出。

二、利润的构成

利润由营业利润、利润总额和净利润等构成。

(一)营业利润

营业利润相关公式如下。

营业利润=营业收入-营业成本-税金及附加-销售费用-管理费用-研发费用-财务费用+其他收益+投资收益(-投资损失)+净敞口套期收益(-净敞口套期损失)+公允价值变动收益(-公允价值变动损失)-信用减值损失-资产减值损失+资产处置收益(-资产处置损失)

式中：

营业收入是指企业经营业务所确认的收入总额，包括主营业务收入和其他业务收入。

营业成本是指企业经营业务所发生的实际成本总额，包括主营业务成本和其他业务成本。

研发费用是指企业进行研究与开发过程中发生的费用化支出，以及计入管理费用的自行开发无形资产的摊销。

其他收益是指与企业日常活动相关，扣除冲减相关成本费用以外的政府补助。

信用减值损失是指企业计提各项金融工具信用减值准备所确认的信用损失。

资产减值损失是指企业计提各项资产减值准备所形成损失。

公允价值变动收益(或损失)是指企业交易性金融资产等公允价值变动形成的应计入当期损益的利得(或损失)。

投资收益(或损失)是指企业以各种方式对外投资所取得的收益(或发生的损失)。

资产处置收益(或损失)反映企业出售划分为持有待售的非流动资产(金融工具、长期股权投资和投资性房地产除外)或处置组(子公司和业务除外)时确认的处置利得或损失，以及处置未划分为持有待售的固定资产、在建工程、生产性生物资产及无形资产而产生的处置利得或损失，还包括债务重组中因处置非流动资产产生的利得或损失和非货币性资产交换中换出非流动资产产生的利得或损失。

(二)利润总额

利润总额的相关公式如下。

$$利润总额=营业利润+营业外收入-营业外支出$$

式中：营业外收入是指企业发生的与其日常活动无直接关系的各项利得。营业外支出是指企业发生的与其日常活动无直接关系的各项损失。

(三)净利润

净利润的相关公式如下。

$$净利润=利润总额-所得税费用$$

式中：所得税费用是指企业确认的应从当期利润总额中扣除的所得税费用。

三、营业外收支

(一)营业外收入

1. 营业外收入核算的内容

营业外收入是指企业发生的与其日常活动无直接关系的各项利得。营业外收入并不是企业经营资金耗费所产生的,不需要企业付出代价,实际上是经济利益的净流入,不可能也不需要与有关的费用进行配比。营业外收入主要包括非流动资产毁损报废收益、与企业日常活动无关的政府补助、盘盈利得、捐赠利得等。

其中,非流动资产毁损报废收益,是指因自然灾害等发生毁损、已丧失使用功能而报废非流动资产所产生的清理收益。

与企业日常活动无关的政府补助是指企业从政府无偿取得货币性资产或非货币性资产,且与企业日常活动无关的利得。

盘盈利得是指企业对现金等资产清查盘点时发生盘盈,报经批准后计入营业外收入的金额。

捐赠利得是指企业接受捐赠产生的利得。

2. 营业外收入的账务处理

企业应通过"营业外收入"账户核算营业外收入的取得及结转情况。该账户贷方登记企业确认的各项营业外收入,借方登记期末转入"本年利润"账户的营业外收入,结转后该账户应无余额。该账户应按照营业外收入的项目进行明细核算。

企业确认营业外收入,借记"固定资产清理""银行存款""待处理财产损溢"等账户,贷记"营业外收入"账户。期末,应将"营业外收入"账户余额转入"本年利润"账户,借记"营业外收入"账户,贷记"本年利润"账户。

【案例 11-13】

① 甲公司将固定资产报废清理的净收益 30 000 元转作营业外收入。甲公司编制会计分录如下。

借:固定资产清理　　　　　　　　　　　　　　　　　　　　30 000
　　贷:营业外收入　　　　　　　　　　　　　　　　　　　　　　30 000

② 公司本期营业外收入总额为 40 000 元,期末结转本年利润。该公司编制会计分录如下。

借:营业外收入　　　　　　　　　　　　　　　　　　　　　　40 000
　　贷:本年利润　　　　　　　　　　　　　　　　　　　　　　　40 000

(二)营业外支出

1. 营业外支出核算的内容

营业外支出是指企业发生的与其日常活动无直接关系的各项损失,主要包括非流动资产毁损报废损失、盘亏损失、罚款支出、公益性捐赠支出、非常损失等。

其中,非流动资产毁损报废损失是指因自然灾害等发生毁损,已丧失使用功能而报废非流动资产所产生的清理损失。

盘亏损失是指对于财产清查盘点中盘亏的资产,在查明原因处理时,按确定的损失计入营业外支出的净损失。

罚款支出是指企业支付的行政罚款、税务罚款,以及其他违反法律法规、经济合同等而支付的各种违约金、罚款、赔偿金等支出。

公益性捐赠支出是指企业对外进行公益性捐赠发生的支出。

非常损失是指企业对于因客观因素(如自然灾害等)造成的损失,在扣除保险公司赔偿后应计入营业外支出的净损失。

2. 营业外支出的账务处理

企业应通过"营业外支出"账户核算营业外支出的发生及结转情况。该账户借方登记企业发生的各项营业外支出,贷方登记期末转入"本年利润"账户的营业外支出,结转后该账户应无余额。该账户应按照营业外支出的项目进行明细核算。

企业发生营业外支出时,借记"营业外支出"账户,贷记"固定资产清理""待处理财产损溢""库存现金""银行存款"等账户。期末,应将"营业外支出"账户余额转入"本年利润"账户,借记"本年利润"账户,贷记"营业外支出"账户。

【案例 11-14】

甲公司2020年10月份发生下列经济业务。

① 将已经发生的原材料自然灾害损失100 000元转作营业外支出。甲公司编制会计分录如下。

借:营业外支出　　　　　　　　　　　　　　　　　　100 000
　　贷:待处理财产损溢　　　　　　　　　　　　　　　　　100 000

② 公司用银行存款支付税款滞纳金10 000元。甲公司编制会计分录如下。

借:营业外支出　　　　　　　　　　　　　　　　　　10 000
　　贷:银行存款　　　　　　　　　　　　　　　　　　　10 000

③ 公司本期营业外支出总额为110 000元,期末结转本年利润。甲公司编制会计分录如下。

借:本年利润　　　　　　　　　　　　　　　　　　110 000
　　贷:营业外支出　　　　　　　　　　　　　　　　　110 000

四、所得税费用

所得税是指根据企业应纳税所得额的一定比例上交的一种税金。所得税费用包括当期所得税和递延所得税两个部分。其中,当期所得税是指当期应交所得税。所得税费用的计算公式如下。

所得税费用=当期所得税+递延所得税费用(-递延所得税收益)

(一)当期应交所得税的计算

应纳税所得额是在企业税前会计利润(即利润总额)的基础上调整确定的,计算公式为:

应纳税所得额=税前会计利润+纳税调整增加额-纳税调整减少额

纳税调整增加额包括税法规定允许扣除项目中,企业已计入当期费用,但超过税法规定扣除标准的金额(如超过税法规定标准的职工福利费、工会经费、职工教育经费、业务招待费支出、公益性捐赠支出、广告费和业务宣传费),以及企业已计入当期损失但税法规定不允许扣除项目的金额(如税收滞纳金、罚款和罚金)等。

纳税调整减少额包括按税法规定允许弥补的亏损和准予免税的项目，如前 5 年内的未弥补亏损和国债利息收入。

企业当期应交所得税税额的计算公式如下。

$$当期应交所得税税额=当期应纳税所得额×所得税税率$$

【案例 11-15】

A 公司 2020 年度按《企业会计准则》计算的税前会计利润为 1 850 万元，所得税税率为 25%。当年按税法核定的全年计税工资为 200 万元，A 公司全年实发工资为 220 万元。经查，A 公司当年营业外支出中有 12 万元为税款滞纳罚金。假定 A 公司全年无其他纳税调整项目。计算应纳税所得额和应交所得税额如下。

A 公司纳税调整增加额：　　　利润总额　　　　　　1 850 万元
　　　　　　　　　加：　　税款滞纳罚金　　　　+12 万元
　　　　　　　　　加：超过税法规定的工资支出　+20 万元

调整之后的应纳税所得额=1 850+12+20=1 882(万元)

当期应交所得税税额=1 882×25%=470.5(万元)

　　借：所得税费用——当期所得税费用　　　　　　4 705 000
　　　　贷：应交税费——应交所得税　　　　　　　　　　4 705 000

【案例 11-16】

A 公司 2020 年度全年利润总额(即税前会计利润)为 1 200 万元，其中包括当年收到的国家债券利息收入 10 万元，所得税税率为 25%。假定本年无其他纳税调整项目。

按照税法的有关规定，企业购买国家债券的利息收入免交所得税，即应该调减应纳税所得额为 1 190(1 200-10)万元，当期应交所得税税额为 297.5(1 190×25%)万元。

(二)所得税费用的账务处理

企业应根据会计准则的规定，计算确定的当期所得税和递延所得税费用之和，即为应从当期利润总额中扣除的所得税费用。其计算公式如下。

$$所得税费用=当期应交所得税+递延所得税费用$$

$$递延所得税费用=(递延所得税负债的期末余额-递延所得税负债的期初余额)$$
$$-(递延所得税资产的期末余额-递延所得税资产的期初余额)$$

企业应通过"所得税费用"账户，核算企业所得税费用的确认及其结转情况。期末应将"所得税费用"账户的余额转入"本年利润"账户，借记"本年利润"账户，贷记"所得税费用"账户。结转后"所得税费用"账户应无余额。

【案例 11-17】

承案例 11-15，A 公司递延所得税负债的年初余额为 500 000 元、年末余额为 650 000 元，递延所得税资产的年初余额为 350 000 元、年末余额为 400 000 元。A 企业的账务处理如下。

递延所得税费用=(650 000-500 000)-(400 000-350 000)=100 000(元)

所得税费用 = 当期应交所得税 + 递延所得税费用 = 4 705 000+100 000 = 4 805 000(元)

借：所得税费用　　　　　　　　　　　　　　　4 805 000
　　递延所得税资产　　　　　　　　　　　　　　　 50 000
　　贷：应交税费——应交所得税　　　　　　　　　　　　4 705 000
　　　　递延所得税负债　　　　　　　　　　　　　　　 150 000

五、本年利润

(一)结转本年利润的方法

会计期末结转本年利润的方法有表结法和账结法两种。

1. 表结法

表结法下，各损益类账户每月月末只需结出本月发生额和月末累计余额，不结转到"本年利润"账户，只有在年末时才将全年累计余额结转入"本年利润"账户。但每月月末要将损益类账户的本月发生额合计数填入利润表的"本月数"栏，同时将本月末累计余额填入利润表的"本年累计数"栏，通过利润表计算反映各期的利润(或亏损)。表结法下，年中损益类账户无须结转入"本年利润"账户，从而减少了转账环节和工作量，同时并不影响利润表的编制及有关损益指标的利用。

2. 账结法

账结法下，每月末均需编制转账凭证，将在账上结计出的各损益类账户的余额，结转入"本年利润"账户。结转后"本年利润"账户的本月余额反映当月实现的利润或发生的亏损，"本年利润"账户的本年余额反映本年累计实现的利润或发生的亏损。账结法在各月均可通过"本年利润"账户提供当月及本年累计的利润(或亏损)额，但增加了转账环节和工作量。

(二)结转本年利润的会计处理

企业应设置"本年利润"账户，核算企业本年度实现的净利润(或发生的净亏损)。

会计期末，企业应将"主营业务收入""其他业务收入""其他收益""营业外收入"等账户的余额分别转入"本年利润"账户的贷方，将"主营业务成本""其他业务成本""税金及附加""销售费用""管理费用""财务费用""信用减值损失""资产减值损失""营业外支出""所得税费用"等账户的余额分别转入"本年利润"账户的借方。企业还应将"公允价值变动损益""投资收益""资产处置损益"账户的净收益转入"本年利润"账户的贷方，将"公允价值变动损益""投资收益""资产处置损益"账户的净损失转入"本年利润"账户的借方。结转后"本年利润"账户如为贷方余额，表示当年实现的净利润；如为借方余额，表示当年发生的净亏损。

年度终了，企业还应将"本年利润"账户的本年累计余额转入"利润分配——未分配利润"账户。结转后"本年利润"账户如为贷方余额，借记"本年利润"账户，贷记"利润分配——未分配利润"账户；如为借方余额，作相反的会计分录。结转后"本年利润"账户应无余额。

【案例 11-18】

A公司在2020年度决算时，各损益类账户全年发生净额(单位：元)分别为：主营业务收入 198 000，其他业务收入 20 680，投资收益 3 300，营业外收入 7 700，主营业务成本 110 000，税金及附加 9 900，其他业务成本 16 280，销售费用 4 400，管理费用 18 700，财务费用 4 400，营业外支出 3 960，所得税费用 18 700。据此A公司编制年终利润结账分录如下。

① 结转各种收入时。

借：主营业务收入	198 000
其他业务收入	20 680
投资收益	3 300
营业外收入	7 700
贷：本年利润	229 680

② 结转各种成本、费用、税金等时。

借：本年利润	186 340
贷：主营业务成本	110 000
税金及附加	9 900
其他业务成本	16 280
销售费用	4 400
管理费用	18 700
财务费用	4 400
营业外支出	3 960
所得税费用	18 700

③ 计算并结转本年净利润 43 340 元时。

借：本年利润	43 340
贷：利润分配——未分配利润	43 340

项 目 小 结

收入是指企业在日常活动中形成的、会导致所有者权益增加的、与所有者投入资本无关的经济利益的总流入。收入分为销售商品收入、提供劳务收入和让渡资产使用权收入。企业对收入的核算应通过设置"主营业务收入"和"其他业务收入"账户进行。

费用是指企业在日常活动中发生的、会导致所有者权益减少的、与向所有者分配利润无关的经济利益的总流出。费用分为营业成本和期间费用等。费用的核算主要是期间费用的核算，应设置"销售费用""管理费用"和"财务费用"等账户进行。

利润是企业在一定会计期间的经营成果，企业的利润包括收入减去费用后的净额、直接计入当期利润的利得和损失等。利润的计算是通过各项损益类账户的期末结转进行的，表现为期末"本年利润"账户的余额。按照税法规定，企业取得的利润应首先向国家缴纳企业所得税，之后再进行利润分配。

微课视频资源

收入的核算.mp4　　　　费用的核算.mp4　　　　利润的核算.mp4

项目十二 财务会计报告的编制

知识目标

- 掌握资产负债表、利润表的编制方法。
- 了解现金流量表的编制方法。
- 了解所有者权益变动表的编制方法。

技能目标

- 能够根据期末各账户余额编制资产负债表。
- 能够根据本期各损益发生额编制利润表。

任务一　编制资产负债表

一、资产负债表概述

(一)资产负债表的内容

资产负债表是指反映企业在某一特定日期的财务状况的报表。它是依据经过审核的会计账簿,并依据一定的分类标准,将企业在某一特定日期的全部资产、负债和所有者权益项目进行适当的分类、汇总、排列后编制而成的。

资产负债表是根据"资产=负债+所有者权益"这一会计基本等式而编制的。它所提供的是企业一定日期的财务状况,主要包括以下内容。

(1) 企业所拥有的各种经济资源(资产)。
(2) 企业所负担的债务(负债),以及企业的偿债能力(包括短期与长期偿债能力)。
(3) 企业所有者在企业里所持有的权益(所有者权益)。

资产负债表可以提供某一特定日期资产的总额及其结构,表明企业拥有或控制的资源及其分布情况,财务会计报告使用者可以一目了然地从资产负债表上了解企业在某一特定日期所拥有的资产总量及其结构;可以提供某一日期的负债总额及其结构,表明企业未来需要用多少资产或劳务清偿债务以及清偿时间;可以反映所有者所拥有的权益,据以判断资本保值、增值的情况及对负债的保障程度。此外,资产负债表还可以提供进行财务分析的基本资料,如将流动资产与流动负债进行比较,计算出流动比率;将速动资产与流动负债进行比较,计算出速动比率等,可以表明企业的变现能力、偿债能力和资金周转能力,从而有助于财务会计报告使用者作出经济决策。

(二)资产负债表上项目的分类与排列

为了帮助财务报告使用者对财务信息进行分析、理解及评价,资产负债表上的项目应按照其共同特征进行适当的分类与排列。一般来说,在资产负债表上,资产按其流动性程度的高低顺序排列,即先流动资产、后非流动资产;负债按其到期日由近至远的顺序排列,即先流动负债,后非流动负债;所有者权益则按其永久递减的顺序排列,即先实收资本,后资本公积、盈余公积,最后是未分配利润。

(三)资产负债表的格式

资产负债表有两种格式,即账户式与报告式(垂直式)。账户式是我国企业资产负债表惯用的格式。报表分为左右两方,左方列示资产各项目,反映全部资产的分布及存在形态;右方列示负债和所有者权益各项目,反映全部负债和所有者权益的内容及构成情况。资产负债表左右双方平衡,资产总计等于负债和所有者权益总计,即"资产=负债+所有者权益"。此外,为了使财务报告使用者通过比较不同时点资产负债表的数据,掌握企业财务状况的变动情况及发展趋势,企业需要提供比较资产负债表,资产负债表还需分为"上年年末余额"和"期末余额"两栏分别填列。一般企业资产负债表的基本格式与结构参见表12-1。

二、资产负债表的编制

(一)资产负债表的编制方法

1. 根据总账账户余额填列

资产负债表"期末余额"栏,一般应根据资产类、负债类和所有者权益类账户的期末余额填列。"交易性金融资产""递延所得税资产""短期借款""交易性金融负债""应付票据""应付职工薪酬""应交税费""其他应付款""预计负债""递延所得税负债""实收资本(或股本)""资本公积""库存股""盈余公积"等项目,应根据有关总账账户的余额填列。

有些项目则需要根据几个总账账户的期末余额计算填列:"货币资金"项目,需要根据"库存现金""银行存款""其他货币资金"三个总账账户期末余额的合计数填列;"其他非流动资产""其他流动负债"项目,需要根据有关账户的期末余额分析填列。

2. 根据明细账账户余额计算填列

"开发支出"项目,应根据"研发支出"账户中所属的"资本化支出"明细账户期末余额填列;"应付账款"项目,应根据"应付账款"和"预付账款"两个账户所属的相关明细账户的期末贷方余额合计数填列;"预收款项"项目,应根据"预收账款"账户和"应收账款"账户所属各明细账户的期末贷方余额合计数填列;"一年内到期的非流动资产""一年内到期的非流动负债"项目应根据有关非流动资产或非流动负债账户的明细账户余额分析填列;"长期借款""应付债券"项目,应分别根据"长期借款""应付债券"账户的明细账户余额分析填列;"未分配利润"项目,应根据"利润分配"账户中所属的"未分配利润"明细账户期末余额填列。

3. 根据总账账户和明细账账户余额分析计算填列

"长期借款"项目,应根据"长期借款"总账账户余额扣除"长期借款"账户所属的明细账户中将在资产负债表日起一年内到期,且企业不能自主地将清偿义务展期的长期借款后的金额计算填列。"长期待摊费用"项目,应根据"长期待摊费用"账户的期末余额减去将于一年内(含一年)摊销的数额后的金额填列;"其他非流动负债"项目,应根据有关账户的期末余额减去将于一年内(含一年)到期偿还数后的金额填列。

4. 根据有关账户余额减去其备抵账户余额后的净额填列

"债权投资""其他债权投资""其他权益工具投资""长期股权投资""在建工程""商誉"项目,应根据相关账户的期末余额填列,已计提减值准备的,还应扣减相应的减值准备;"固定资产""无形资产""投资性房地产""生产性生物资产""油气资产"项目,应根据相关账户的期末余额扣减相关的累计折旧(或摊销、折耗)填列,已计提减值准备的,还应扣除相应的减值准备;采用公允价值计量的上述资产,应根据相关账户的期末余额填列;"长期应收款"项目,应根据"长期应收款"账户的期末余额,减去相应的"未实现融资收益"账户和"坏账准备"账户所属相关明细账户期末余额后的金额填列;"长期应付款"项目,应根据"长期应付款"账户的期末余额,减去相应的"未确认融资费用"账户期末余额后的金额填列。

5. 综合运用上述填列方法分析填列

综合运用上述填列方法分析填列的项目主要包括:"应收票据""其他应收款"项目,应根据相关账户的期末余额,减去"坏账准备"账户中有关坏账准备期末余额后的金额填列;"应收账款"项目,应根据"应收账款"账户和"预收账款"账户所属各明细账户的期末借方余额合计数,减去"坏账准备"账户中有关应收账款计提的坏账准备期末余额后的金额填列;"预付款项"项目,应根据"预付账款"账户和"应付账款"账户所属各明细账户的期末借方余额合计数,减去"坏账准备"账户中有关预付款项计提的坏账准备期末余额后的金额填列;"存货"项目,应根据"材料采购""原材料""发出商品""库存商品""周转材料""委托加工物资""生产成本""受托代销商品"等账户的期末余额合计,减去"受托代销商品款""存货跌价准备"账户期末余额后的金额填列;材料采用计划成本核算,以及库存商品采用计划成本核算或售价核算的企业,还应加或减材料成本差异、商品进销差价后的金额填列。

6. 资产负债表"上年年末余额"栏的填列方法

资产负债表中"上年年末余额"栏通常根据上年年末有关项目的期末余额填列,且与上年年末资产负债表"期末余额"栏一致。企业在首次执行新准则时,应当按照《企业会计准则第38号——首次执行企业会计准则》对首次执行新准则的"年初余额"栏及相关项目进行调整;以后期间,如果企业发生了会计政策变更、前期差错更正,应当对"上年年末余额"栏中的有关项目进行相应调整。此外,如果企业上年度资产负债表规定的项目名称和内容同本年度不一致,应对上年年末资产负债表相关项目的名称和数字按照本年度的规定进行调整,填入"上年年末余额"栏。

(二)资产负债表具体项目填列说明

下面分别就流动资产、非流动资产、流动负债、非流动负债和所有者权益(或股东权益)五个类别,说明一般企业资产负债表主要项目的"期末余额"栏的填列方法。

1. 流动资产项目的填列方法

(1)"货币资金"项目,反映资产负债表日企业持有的货币资金余额。该项目应根据"库存现金""银行存款""其他货币资金"账户的余额之和填列。

(2)"交易性金融资产"项目,反映资产负债表日企业分类为以公允价值计量且其变动计入当期损益的金融资产,以及企业持有的指定为以公允价值计量且其变动计入当期损益的金融资产的期末账面价值。该项目应根据"交易性金融资产"账户的相关明细账户期末余额分析填列。

(3)"应收票据"项目,反映资产负债表日以摊余成本计量的、企业因销售商品、提供服务等收到的商业汇票,包括银行承兑汇票和商业承兑汇票。该项目应根据"应收票据"账户的期末余额,减去"坏账准备"账户中相关坏账准备期末余额后的金额分析填列。

(4)"应收账款"项目,反映资产负债表日以摊余成本计量的、企业因销售商品、提供服务等经营活动应收取的款项。该项目应根据"应收账款"账户的期末余额，减去"坏账准备"账户中相关坏账准备期末余额后的金额分析填列。

(5)"应收款项融资"项目，反映资产负债表日以公允价值计量且其变动计入其他综合收益的应收票据和应收账款等。

(6)"预付款项"项目，反映企业按照合同规定预付的款项在资产负债表日的净额。该项目应根据"预付账款""应付账款"总账账户所属明细账户的借方余额之和，减去相应的"坏账准备"所属明细账户的贷方余额计算填列。

(7)"其他应收款"项目，反映资产负债表日企业持有的应收利息、应收股利和其他应收款净额。如果企业单独设立"应收利息""应收股利"账户，则该项目应根据"应收利息""应收股利""其他应收款"账户的期末余额合计数，减去"坏账准备"账户中相关坏账准备期末余额后的金额填列；如果企业不单独设立"应收利息""应收股利"账户，则该项目应根据"其他应收款"账户的期末余额，减去"坏账准备"账户中相关坏账准备期末余额后的金额填列。

(8)"存货"项目，反映资产负债表日企业持有的存货净额。该项目应主要根据"材料采购"(或"在途物资""商品采购")"原材料"(或"库存商品")"委托加工物资""周转材料""材料成本差异"(或"商品进销差价")"生产成本""自制半成品""产成品""发出商品"等账户借贷方余额的差额，减去"存货跌价准备"账户的期末余额后的金额填列。

(9)"合同资产"项目，反映企业按照《企业会计准则第 14 号——收入》的相关规定根据本企业履行履约义务与客户付款之间的关系应确认的合同资产在资产负债表日的余额中的流动部分。该项目应根据"合同资产"账户的相关明细账户期末余额分析填列，同一合同下的合同资产和合同负债应当以净额列示，其中净额为借方余额的，其流动性部分在"合同资产"项目中填列，已计提减值准备的，还应减去"合同资产减值准备"账户中相关的期末余额后的金额填列。

(10)"持有待售资产"项目，反映资产负债表日划分为持有待售类别的非流动资产及划分为持有待售类别的处置组中的流动资产和非流动资产的期末账面价值。该项目应根据"持有待售资产"账户的期末余额，减去"持有待售资产减值准备"账户的期末余额后的金额填列。

(11)"一年内到期的非流动资产"项目，反映资产负债表日企业持有的将于一年内到期的非流动资产的期末账面价值。该项目应根据"债权投资""其他债权投资""长期应收款"账户所属明细账户余额中将于一年内到期的长期债权的数额之和计算填列。

(12)"其他流动资产"项目，反映资产负债表日企业持有的除以上各个流动资产项目之外的其他流动资产净额。该项目主要包括：①企业购入的以摊余成本计量的一年内到期的债权投资的期末账面价值。该部分金额应当根据"债权投资"账户的相关明细账户期末余额，减去"债权投资减值准备"账户中相关减值准备的期末余额后的金额确定。②企业购入的以公允价值计量且其变动计入其他综合收益的一年内到期的债权投资的期末账面价值。该部分金额应当根据"其他债权投资"账户相关明细账户的期末余额确定。③按照《企业会计准则第 14 号——收入》的相关规定确认为资产的合同取得成本的期末余额中的流动部分。该部分金额应当根据"合同取得成本"账户的明细账户初始确认时摊销期限在一年或长于一年的一个正常营业周期之内的部分，减去"合同取得成本减值准备"账户中相关的期末余额后的金额确定。④按照《企业会计准则第 14 号——收入》的相关规定确认为资产的应收退货成本的期末余额中的流动部分。该部分金额应当根据"应收退货成本"账户的明细账户余额分析确定。

2. 非流动资产项目的填列方法

(1) "债权投资"项目，反映资产负债表日企业以摊余成本计量的长期债权投资的期末账面价值。该项目应根据"债权投资"账户的相关明细账户期末余额，减去"债权投资减值准备"账户中相关减值准备的期末余额后的金额分析填列。自资产负债表日起一年内到期的长期债权投资的期末账面价值，在"一年内到期的非流动资产"项目反映。企业购入的以摊余成本计量的一年内到期的债权投资的期末账面价值，在"其他流动资产"项目反映。

(2) "其他债权投资"项目，反映资产负债表日企业分类为以公允价值计量且其变动计入其他综合收益的长期债权投资的期末账面价值。该项目应根据"其他债权投资"账户的相关明细账户期末余额分析填列。自资产负债表日起一年内到期的长期债权投资的期末账面价值，在"一年内到期的非流动资产"项目反映。企业购入的以公允价值计量且其变动计入其他综合收益的一年内到期的债权投资的期末账面价值，在"其他流动资产"项目反映。

(3) "长期应收款"项目，反映资产负债表日企业持有的长期应收款净额。该项目应根据"长期应收款"账户相关明细账户的期末余额中的非流动部分，减去相应的"坏账准备"账户所属明细账户的贷方余额计算填列。

(4) "长期股权投资"项目，反映资产负债表日企业持有的采用成本法和权益法核算的长期股权投资净额。该项目应根据"长期股权投资"账户的期末余额，减去"长期股权投资减值准备"账户的贷方余额计算填列。

(5) "其他权益工具投资"项目，反映资产负债表日企业指定为以公允价值计量且其变动计入其他综合收益的非交易性权益工具投资的期末账面价值。该项目应根据"其他权益工具投资"账户的期末余额填列。

(6) "投资性房地产"项目，反映资产负债表日企业持有的投资性房地产的期末账面价值，该项目应根据"投资性房地产"账户的期末余额，减去"投资性房地产累计折旧""投资性房地产减值准备"账户的期末余额后的金额填列。

(7) "固定资产"项目，反映资产负债表日企业固定资产的期末账面价值和企业尚未清理完毕的固定资产清理净损益。该项目应根据"固定资产"账户的期末余额，减去"累计折旧""固定资产减值准备"账户的期末余额后的金额，以及"固定资产清理"账户的期末余额填列。

(8) "在建工程"项目，反映资产负债表日企业尚未达到预定可使用状态的在建工程的期末账面价值和企业为在建工程准备的各种物资的期末账面价值。该项目应根据"在建工程"账户的期末余额，减去"在建工程减值准备"账户的期末余额后的金额，以及"工程物资"账户的期末余额，减去"工程物资减值准备"账户的期末余额后的金额填列。

(9) "无形资产"项目，反映资产负债表日企业无形资产的期末账面价值。该项目应根据"无形资产"账户的期末余额，减去"累计摊销""无形资产减值准备"账户的期末余额后的金额填列。

(10) "开发支出"项目，反映资产负债表日企业已经发生的研发支出中的资本化支出的余额。该项目应根据"研发支出"账户所属的"资本化支出"明细账户的期末余额填列。

(11) "长期待摊费用"项目，反映资产负债表日企业已经发生但应由本期和以后各期负担的分摊期限在一年以上的长期待摊费用的期末余额。该项目应根据"长期待摊费用"账户的期末余额分析填列。

(12) "递延所得税资产"项目，反映资产负债表日企业确认的可抵扣暂时性差异产生的所得税资产的余额。该项目应根据"递延所得税资产"账户的期末余额分析填列。

(13) "其他非流动资产"项目，反映资产负债表日企业持有的除以上各个非流动资产项目之外的其他非流动资产净额。该项目主要包括：①企业按照《企业会计准则第 14 号——收入》的相关规定根据本企业履行履约义务与客户付款之间的关系应确认的合同资产在资产负债表日的余额中的非流动部分。该部分金额应根据"合同资产""合同负债"账户的相关明细账户期末余额分析确定，同一合同下的合同资产和合同负债应当以净额列示，其中净额为借方余额的，其非流动性部分在"其他非流动资产"项目中填列，已计提减值准备的，还应减去"合同资产减值准备"账户中相关的期末余额后的金额填列。②按照《企业会计准则第 14 号——收入》的相关规定确认为资产的应收退货成本的期末余额中的非流动部分。该部分金额应当根据"应收退货成本"账户的明细账户余额分析确定。

3. 流动负债项目的填列方法

(1) "短期借款"项目，反映资产负债表日企业承担的向银行或其他金融机构等借入的期限在一年以下(含一年)的各种借款的期末账面价值。该项目应根据"短期借款"账户的期末余额填列。

(2) "交易性金融负债"项目，反映资产负债表日企业承担的交易性金融负债，以及企业持有的直接指定为以公允价值计量且其变动计入当期损益的金融负债的期末账面价值。该项目应根据"交易性金融负债"账户的相关明细账户期末的余额填列。

(3) "应付票据"项目，反映资产负债表日以摊余成本计量的、企业因购买材料、商品和接受服务等开出、承兑的商业汇票，包括银行承兑汇票和商业承兑汇票。该项目应根据"应付票据"账户的期末余额填列。

(4) "应付账款"项目，反映资产负债表日以摊余成本计量的、企业因购买材料、商品和接受服务等经营活动应支付的款项。该项目应根据"应付账款""预付账款"账户所属的相关明细账户的期末贷方余额合计数填列。

(5) "预收款项"项目，反映企业按照合同规定预收的款项在资产负债表日的账面价值。该项目应根据"预收账款""应收账款"账户的相关明细账户的期末贷方余额填列。

(6) "合同负债"项目，反映企业按照《企业会计准则第 14 号——收入》的相关规定根据本企业履行履约义务与客户付款之间的关系应确认的合同负债。该项目应根据"合同负债"账户的相关明细账户期末余额分析填列，同一合同下的合同资产和合同负债应当以净额列示，其中净额为贷方余额的，应当根据其流动性在"合同负债"或"其他非流动负债"项目中填列。

(7) "应付职工薪酬"项目，反映资产负债表日企业承担的应付职工薪酬的余额，该项目应根据"应付职工薪酬"账户的期末余额分析填列。

(8) "应交税费"项目，反映资产负债表日企业承担的应交未交税费的余额。该项目应根据"应交税费"账户的期末余额分析填列。

(9)"其他应付款"项目，反映资产负债表日企业承担的应付利息、应付股利和其他应付款的余额。如果企业单独设立"应付利息""应付股利"账户，则该项目应根据"应付利息""应付股利""其他应付款"账户的期末余额合计数填列；如果企业不单独设立"应付利息""应付股利"账户，则该项目应根据"其他应付款"账户的期末余额填列。

(10)"持有待售负债"项目，反映资产负债表日处置组中与划分为持有待售类别的资产直接相关的负债的期末账面价值。该项目应根据"持有待售负债"账户的期末余额填列。

(11)"一年内到期的非流动负债"项目，反映资产负债表日企业持有的将于一年内到期的非流动负债的期末账面价值。该项目应根据"长期借款""应付债券""长期应付款"账户所属明细账户余额中将于一年内到期的数额之和计算填列。

4. 非流动负债项目的填列方法

(1)"长期借款"项目，反映资产负债表日企业承担的向银行或其他金融机构等借入的期限在一年以上(不含一年)的各种借款的期末账面价值中的非流动部分。该项目应根据"长期借款"账户的相关明细账户的期末余额分析填列。

(2)"应付债券"项目，反映企业为筹集长期资金而发行债券的本金和利息在资产负债表日的账面价值中的非流动部分。该项目应根据"应付债券"账户的相关明细账户的期末余额分析填列。

(3)"长期应付款"项目，反映资产负债表日企业承担的除长期借款和应付债券以外的其他各种长期应付款项的期末账面价值中的非流动部分。该项目应根据"长期应付款""专项应付款""未确认融资费用"账户的相关明细账户的期末余额分析填列。

(4)"预计负债"项目，反映资产负债表日企业承担的就对外提供担保、未决诉讼、产品质量保证、亏损性合同等事项确认的预计负债的余额。该项目应根据"预计负债"总账账户所属各明细账户的期末余额中的非流动部分计算填列。

(5)"递延所得税负债"项目，反映资产负债表日企业确认的应纳税暂时性差异产生的所得税负债的余额。该项目应根据"递延所得税负债"账户的期末余额分析填列。

5. 所有者权益(或股东权益)项目的填列方法

(1)"实收资本(或股本)"项目，反映企业接受投资者投入的实收资本在资产负债表日的余额。该项目应该根据"实收资本(或股本)"账户的期末余额填列。

(2)"其他权益工具"项目，反映企业发行的除普通股(作为实收资本或股本)以外，按照金融负债和权益工具区分原则分类为权益工具的其他权益工具在资产负债表日的余额。该项目应该根据"其他权益工具"账户的期末余额填列。

(3)"资本公积"项目，反映企业收到投资者出资额超出其在注册资本或股本中所占份额的部分在资产负债表日的余额。该项目应该根据"资本公积"账户的期末余额填列。

(4)"其他综合收益"项目，反映企业根据会计准则规定未在当期损益中确认的各项利得和损失在资产负债表日的余额。该项目应该根据"其他综合收益"账户的期末余额填列。

(5)"盈余公积"项目，反映企业从净利润中提取的盈余公积在资产负债表日的余额。该项目应该根据"盈余公积"账户的期末余额填列。

(6)"未分配利润"项目，反映企业在资产负债表日累计未分配利润或未弥补亏损的余额。该项目应该根据"本年利润"账户以及"利润分配"总账账户所属的"未分配利润"

明细账户的期末余额分析填列。

(三)资产负债表编制实例

【案例 12-1】

甲公司 2019 年 12 月 31 日的资产负债表(年初余额略)及 2020 年 12 月 31 日的账户余额表分别如表 12-1 和表 12-2 所示。假设甲公司 2020 年度除计提固定资产减值准备导致固定资产账面价值与其计税基础存在可抵扣暂时性差异外,其他资产和负债项目的账面价值均等于其计税基础。假定甲公司未来很可能获得足够的应纳税所得额用来抵扣可抵扣暂时性差异,适用的所得税税率为25%。

表 12-1 资产负债表   会企 01 表

编制单位:甲公司   2019 年 12 月 31 日   单位:元

资　产	期末余额	上年年末余额	负债和所有者权益(或股东权益)	期末余额	上年年末余额
流动资产:		(略)	流动负债:		(略)
货币资金	1 506 300		短期借款	400 000	
交易性金融资产	15 000		交易性金融负债	0	
衍生金融资产	0		衍生金融负债	0	
应收票据	246 000		应付票据	100 000	
应收账款	299 100		应付账款	953 800	
应收款项融资	0		预收款项	0	
预付款项	100 000		合同负债	0	
其他应收款	5 000		应付职工薪酬	110 000	
存货	2 480 000		应交税费	36 600	
合同资产	0		其他应付款	51 000	
持有待售资产	0		持有待售负债	0	
一年内到期的非流动资产	0		一年内到期的非流动负债	1 000 000	
其他流动资产	100 000		其他流动负债	0	
流动资产合计	4 751 400		流动负债合计	2 651 400	
非流动资产:			非流动负债:		
债权投资	0		长期借款	600 000	
其他债权投资	0		应付债券	0	
长期应收款	0		其中:优先股	0	
长期股权投资	250 000		永续债	0	
其他权益工具投资	0		租赁负债	0	
其他非流动金融资产	0		长期应付款	0	
投资性房地产	0		预计负债	0	

续表

资　产	期末余额	上年年末余额	负债和所有者权益(或股东权益)	期末余额	上年年末余额
固定资产	1 100 000		递延收益	0	
在建工程	1 500 000		递延所得税负债	0	
生产性生物资产	0		其他非流动负债	0	
油气资产	0		非流动负债合计	600 000	
使用权资产	0		负债合计	3 251 400	
无形资产	600 000		所有者权益(或股东权益):		
开发支出	0		实收资本(或股本)	5 000 000	
商誉	0		其他权益工具	0	
长期待摊费用	0		其中：优先股	0	
递延所得税资产	0		永续债	0	
其他非流动资产	200 000		资本公积	0	
非流动资产合计	3 650 000		减：库存股	0	
			其他综合收益	0	
			专项储备	0	
			盈余公积	100 000	
			未分配利润	50 000	
			所有者权益(或股东权益)合计	5 150 000	
资产总计	8 401 400		负债和所有者权益(或股东权益)总计	8 401 400	

表 12-2　账户余额表

2020 年 12 月 31 日　　　　　　　　　　　　　　　　　　　　　　　　　单位：元

账户名称	借方余额	账户名称	贷方余额
库存现金	3 000	短期借款	60 000
银行存款	804 831	应付票据	90 000
其他货币资金	6 300	应付账款	953 800
交易性金融资产	0	其他应付款	50 000
应收票据	66 000	应付职工薪酬	180 000
应收账款	600 000	应交税费	226 731
坏账准备	-1 800	应付利息	0
预付账款	100 000	应付股利	32 215.85
其他应收款	5 000	长期借款	1 160 000

续表

账户名称	借方余额	账户名称	贷方余额
材料采购	275 000	股本	5 000 000
原材料	46 000	盈余公积	124 770.40
周转材料	38 050	利润分配(未分配利润)	218 013.75
库存商品	2 122 400		
材料成本差异	4 250		
合同资产	0		
持有待售资产	0		
其他流动资产	100 000		
长期股权投资	250 000		
固定资产	2 401 000		
累计折旧	−170 000		
固定资产减值准备	−30 000		
工程物资	300 000		
在建工程	428 000		
无形资产	610 000		
累计摊销	−70 000		
递延所得税资产	7 500		
其他长期资产	200 000		
合　计	8 095 531	合　计	8 095 531

根据上述资料，编制甲公司 2020 年 12 月 31 日的资产负债表，见表 12-3。

表 12-3　资产负债表

会企 01 表

编制单位：甲公司　　　　　　　2020 年 12 月 31 日　　　　　　　单位：元

资　产	期末余额	上年年末余额	负债和所有者权益(或股东权益)	期末余额	上年年末余额
流动资产：			流动负债：		
货币资金	814 131	1 506 300	短期借款	60 000	400 000
交易性金融资产	0	15 000	交易性金融负债	0	0
衍生金融资产	0	0	衍生金融负债	0	0
应收票据	66 000	246 000	应付票据	90 000	100 000
应收账款	598 200	299 100	应付账款	953 800	950 800
应收款项融资	0	0	预收款项	0	0
预付款项	100 000	100 000	合同负债	0	0
其他应收款	5 000	5 000	应付职工薪酬	180 000	110 000
存货	2 485 700	2 480 000	应交税费	226 731	36 600

续表

资　产	期末余额	上年年末余额	负债和所有者权益(或股东权益)	期末余额	上年年末余额
合同资产	0	0	其他应付款	82 215.85	51 000
持有待售资产	0	0	持有待售负债	0	0
一年内到期的非流动资产	0	0	一年内到期的非流动负债	0	1 000 000
其他流动资产	100 000	10 0000	其他流动负债	0	0
流动资产合计	4 169 031	4 751 400	流动负债合计	1 592 746.85	2 651 400
非流动资产：			非流动负债：		
债权投资	0	0	长期借款	1 160 000	600 000
其他债权投资	0	0	应付债券	0	0
长期应收款	0	0	其中：优先股	0	0
长期股权投资	250 000	250 000	永续债	0	0
其他权益工具投资	0	0	租赁负债	0	0
其他非流动金融资产	0	0	长期应付款	0	0
投资性房地产	0	0	预计负债	0	0
固定资产	2 201 000	1100000	递延收益	0	0
在建工程	728 000	1500000	递延所得税负债	0	0
生产性生物资产	0	0	其他非流动负债	0	0
油气资产	0	0	非流动负债合计	1 160 000	600 000
使用权资产	0	0	负债合计	2 752 746.85	3 251 400
无形资产	540 000	60 0000	所有者权益(或股东权益)：		
开发支出	0	0	实收资本(或股本)	5 000 000	5 000 000
商誉	0	0	其他权益工具	0	0
长期待摊费用	0	0	其中：优先股	0	0
递延所得税资产	7 500	0	永续债	0	0
其他非流动资产	200 000	200 000	资本公积	0	0
非流动资产合计	3 926 500	3 650 000	减：库存股	0	0
			其他综合收益	0	0
			专项储备	0	0
			盈余公积	124 770.4	100 000
			未分配利润	218 013.75	50 000
			所有者权益(或股东权益)合计	5 342 784.15	5 150 000
资产总计	8 095 531	8 401 400	负债和所有者权益(或股东权益)总计	8 095 531	8 401 400

任务二　编制利润表

一、利润表概述

利润表是指反映企业在一定会计期间的经营成果的报表。该表能够反映企业在一定会计期间的收入、费用、利润(或亏损)的数额及构成情况，帮助财务报表使用者全面了解企业的经营成果、分析企业的获利能力及盈利增长趋势，从而为其作出经济决策提供依据。

利润表常见的结构主要有单步式和多步式两种，我国企业利润表基本上采用的是多步式结构，即通过对当期的收入、费用、支出项目按性质加以归类，按利润形成的主要环节列示一些中间性利润指标，分步计算当期损益。

利润表主要反映以下几方面的内容：①营业收入，由主营业务收入和其他业务收入组成。②营业利润，营业收入减去营业成本(主营业务成本和其他业务成本)、税金及附加、销售费用、管理费用、研发费用、财务费用，加上其他收益、投资收益、净敞口套期收益、公允价值变动收益、信用减值损失、资产减值损失、资产处置收益。③利润总额，营业利润加上营业外收入，减去营业外支出，即为利润总额。④净利润，利润总额减去所得税费用。⑤综合收益总额，净利润加上其他综合收益的税后净额。⑥每股收益，普通股或潜在普通股已公开交易的企业，以及正处于公开发行普通股或潜在普通股过程中的企业，还应当在利润表中列示每股收益信息，包括基本每股收益和稀释每股收益两项指标。

此外，为了使报表使用者通过比较不同期间利润的实现情况，判断企业经营成果的未来发展趋势，企业需要提供比较利润表，年度利润表还就各项目再分为"本期金额"和"上期金额"两栏分别填列。月度利润表则分为"本月数"和"本年累计数"两栏。年度利润表的具体格式参见表 12-5。

二、利润表的编制

(一)利润表的编制方法

1. "上期金额"栏的填列方法

利润表"上期金额"栏内各项数字，应根据上年该期利润表"本期金额"栏内所列数字填列。如果上年该期利润表规定的各个项目的名称和内容同本期不相一致，应对上年该期利润表各项目的名称和数字按本期的规定进行调整，填入利润表"上期金额"栏内。

2. "本期金额"栏的填列方法

利润表"本期金额"栏内各项数字一般应根据损益类账户的发生额分析填列。

(二)利润表的编制实例

【案例 12-2】

甲公司 2020 年度有关损益类账户本年累计发生净额如表 12-4 所示。

表 12-4 甲公司损益类账户 2020 年度累计发生净额

单位：元

账户名称	借方发生额	贷方发生额
主营业务收入		1 250 000
主营业务成本	750 000	
税金及附加	2 000	
销售费用	20 000	
管理费用	157 100	
财务费用	41 500	
资产减值损失	30 900	
投资收益		31 500
营业外收入		50 000
营业外支出	19 700	
所得税费用	85 300	

根据上述资料，编制甲公司 2020 年度利润表，如表 12-5 所示。

表 12-5 利润表   会企 02 表

编制单位：甲公司   2020 年   单位：元

项目	本期金额	上期金额
一、营业收入	1 250 000	(略)
减：营业成本	750 000	
税金及附加	2 000	
销售费用	20 000	
管理费用	157 100	
研发费用	0	
财务费用	41 500	
其中：利息费用	0	
利息收入	0	
加：其他收益	0	
投资收益(损失以"-"号填列)	31 500	
其中：对联营企业和合营企业的投资收益	0	
以摊余成本计量的金融资产终止确认收益(损失以"-"号填列)	0	

续表

项　目	本期金额	上期金额
净敞口套期收益(损失以"-"号填列)	0	
公允价值变动收益(损失以"-"号填列)	0	
信用减值损失(损失以"-"号填列)	0	
资产减值损失(损失以"-"号填列)	30 900	
资产处置收益(损失以"-"号填列)	0	
二、营业利润(亏损以"-"号填列)	280 000	
加：营业外收入	50 000	
减：营业外支出	19 700	
三、利润总额(亏损总额以"-"号填列)	310 300	
减：所得税费用	85 300	
四、净利润(净亏损以"-"号填列)	225 000	
(一)持续经营净利润(净亏损以"-"号填列)	(略)	
(二)终止经营净利润(净亏损以"-"号填列)		
五、其他综合收益的税后净额	0	
(一)不能重分类进损益的其他综合收益	(略)	
1. 重新计量设定受益计划变动额		
2. 权益法下不能转损益的其他综合收益		
3. 其他收益工具投资公允价值变动		
4. 企业自身信用风险公允价值变动		
……		
(二)将重分类进损益的其他综合收益		
1. 权益法下可转损益的其他综合收益		
2. 其他债权投资公允价值变动		
3. 金融资产重分类计入其他综合收益的金额		
4. 其他债权投资信用减值准备		
5. 现金流量套期储备		
6. 外币财务报表折算差额		
……		
六、综合收益总额	22 500	
七、每股收益：	(略)	
(一)基本每股收益		
(二)稀释每股收益		

任务三 编制现金流量表

一、现金流量表概述

(一)现金流量表的概念

现金流量表是指反映企业在一定会计期间现金和现金等价物流入和流出的报表。其目的是为财务报表的使用者提供企业一定会计期间内现金和现金等价物流入和流出的信息，以便于报表使用者了解和评价企业获取现金及现金等价物的能力，并据以预测企业未来现金流量。

编制现金流量表时，首先应当明确的是现金流量表的编制基础。现金流量表的编制基础是现金及现金等价物。这里的现金是指企业库存现金及可以随时用于支付的存款，包括库存现金、银行存款和其他货币资金(如外埠存款、银行汇票存款、银行本票存款等)等。不能随时用于支付的存款不属于现金。现金等价物是指企业持有的期限短、流动性强、易于转换为已知金额现金、价值变动风险很小的投资。其中，期限短一般是指从购买日起三个月内到期。现金等价物通常包括三个月内到期的债券投资等。权益性投资变现的金额通常不确定，因而不属于现金等价物。企业应当根据具体情况，确定现金等价物的范围，一经确定不得随意变更。

现金流量是指现金和现金等价物的流入和流出。企业从银行提取现金、用现金购买短期到期的国库券等现金和现金等价物之间的转换不属于现金流量。

以下在提及现金时，除非同时提及现金等价物，均包括现金和现金等价物。

(二)现金流量的分类

现金流量按其性质可以分为经营活动产生的现金流量、投资活动产生的现金流量和筹资活动产生的现金流量。

1. 经营活动产生的现金流量

经营活动是指企业投资活动和筹资活动以外的所有交易或事项。经营活动产生的现金流量主要包括销售商品、提供劳务、购买商品、接受劳务、支付工资和交纳税费等流入和流出的现金和现金等价物。

2. 投资活动产生的现金流量

投资活动是指企业长期资产的购建和不包括在现金等价物范围内的投资及其处置活动。投资活动产生的现金流量主要包括购建固定资产、处置子公司及其他营业单位等流入和流出的现金和现金等价物。

3. 筹资活动产生的现金流量

筹资活动是指导致企业资本及债务规模和构成发生变化的活动。筹资活动产生的现金流量主要包括吸收投资、发行股票、分配利润、发行债券、偿还债务等流入和流出的现金和现金等价物。偿付应付账款、应付票据等商业应付款等属于经营活动，不属于筹资活动。

(三)现金流量表的结构

现金流量表由正表与附表(或称补充资料)两部分组成，按正表与附表分别表达企业现金流量的目的是为了更完整地披露现金流量信息。

1. 现金流量表正表

现金流量表正表是现金流量表的主体，采用报告式结构，分类反映经营活动产生的现金流量、投资活动产生的现金流量和筹资活动产生的现金流量，最后汇总反映企业某一期间现金及现金等价物的净增加额。其格式如表12-6所示。

表12-6 现金流量表

会企03表

编制单位： 年 月 单位：元

项 目	本期金额	上期金额
一、经营活动产生的现金流量：		
销售商品、提供劳务收到的现金		
收到的税费返还		
收到其他与经营活动有关的现金		
经营活动现金流入小计		
购买商品、接受劳务支付的现金		
支付给职工以及为职工支付的现金		
支付的各项税费		
支付其他与经营活动有关的现金		
经营活动现金流出小计		
经营活动产生的现金流量净额		
二、投资活动产生的现金流量：		
收回投资收到的现金		
取得投资收益收到的现金		
处置固定资产、无形资产和其他长期资产收回的现金净额		
处置子公司及其他营业单位收到的现金净额		
收到其他与投资活动有关的现金		
投资活动现金流入小计		
购建固定资产、无形资产和其他长期资产支付的现金		
投资支付的现金		
取得子公司及其他营业单位支付的现金净额		
支付其他与投资活动有关的现金		
投资活动现金流出小计		
投资活动产生的现金流量净额		

续表

项　目	本期金额	上期金额
三、筹资活动产生的现金流量：		
吸收投资收到的现金		
取得借款收到的现金		
收到其他与筹资活动有关的现金		
筹资活动现金流入小计		
偿还债务支付的现金		
分配股利、利润或偿付利息支付的现金		
支付其他与筹资活动有关的现金		
筹资活动现金流出小计		
筹资活动产生的现金流量净额		
四、汇率变动对现金及现金等价物的影响		
五、现金及现金等价物净增加额		
加：期初现金及现金等价物余额		
六、期末现金及现金等价物余额		

2. 现金流量表附表

现金流量表附表包括三部分内容：将净利润调节为经营活动的现金流量；不涉及现金收支的重大投资和筹资活动；现金及现金等价物净变动情况。其格式如表 12-7 所示。

表 12-7　现金流量表附表

单位：元

补充资料	本期金额	上期金额
1. 将净利润调节为经营活动现金流量：		
净利润		
加：资产减值准备		
固定资产折旧、油气资产折耗、生产性生物资产折旧		
无形资产摊销		
长期待摊费用摊销		
处置固定资产、无形资产和其他长期资产的损失(收益以"-"号填列)		
固定资产报废损失(收益以"-"号填列)		
公允价值变动损失(收益以"-"号填列)		
财务费用(收益以"-"号填列)		
投资损失(收益以"-"号填列)		
递延所得税资产的减少(增加以"-"号填列)		
递延所得税负债的增加(减少以"-"号填列)		
存货的减少(增加以"-"号填列)		
经营性应收项目的减少(增加以"-"号填列)		

续表

补充资料	本期金额	上期金额
经营性应付项目的增加(减少以"-"号填列)		
其他		
经营活动产生的现金流量净额		
2．不涉及现金收支的重大投资和筹资活动：		
债务转为资本		
一年内到期的可转换公司债券		
融资租入固定资产		
3．现金及现金等价物净变动情况：		
现金的期末余额		
减：现金的期初余额		
加：现金等价物的期末余额		
减：现金等价物的期初余额		
现金及现金等价物净增加额		

二、现金流量表的编制

(一)现金流量表的正表

1. 经营活动产生的现金流量

经营活动是指企业投资活动和筹资活动以外的所有交易或事项。各类企业由于行业特点不同，对经营活动的认定存在一定差异。对于工商企业而言，经营活动主要包括销售商品、提供劳务、购买商品、接受劳务、支付税费等。对于商业银行而言，经营活动主要包括吸收存款、发放贷款、同业存放、同业拆借等。对于保险公司而言，经营活动主要包括原保险业务和再保险业务等。对于证券公司而言，经营活动主要包括自营证券、代理承销证券、代理兑付证券、代理买卖证券等。

在我国，企业经营活动产生的现金流量应当采用直接法填列。直接法是指通过现金收入和现金支出的主要类别列示经营活动的现金流量。

2. 投资活动产生的现金流量

投资活动是指企业非流动资产的购建和不包括在现金等价物范围内的投资及其处置活动。非流动资产是指固定资产、无形资产、在建工程、其他资产等持有期限在一年或一个营业周期以上的资产。这里所讲的投资活动，既包括实物资产投资，也包括金融资产投资。这里之所以将"包括在现金等价物范围内的投资"排除在外，是因为已经将包括在现金等价物范围内的投资视同现金。不同企业由于行业特点不同，对投资活动的认定也存在差异。例如，交易性金融资产所产生的现金流量，对于工商企业而言，属于投资活动现金流量，而对于证券公司而言，属于经营活动现金流量。

3. 筹资活动产生的现金流量

筹资活动是指导致企业资本及债务规模和构成发生变化的活动。这里所说的资本，既包括实收资本(或股本)，也包括资本溢价(或股本溢价)；这里所说的债务，是指对外举债，包括向银行借款、发行债券以及偿还债务等。在通常情况下，应付账款、应付票据等商业应付款等属于经营活动，不属于筹资活动。

此外，对于企业日常活动之外特殊的、不经常发生的特殊项目，如自然灾害损失、保险赔款、捐赠等，应当归并到相关类别中，并单独反映。例如，对于自然灾害损失和保险赔款，如果能够确指属于流动资产损失，应当列入经营活动产生的现金流量；属于固定资产损失，应当列入投资活动产生的现金流量。

4. 汇率变动对现金及现金等价物的影响

编制现金流量表时，应当将企业外币现金流量和境外子公司的现金流量折算成记账本位币。外币现金流量和境外子公司的现金流量应当采用现金流量发生日的即期汇率或按照系统合理的方法确定的、与现金流量发生日即期汇率近似的汇率折算。汇率变动对现金及现金等价物的影响额应当作为调节项目，在现金流量表中单独列报。

汇率变动对现金及现金等价物的影响是指企业外币现金流量及境外子公司的现金流量折算成记账本位币时，所采用的是现金流量发生日的汇率或按照系统合理的方法确定的、与现金流量发生日即期汇率近似的汇率，而现金流量表"现金及现金等价物净增加额"项目中外币现金净增加额是按资产负债表日的即期汇率折算的。这两者的差额即为汇率变动对现金及现金等价物的影响。

在编制现金流量表时，对当期发生的外币业务，也可不必逐笔计算汇率变动对现金的影响，可以通过现金流量表补充资料中"现金及现金等价物净增加额"数额与现金流量表中"经营活动产生的现金流量净额""投资活动产生的现金流量净额""筹资活动产生的现金流量净额"三项之和比较，其差额即为"汇率变动对现金及现金等价物的影响"。

(二)现金流量表的附表

除现金流量表反映的信息外，企业还应在附注中披露将净利润调节为经营活动现金流量、不涉及现金收支的重大投资和筹资活动、现金及现金等价物净变动等信息。

1. 将净利润调节为经营活动现金流量

现金流量表采用直接法反映经营活动产生的现金流量；同时，企业还应采用间接法反映经营活动产生的现金流量。间接法是指以本期净利润为起点，通过调整不涉及现金的收入、费用、营业外收支和经营性应收应付等项目的增减变动，调整不属于经营活动的现金收支项目，据此计算并列报经营活动产生的现金流量的方法。在我国，现金流量表补充资料应采用间接法反映经营活动产生的现金流量情况，以对现金流量表中采用直接法反映的经营活动现金流量进行核对和补充说明。

采用间接法列报经营活动产生的现金流量时，需要对四大类项目进行调整：①实际没有支付现金的费用。②实际没有收到现金的收益。③不属于经营活动的损益。④经营性应收应付项目的增减变动。

2. 不涉及现金收支的重大投资活动和筹资活动

不涉及现金收支的重大投资活动和筹资活动，反映企业一定期间内影响资产或负债但不形成该期现金收支的所有投资活动和筹资活动的信息。这些投资活动和筹资活动虽然不涉及现金收支，但对以后各期的现金流量有重大影响，例如，企业融资租入设备，将形成的负债记入"长期应付款"账户，当期并不支付设备款及租金，但以后各期必须为此支付现金，从而在一定期间内形成了一项固定的现金支出。

企业应当在附注中披露不涉及当期现金收支、但影响企业财务状况或在未来可能影响企业现金流量的重大投资活动和筹资活动，主要包括：①债务转为资本，反映企业本期转为资本的债务金额。②一年内到期的可转换公司债券，反映企业一年内到期的可转换公司债券的本息。③融资租入固定资产，反映企业本期融资租入的固定资产。

3. 现金和现金等价物的构成

企业应当在附注中披露与现金和现金等价物有关的下列信息：①现金和现金等价物的构成及其在资产负债表中的相应金额。②企业持有但不能由母公司或集团内其他子公司使用的大额现金和现金等价物金额。企业持有现金和现金等价物余额但不能被集团使用的情形多种多样，例如，国外经营的子公司，由于受当地外汇管制或其他立法的限制，其持有的现金和现金等价物，不能由母公司或其他子公司正常使用。

(三)现金流量表的编制方法及程序

1. 直接法和间接法

编制现金流量表时，列报经营活动现金流量的方法有两种：一是直接法；二是间接法。在直接法下，企业一般是以利润表中的营业收入为起算点，调节与经营活动有关的项目的增减变动，然后计算出经营活动产生的现金流量。在间接法下，企业将净利润调节为经营活动现金流量，实际上就是将按权责发生制原则确定的净利润调整为现金净流入，并剔除投资活动和筹资活动对现金流量的影响。

采用直接法编报的现金流量表，便于分析企业经营活动产生的现金流量的来源和用途，预测企业现金流量的未来前景；采用间接法编报现金流量表，便于将净利润与经营活动产生的现金流量净额进行比较，了解净利润与经营活动产生的现金流量差异的原因，从现金流量的角度分析净利润的质量。因此，我国《企业会计准则》规定企业应当采用直接法编报现金流量表，同时要求在附注中提供以净利润为基础调节到经营活动现金流量的信息。

2. 工作底稿法、T形账户法和分析填列法

在具体编制现金流量时，可以采用工作底稿法或T形账户法，也可以根据有关账户记录分析填列。

1) 工作底稿法

采用工作底稿法编制现金流量表，是以工作底稿为手段，以资产负债表和利润表数据为基础，对每一项目进行分析并编制调整分录，从而编制现金流量表。工作底稿法的程序如下。

第一步：将资产负债表的期初数和期末数过入工作底稿的"期初数"栏和"期末数"栏。

第二步：对当期业务进行分析并编制调整分录。编制调整分录时，要以利润表项目为基础，从"营业收入"开始，结合资产负债表项目逐一进行分析。在调整分录中，有关现

金和现金等价物的事项，并不直接借记或贷记现金，而是分别记入"经营活动产生的现金流量""投资活动产生的现金流量""筹资活动产生的现金流量"有关项目，借记表示现金流入，贷记表示现金流出。

第三步：将调整分录过入工作底稿中的相应部分。

第四步：核对调整分录，借方、贷方合计数均已经相等，资产负债表项目期初数加减调整分录中的借贷金额以后，也等于期末数。

第五步：根据工作底稿中的现金流量表项目部分编制正式的现金流量表。

2) T 形账户法

采用 T 形账户法编制现金流量表，是以 T 形账户为手段，以资产负债表和利润表数据为基础，对每一项目进行分析并编制调整分录，从而编制现金流量表。T 形账户法的程序如下。

第一步：为所有的非现金项目(包括资产负债表项目和利润表项目)分别开设 T 形账户，并将各自的期末期初变动数过入各自账户。如果项目的期末数大于期初数，则将差额过入和项目余额相同的方向；反之，过入相反的方向。

第二步：开设一个大的"现金及现金等价物"T 形账户，每边分为经营活动、投资活动和筹资活动三个部分，左边记现金流入，右边记现金流出。与其他账户一样，过入期末期初变动数。

第三步：以利润表项目为基础，结合资产负债表分析每一个非现金项目的增减变动，并据此编制调整分录。

第四步：将调整分录过入各 T 形账户，并进行核对，该账户借贷相抵后的余额与原先过入的期末期初变动数应当一致。

第五步：根据大的"现金及现金等价物"T 形账户编制正式的现金流量表。

3) 分析填列法

分析填列法是直接根据资产负债表、利润表和有关会计账户明细账的记录，分析计算出现金流量表各项目的金额，并据以编制现流量表的一种方法。

任务四　编制所有者权益变动表

一、所有者权益变动表概述

所有者权益变动表是指反映构成所有者权益各组成部分当期增减变动情况的报表。所有者权益变动表应当全面反映一定时期所有者权益变动的情况，不仅包括所有者权益总量的增减变动，还包括所有者权益增减变动的重要结构性信息，让报表使用者准确理解所有者权益增减变动的根源。

在所有者权益变动表中，企业至少应当单独列示反映下列信息的项目：①净利润；②直接计入所有者权益的利得和损失项目及其总额；③会计政策变更和差错更正的累积影响金额；④所有者投入资本和向所有者分配利润等；⑤提取的盈余公积；⑥实收资本或股本、资本公积、盈余公积、未分配利润的期初和期末余额及其调节情况。

所有者权益变动表的具体格式参见表 12-8。为了清楚地表明构成所有者权益的各组成部分当期的增减变动情况,所有者权益变动表应当以矩阵的形式列示:一方面,列示导致所有者权益变动的交易或事项;另一方面,按照所有者权益各组成部分及其总额列示交易或事项对所有者权益的影响。此外,企业还需要提供比较所有者权益变动表,所有者权益变动表还就各项目再分为"本年金额"和"上年金额"两栏分别填列。

二、所有者权益变动表的编制

(一)"上年金额"栏的填列方法

所有者权益变动表"上年金额"栏内各项数字,应根据上年度所有者权益变动表"本年金额"栏内所列数字填列。如果上年度所有者权益变动表规定的各个项目的名称和内容同本年度不相一致,应对上年度所有者权益变动表各项目的名称和数字按本年度的规定进行调整,填入所有者权益变动表"上年金额"栏内。

(二)"本年金额"栏的填列方法

所有者权益变动表"本年金额"栏内各项数字一般应根据"实收资本(或股本)""资本公积""盈余公积""利润分配""库存股""以前年度损益调整"账户的发生额分析填列。

我国一般企业所有者权益变动表的格式如表 12-8 所示。

表 12-8 所有者权益变动表

会企 04 表

编制单位: 年度 单位:元

项 目	本年金额									上年金额								
	实收资本(或股本)	其他权益工具			资本公积	减:库存股	其他综合收益	专项储备	盈余公积	未分配利润	所有者权益合计	实收资本(或股本)	其他权益工具			资本公积	减:库存股	其他综合收益	专项储备	盈余公积	未分配利润	所有者权益合计
		优先股	永续债	其他									优先股	永续债	其他							
一、上年年末余额																						
加:会计政策变更																						
前期差错更正																						
其他																						
二、本年年初余额																						

续表

项 目	本年金额										上年金额									
	实收资本（或股本）	其他权益工具			资本公积	减：库存股	其他综合收益	专项储备	盈余公积	未分配利润	所有者权益合计	实收资本（或股本）	其他权益工具			资本公积	减：库存股	其他综合收益	专项储备	盈余公积	未分配利润	所有者权益合计
		优先股	永续债	其他									优先股	永续债	其他							
三、本年增减变动金额(减少以"-"号填列)																						
(一)综合收益总额																						
(二)所有者投入和减少资本																						
1.所有者投入的普通股																						
2.其他权益工具持有者投入资本																						
3.股份支付计入所有者权益的金额																						
4.其他																						
(三)利润分配																						
1.提取盈余公积																						
2.对所有者(或股东)的分配																						
3.其他																						
(四)所有者权益内部结转																						
1.资本公积转增资本(或股本)																						
2.盈余公积转增资本(或股本)																						
3.盈余公积弥补亏损																						
4.设定受益计划变动额结转留存收益																						
5.其他综合收益结转留存收益																						
6.其他																						
四、本年年末余额																						

任务五 编制财务报表附注

一、财务报表附注的概念

财务报表附注是对在资产负债表、利润表、现金流量表和所有者权益变动表等报表中列示项目的文字描述或明细资料，以及对未能在这些报表中列示项目的说明等。报表使用者了解企业的财务状况、经营成果和现金流量，应当全面阅读附注，附注相对于报表而言，同样具有重要性。

二、附注披露的主要内容

(一)企业的基本情况

附注应当披露企业的注册地、组织形式和总部地址、企业的业务性质和主要经营活动、母公司，以及集团最终母公司的名称、财务报告的批准报出者和财务报告批准报出日。营业期限有限的企业，还应当披露有关营业期限的信息。

(二)财务报表的编制基础

附注应当披露财务报表的编制基础，说明企业的持续经营情况。相关信息应当与资产负债表、利润表、现金流量表和所有者权益变动表等报表中列示的项目相互参照。

(三)遵循企业会计准则的声明

企业应当明确说明编制的财务报表符合企业会计准则体系的要求，真实、完整地反映了企业的财务状况、经营成果和现金流量。

(四)重要会计政策和会计估计

企业应当披露重要的会计政策和会计估计，不重要的会计政策和会计估计可以不披露。在披露重要会计政策和会计估计时，应当披露重要会计政策的确定依据和财务报表项目的计量基础，以及会计估计中所采用的关键假设和不确定因素。

(五)会计政策、会计估计变更和差错更正的说明

企业应当按照《企业会计准则第28号——会计政策、会计估计变更和差错更正》及其应用指南的规定，披露会计政策、会计估计变更和差错更正的有关情况。

(六)报表重要项目的说明

企业应当以文字和数字描述相结合，尽可能以列表形式披露重要报表项目的构成或当期增减变动情况，并且报表重要项目的明细金额合计，应当与报表项目金额相衔接。在披露顺序上，一般应当按照资产负债表、利润表、现金流量表、所有者权益变动表的顺序及

其报表项目列示的顺序。

(七)其他需要说明的重要事项

这主要包括或有和承诺事项、资产负债表日后非调整事项、关联方关系及其交易等，具体的披露要求须遵循相关准则的规定，分别参见相关章节的内容。

(八)有助于财务报表使用者评价企业管理资本的目标、政策及程序的信息

项 目 小 结

本项目主要介绍了财务报告的编制，主要包括资产负债表、利润表、现金流量表等。

资产负债表是指反映企业在某一特定日期财务状况的报表，它表明企业在某一特定日期所拥有或控制的经济资源、所承担的现有义务和所有者对净资产的要求权。

利润表是指反映企业在一定会计期间的经营成果的报表。通过利润表，可以反映企业在一定会计期间收入、费用、利润的数额和构成情况，全面了解企业的经营成果，分析企业的获利能力及盈利增长趋势，为其作出经济决策提供依据。

现金流量表是指反映企业在一定会计期间现金和现金等价物流入和流出的报表。现金流量表能够分析企业短期生存能力，特别是缴付款项的能力。

微课视频资源

财务会计报告的编制.mp4

项目十三 特殊会计业务的处理

知识目标

- 掌握投资性房地产的确认及计量模式。
- 明确非货币性资产交换的计量基础、商业实质的判断。
- 明确或有事项的概念、特征。
- 理解会计政策变更、会计估计变更和前期差错更正的含义和内容。
- 理解资产负债表日后事项的概念和内容。
- 理解外币交易的概念、记账本位币的确定方法。

技能目标

- 会采用成本模式和公允价值模式对投资性房地产进行计量。
- 掌握非货币性资产交换业务核算。
- 能够根据或有事项的确认和计量要求进行相应的账务处理。
- 会进行会计政策变更、会计估计变更和前期差错更正的账务处理。
- 能够进行资产负债表日后调整事项和非调整事项的账务处理。
- 掌握外币交易业务账务处理。

任务一 投资性房地产的核算

一、投资性房地产概述

(一)投资性房地产的定义及特征

房地产是土地和房屋及其权属的总称。土地是指土地使用权,因为在我国,土地归国家或集体所有,企业只能取得土地使用权。房屋是指土地上的房屋等建筑物及其构筑物。

投资性房地产是指为赚取租金或资本增值,或者两者兼有持有的房地产。投资性房地产主要有以下特征。

1. 投资性房地产是一种经营性活动

投资性房地产的主要形式是出租建筑物、出租土地使用权,这实质上属于一种让渡资产使用权行为。房地产租金就是让渡资产使用权取得的使用费收入,是企业为完成其经营目标所从事的经营性活动,以及与之相关的其他活动形成的经济利益总流入。投资性房地产的另一种形式是持有并准备增值后转让的土地使用权,尽管其增值收益通常与市场供求、经济发展等因素相关,但目的是增值后转让以赚取增值收益,也是企业为完成其经营目标所从事的经营性活动以及与之相关的其他活动形成的经济利益总流入。

2. 投资性房地产在用途、状态、目的等方面区别于作为生产经营场所的房地产和用于销售的房地产

企业持有的房地产除了用作自身管理、生产经营活动场所和对外销售之外,出现了将房地产用于赚取租金或增值收益的活动,甚至成为个别企业的主营业务。这就需要将投资性房地产单独作为一项资产核算和反映,与自用的厂房、办公楼等房地产和作为存货(已建完工商品房)的房地产加以区别,从而更加清晰地反映企业所持有房地产的构成情况和盈利能力。

3. 投资性房地产的两种后续计量模式

企业通常应当采用成本模式对投资性房地产进行后续计量,只有在满足特定条件的情况下,即有确凿证据表明其所有投资性房地产的公允价值能够持续可靠取得的,也可以采用公允价值模式进行后续计量。但是,同一企业只能采用一种模式对所有投资性房地产进行后续计量,不得同时采用两种计量模式进行后续计量。

(二)投资性房地产的范围

投资性房地产的范围包括已出租的土地使用权、持有并准备增值后转让的土地使用权、已出租的建筑物。

1. 已出租的土地使用权

已出租的土地使用权是指企业通过出让或转让方式取得的、以经营租赁方式出租的土

地使用权。企业取得的土地使用权通常包括在一级市场上以缴纳土地出让金的方式取得的土地使用权,也包括在二级市场上接受其他单位转让的土地使用权。对于以经营租赁方式租入土地使用权再转租给其他单位的,不能确认为投资性房地产。

【案例 13-1】

甲公司与乙公司签订了土地租赁协议,甲公司租赁乙公司一块土地的使用权,每年支付租金 30 万元,租赁期为 8 年。4 年后,甲公司又把该项土地的使用权转租给丙公司,每年收取租金 45 万元。本案例中,自租赁协议约定的租赁期开始之日起,这项土地的使用权只能作为乙公司的投资性房地产。而甲公司是以经营租赁方式获得土地使用权的,不能作为投资性房地产。

2. 持有并准备增值后转让的土地使用权

持有并准备增值后转让的土地使用权是指企业取得的、准备增值后转让的土地使用权。这类土地使用权很可能给企业带来资本增值收益,符合投资性房地产的定义。

【案例 13-2】

某企业发生转产或厂址搬迁,部分土地使用权停止自用,企业管理当局(董事会或类似机构)作出书面决议明确继续持有这部分土地使用权,待其增值后转让以赚取增值收益。这项土地使用权属于该企业的投资性房地产。

按照国家有关规定认定的闲置土地,不属于持有并准备增值后转让的土地使用权,也就不属于投资性房地产。

3. 已出租的建筑物

已出租的建筑物是指企业拥有产权的、以经营租赁方式出租的建筑物,包括自行建造或开发活动完成后用于出租的建筑物。企业在判断和确认已出租的建筑物时,应当把握以下要点。

(1) 用于出租的建筑物是指企业拥有产权的建筑物。企业以经营租赁方式租入再转租的建筑物不属于投资性房地产。

(2) 已出租的建筑物是企业已经与其他方签订了租赁协议,约定以经营租赁方式出租的建筑物。一般应自租赁协议规定的租赁期开始日起,经营租出的建筑物才属于已出租的建筑物。

(3) 企业将建筑物出租,按租赁协议向承租人提供的相关辅助服务在整个协议中不重大的,应当将该建筑物确认为投资性房地产。

【案例 13-3】

甲企业与乙企业签订了一项经营租赁合同,乙企业将其持有产权的一栋办公楼出租给甲企业,为期 6 年。甲企业一开始将该办公楼改装后用于自行经营餐馆。两年后,由于连续亏损,甲企业将餐馆转租给丙公司,以赚取租金差价。这种情况下,对于甲企业而言,该栋楼不属于其投资性房地产。对于乙企业而言,该栋楼则属于其投资性房地产。

【案例 13-4】

甲企业购买一栋写字楼，共 16 层。其中，1 层经营出租给某家大型超市，2~8 层经营出租给乙公司，9~16 层经营出租给丙公司。甲企业同时为该写字楼提供保安、维修等日常辅助服务。本案例中，甲企业将写字楼出租，同时提供的辅助服务不重大。对于甲企业而言，这栋写字楼属于甲企业的投资性房地产。

此外，下列项目不属于投资性房地产。

(1) 自用房地产。

自用房地产是指为生产商品、提供劳务或经营管理而持有的房地产。例如，企业生产经营用的厂房和办公楼属于固定资产；企业生产经营用的土地使用权属于无形资产。自用房地产的特征在于服务于企业自身的生产经营活动，其价值将随着房地产的使用而逐渐转移到企业的产品或服务中去，通过销售商品或提供服务为企业带来经济利益，在产生现金流量的过程中与企业持有的其他资产密切相关。例如，企业出租给本企业职工居住的宿舍，虽然也收取租金，但间接为企业自身的生产经营服务，因此具有自用房地产的性质。又如，企业拥有并自行经营的旅馆饭店。旅馆饭店的经营者在向顾客提供住宿服务的同时，还提供餐饮、娱乐等其他服务，其经营目的主要是通过向客户提供服务取得服务收入，因此，企业自行经营的旅馆饭店是企业的经营场所，应当属于自用房地产。

(2) 作为存货的房地产。

作为存货的房地产通常是指房地产开发企业在正常经营过程中销售的或为销售而正在开发的商品房和土地。这部分房地产属于房地产开发企业的存货，其生产、销售构成企业的主营业务活动，产生的现金流量也与企业的其他资产密切相关。因此，具有存货性质的房地产不属于投资性房地产。

在实务中，存在某项房地产部分自用或作为存货出售、部分用于赚取租金或资本增值的情形。如果某项投资性房地产不同用途的部分能够单独计量和出售的，应当分别确认为固定资产、无形资产、存货和投资性房地产。

【案例 13-5】

甲房地产开发商建造了一栋商住两用楼盘，一层出租给一家大型超市，已签订经营租赁合同，其余楼层均为普通住宅，正在公开销售中。这种情况下，如果一层商铺能够单独计量和出售，应当确认为甲企业的投资性房地产，其余楼层为甲企业的存货，即开发产品。

二、投资性房地产的确认和初始计量

(一)投资性房地产的确认

投资性房地产只有在符合定义的前提下，同时满足下列条件的，才能予以确认：①与该投资性房地产有关的经济利益很可能流入企业；②该投资性房地产的成本能够可靠地计量。对已出租的土地使用权、已出租的建筑物，其作为投资性房地产的确认时点一般为租赁期开始日，即土地使用权、建筑物进入出租状态、开始赚取租金的日期。但对企业持有以备经营出租的空置建筑物,董事会或类似机构作出书面决议,明确表示将其用于经营出租且持有意图短期内不再发生变化的,即使尚未签订租赁协议,也应视为投资性房地产。这里的"空置建筑物"是指企业新购入、自行建造或开发完工但尚未使用的建筑物,以及不再用于日常生产经营活动且经整理后达到可经营出租状态的建筑物。对持有并准备增值后转让的土地使用权,其作为投资性房地产的确认时点为企业将自用土地使用权停止自用,准备增值后转让的日期。

(二)投资性房地产的初始计量

根据《企业会计准则》的规定,投资性房地产应当按照成本进行初始计量。

1. 外购投资性房地产

企业外购的房地产,只有在购入房地产的同时开始对外出租或用于资本增值,才能作为投资性房地产。如果是自用一段时间之后再用于对外出租或资本增值,购入时应确认为固定资产或无形资产,自租赁期开始日或用于资本增值之日起,才能将固定资产或无形资产转为投资性房地产。

(1) 在采用成本模式计量下,外购的土地使用权和建筑物,按照取得时的实际成本进行初始计量,借记"投资性房地产"账户,贷记"银行存款"等账户。取得时的实际成本包括购买价款、相关税费和可直接归属于该资产的其他支出。企业购入的房地产,部分用于出租(或资本增值)、部分自用,用于出租(或资本增值)的部分应当予以单独确认的,应按照不同部分的公允价值占公允价值总额的比例将成本在不同部分之间进行分配。

(2) 在采用公允价值模式计量下,企业应当在"投资性房地产"账户下设置"成本"和"公允价值变动"两个明细账户,按照外购的土地使用权和建筑物发生的实际成本,计入"投资性房地产——成本"账户。

【案例 13-6】

2020年3月,甲企业计划购入一栋写字楼用于对外出租。3月15日,甲企业与乙企业签订了经营租赁合同,约定自写字楼购买日起将这栋写字楼出租给乙企业,为期5年。4月5日,甲企业实际购入写字楼,支付价款共计2 300万元。假设不考虑其他因素,甲企业采用成本模式进行后续计量。甲企业的账务处理如下。

借:投资性房地产——写字楼   23 000 000
　　贷:银行存款   23 000 000

【案例 13-7】

承案例13-6,假设甲企业拥有的投资性房地产符合采用公允价值计量模式的条件,采用公允价值模式进行后续计量。甲企业的账务处理如下。

借:投资性房地产——成本(写字楼)   23 000 000
　　贷:银行存款   23 000 000

2. 自行建造投资性房地产

企业自行建造的房地产，只有在自行建造活动完成(即达到预定可使用状态)的同时开始出租或用于资本增值，才能将自行建造的房地产确认为投资性房地产。企业自行建造房地产达到预定可使用状态后一段时间才对外出租或用于资本增值的，应当先将自行建造的房地产确认为固定资产、无形资产或存货，自租赁期开始日或用于资本增值之日开始，从固定资产、无形资产或存货转换为投资性房地产。自行建造投资性房地产，其成本由建造该项资产达到预定可使用状态前发生的必要支出构成，包括土地开发费、建筑成本、安装成本、应予以资本化的借款费用、支付的其他费用和分摊的间接费用等。建造过程中发生的非正常性损失，直接计入当期损益，不计入建造成本。采用成本模式进行后续计量的，应按照确定的自行建造投资性房地产成本，借记"投资性房地产"账户，贷记"在建工程"或"开发产品"账户。采用公允价值模式进行后续计量的，应按照确定的自行建造投资性房地产成本，借记"投资性房地产——成本"账户，贷记"在建工程"或"开发产品"账户。

【案例 13-8】

2020年1月，甲企业从其他单位购入一块土地的使用权，并在这块土地上开始自行建造3栋厂房。2020年10月，甲企业预计厂房即将完工，与乙公司签订了经营租赁合同，将其中的一栋厂房租赁给乙公司使用。租赁合同约定，该厂房于完工(达到预定可使用状态)时开始起租。2020年11月1日，3栋厂房同时完工(达到预定可使用状态)。该块土地使用权的成本为1 200万元；3栋厂房的实际造价均为1 000万元，能够单独出售。假设甲企业采用成本模式进行后续计量。甲企业的账务处理如下。

土地使用权中的对应部分同时转换为投资性房地产的成本=1 200×1 000÷3 000=400(万元)

借：投资性房地产——厂房　　　　　　　　　　　　　　10 000 000
　　贷：在建工程　　　　　　　　　　　　　　　　　　　　　10 000 000
借：投资性房地产——土地使用权　　　　　　　　　　　4 000 000
　　贷：无形资产——土地使用权　　　　　　　　　　　　　　4 000 000

(三) 与投资性房地产有关的后续支出

1. 资本化的后续支出

与投资性房地产有关的后续支出，满足投资性房地产确认条件的，应当计入投资性房地产成本。例如，企业为了提高投资性房地产的使用效能，往往需要对投资性房地产进行改建、扩建而使其更加坚固耐用，或者通过装修而改善其室内装潢，改扩建或装修支出满足确认条件的，应当将其资本化。

采用成本模式计量的，投资性房地产进入改扩建或装修阶段后，应当将其账面价值转入改扩建工程。借记"投资性房地产——在建""投资性房地产累计折旧"等账户，贷记"投资性房地产"账户。发生资本化的改良或装修支出，通过"投资性房地产——在建"账户归集，借记"投资性房地产——在建"账户，贷记"银行存款""应付账款"等账户。改扩建或装修完成后，借记"投资性房地产"账户，贷记"投资性房地产——在建"账户。

采用公允价值模式计量的，投资性房地产进入改扩建或装修阶段，借记"投资性房地产——在建"账户，贷记"投资性房地产——成本""投资性房地产——公允价值变动"等账户；在改扩建或装修完成后，借记"投资性房地产——成本"账户，贷记"投资性房地产——在建"账户。

企业对某项投资性房地产进行改扩建等再开发且将来仍作为投资性房地产的，在再开发期间应继续将其作为投资性房地产，再开发期间不计提折旧或摊销。

【案例 13-9】

2020 年 3 月，甲企业与乙企业的一项厂房经营租赁合同即将到期。该厂房按照成本模式进行后续计量，原价为 1 000 万元，已计提折旧 300 万元。为了提高厂房的租金收入，甲企业决定在租赁期满后对厂房进行改扩建，并与丙企业签订了经营租赁合同，约定自改扩建完工时将厂房出租给丙企业。3 月 15 日，与乙企业的租赁合同到期，厂房随即进入改扩建工程。12 月 10 日，厂房改扩建工程完工，共发生支出 100 万元，即日按照租赁合同出租给丙企业。假设甲企业采用成本计量模式。甲企业的账务处理如下。

本例中，改扩建支出属于资本化的后续支出，应当计入投资性房地产的成本。

① 2020 年 3 月 15 日，投资性房地产转入改扩建工程。

  借：投资性房地产——厂房(在建)   7 000 000
    投资性房地产累计折旧   3 000 000
    贷：投资性房地产——厂房   10 000 000

② 2020 年 3 月 15 日—12 月 10 日，发生支出。

  借：投资性房地产——厂房(在建)   1 000 000
    贷：银行存款   1 000 000

③ 2020 年 12 月 10 日，改扩建工程完工。

  借：投资性房地产——厂房   8 000 000
    贷：投资性房地产——厂房(在建)   8 000 000

【案例 13-10】

2020 年 3 月，甲企业与乙企业的一项厂房经营租赁合同即将到期。为了提高厂房的租金收入，甲企业决定在租赁期满后对厂房进行改扩建，并与丙企业签订了经营租赁合同，约定自改扩建完工时将厂房出租给丙企业。3 月 15 日，与乙企业的租赁合同到期，厂房随即进入改扩建工程。11 月 10 日厂房改扩建工程完工，共发生支出 100 万元，即日按照租赁合同出租给丙企业。3 月 15 日，厂房账面余额为 1 500 万元，其中成本 1 000 万元，累计公允价值变动 500 万元。假设甲企业采用公允价值计量模式。甲企业的账务处理如下。

① 2020 年 3 月 15 日，投资性房地产转入改扩建工程。

  借：投资性房地——厂房(在建)   15 000 000
    贷：投资性房地产——成本   10 000 000
       ——公允价值变动   5 000 000

② 2020 年 3 月 15 日—11 月 10 日，发生支出。

  借：投资性房地产——厂房(在建)   1 000 000

贷：银行存款　　　　　　　　　　　　　　　　　　　　　　　1 000 000
③ 2020年11月10日，改扩建工程完工。
借：投资性房地产——成本　　　　　　　　　　　　　　　　　16 000 000
　　贷：投资性房地产——厂房(在建)　　　　　　　　　　　　　16 000 000

2. 费用化的后续支出

与投资性房地产有关的后续支出，不满足投资性房地产确认条件的，应当在发生时计入当期损益。例如，企业对投资性房地产进行日常维护所发生的支出。企业在发生投资性房地产费用化的后续支出时，借记"其他业务成本"等账户，贷记"银行存款"等账户。

【案例13-11】

甲企业对其某项投资性房地产进行日常维修，发生维修支出1.8万元。甲企业的账务处理如下。

本例中，日常维修支出属于费用化的后续支出，应当计入当期损益。

借：其他业务成本　　　　　　　　　　　　　　　　　　　　　　　18 000
　　贷：银行存款　　　　　　　　　　　　　　　　　　　　　　　　18 000

三、投资性房地产的后续计量

投资性房地产后续计量，通常应当采用成本模式，只有在满足特定条件的情况下才可以采用公允价值模式。但是，同一企业只能采用一种模式对所有投资性房地产进行后续计量，不得同时采用两种计量模式。

(一)采用成本模式进行后续计量

采用成本模式进行后续计量的投资性房地产，应当按照《企业会计准则第4号——固定资产》或《企业会计准则第6号——无形资产》的有关规定，按期(月)计提折旧或摊销，借记"其他业务成本"等账户，贷记"投资性房地产累计折旧(摊销)"账户。取得的租金收入，借记"银行存款"等账户，贷记"其他业务收入"等账户。

投资性房地产存在减值迹象的，还应当适用资产减值的有关规定，经减值测试后确定发生减值的，应当计提减值准备，借记"资产减值损失"账户，贷记"投资性房地产减值准备"账户。已经计提减值准备的投资性房地产，其减值损失在以后的会计期间不得转回。

【案例13-12】

2019年12月1日，甲公司计划购入一栋写字楼用于对外出租。12月5日，甲公司与乙公司签订经营租赁合同，约定写字楼自购买之日起出租给乙公司，为期5年。甲公司采用成本模式进行后续计量。12月31日，甲公司实际购入写字楼，共支付价款4 000 000元，预计使用寿命为20年，净残值为零，采用直线法计提折旧。按租赁合同规定，乙公司每年支付租金800 000元，自2020年1月起付租金。2020年12月31日，经测试，该写字楼的可收回金额为3 200 000元，以前未计提减值准备。甲公司的账务处理如下。

① 2019年12月31日，购入写字楼。

借：投资性房地产　　　　　　　　　　　　　　　　　4 000 000
　　贷：银行存款　　　　　　　　　　　　　　　　　　　　4 000 000

② 2020年，计提折旧。

借：其他业务成本　　　　　　　　　　　　　　　　　　200 000
　　贷：投资性房地产累计折旧(摊销)　　　　　　　　　　　200 000

③ 2020年1月，确认租金收入。

借：银行存款(或其他应收款)　　　　　　　　　　　　　800 000
　　贷：其他业务收入　　　　　　　　　　　　　　　　　　800 000

④ 2020年12月31日，计提减值准备。

计提减值准备=(4 000 000-200 000)-3 200 000=600 000(元)

借：资产减值损失　　　　　　　　　　　　　　　　　　600 000
　　贷：投资性房地产减值准备　　　　　　　　　　　　　　600 000

(二)采用公允价值模式进行后续计量

企业有确凿证据表明其投资性房地产的公允价值能够持续可靠取得的，可以对投资性房地产采用公允价值模式进行后续计量。企业选择公允价值模式，就应当对其所有投资性房地产采用公允价值模式进行后续计量，不得对一部分投资性房地产采用成本模式进行后续计量，对另一部分投资性房地产采用公允价值模式进行后续计量。

采用公允价值模式进行后续计量的投资性房地产，应当同时满足下列条件：①投资性房地产所在地有活跃的房地产交易市场。所在地，通常指投资性房地产所在的城市。对于大中型城市，应当为投资性房地产所在的城区。②企业能够从活跃的房地产交易市场上取得的同类或类似房地产的市场价格及其他相关信息，从而对投资性房地产的公允价值作出合理的估计。

同类或类似的房地产，对建筑物而言，是指所处地理位置和地理环境相同、性质相同、结构类型相同或相近、新旧程度相同或相近、可使用状况相同或相近的建筑物；对土地使用权而言，是指同一位置区域、所处地理环境相同或近似、可使用状况相同或相近的土地。

投资性房地产的公允价值是指市场参与者在计量日的有序交易中，出售该投资性房地产所能收到的金额。确定投资性房地产的公允价值时，应当参照活跃市场上同类或类似房地产的现行市场价格(市场公开报价)；无法取得同类或类似房地产现行市场价格的，可以参照活跃市场上同类或类似房地产的最近交易价格，并考虑交易情况、交易日期、所在区域等因素，从而对投资性房地产的公允价值作出合理的估计；也可以基于预计未来获得的租金收益和相关现金流量予以计量。

投资性房地产采用公允价值模式进行后续计量的，不计提折旧或摊销，应当以资产负债表日的公允价值计量。资产负债表日，投资性房地产的公允价值高于其账面余额的差额，借记"投资性房地产——公允价值变动"账户，贷记"公允价值变动损益"账户；公允价值低于其账面余额的差额，作相反的账务处理。

【案例 13-13】

甲公司为从事房地产经营开发的企业。2019 年 8 月，甲公司与乙公司签订租赁协议，约定将甲公司开发的一栋精装修的写字楼于开发完成的同时开始租赁给乙公司使用，租赁期为 10 年。当年 10 月 1 日，该写字楼开发完成并随即对外出租，写字楼的造价为 80 000 000 元。由于该栋写字楼地处商业繁华区，所在城区有活跃的房地产交易市场，而且能够从房地产交易市场上取得同类房地产的市场报价，甲公司决定采用公允价值模式对该项出租的房地产进行后续计量。2019 年 12 月 31 日，该写字楼的公允价值为 82 000 000 元。2020 年 12 月 31 日，该写字楼的公允价值为 85 000 000 元。甲公司的账务处理如下。

① 2019 年 10 月 1 日，甲公司开发完成写字楼并出租。

借：投资性房地产——×××写字楼(成本)   80 000 000
    贷：开发产品   80 000 000

② 2019 年 12 月 31 日，以公允价值为基础调整其账面价值，公允价值与原账面价值之间的差额计入当期损益。

借：投资性房地产——×××写字楼(公允价值变动)   2 000 000
    贷：公允价值变动损益   2 000 000

③ 2020 年 12 月 31 日，公允价值发生变动。

借：投资性房地产——×××写字楼(公允价值变动)   3 000 000
    贷：公允价值变动损益   3 000 000

(三)后续计量模式的变更

为保证会计信息的可比性，企业对投资性房地产的计量模式一经确定，不得随意变更。只有在房地产市场比较成熟、能够满足采用公允价值模式条件的情况下，才允许企业对投资性房地产从成本模式计量变更为公允价值模式计量。成本模式转为公允价值模式的，应当作为会计政策变更处理，并按计量模式变更时公允价值与账面价值的差额，调整期初留存收益。企业变更投资性房地产计量模式，符合《企业会计准则第 3 号——投资性房地产》规定的，应当按照计量模式变更日投资性房地产的公允价值，借记"投资性房地产——成本"账户，按照已计提的折旧或摊销，借记"投资性房地产累计折旧(摊销)"账户，原已计提减值准备的，借记"投资性房地产减值准备"账户，按照原账面余额，贷记"投资性房地产"账户，按照公允价值与其账面价值之间的差额，贷记或借记"利润分配——未分配利润""盈余公积"等账户。

已采用公允价值模式计量的投资性房地产，不得从公允价值模式转为成本模式。

【案例 13-14】

2018 年，甲企业将一栋写字楼对外出租，采用成本模式进行后续计量。2020 年 2 月 1 日，假设甲企业持有的投资性房地产满足采用公允价值模式条件，甲企业决定采用公允价值模式对该写字楼进行后续计量。2020 年 2 月 1 日，该写字楼的原价为 8 000 万元，已计提折旧 260 万元，账面价值为 7 740 万元，公允价值为 8 500 万元。甲企业按净利润的 10% 计提盈余公积。假定不考虑所得税因素。甲企业的账务处理如下。

借：投资性房地产——成本	85 000 000	
投资性房地产累计折旧	2 600 000	
贷：投资性房地产		80 000 000
利润分配——未分配利润		6 840 000
盈余公积		760 000

四、投资性房地产的转换

(一)投资性房地产转换形式和转换日的确定

1. 投资性房地产转换形式

房地产的转换，是因房地产用途发生改变而对房地产进行的重新分类。这里所说的房地产转换是针对房地产用途发生改变而言，而不是后续计量模式的转变。企业必须有确凿证据表明房地产用途发生改变，才能将投资性房地产转换为非投资性房地产，或者将非投资性房地产转换为投资性房地产，如自用的办公楼改为出租等。这里的确凿证据包括两个方面：一是企业董事会或类似机构应当就改变房地产用途形成正式的书面决议；二是房地产因用途改变而发生实际状态上的改变，如从自用状态改为出租状态。

房地产转换形式主要包括以下几方面。

(1) 投资性房地产开始自用，相应地由投资性房地产转换为固定资产或无形资产。投资性房地产开始自用是指企业将原来用于赚取租金或资本增值的房地产改为用于生产商品、提供劳务或经营管理。例如，企业将出租的厂房收回，并用于生产本企业的产品。又如，从事房地产开发的企业将出租的开发产品收回，作为企业的固定资产使用。

(2) 作为存货的房地产，改为出租，通常指房地产开发企业将其持有的开发产品以经营租赁的方式出租，相应地由存货转换为投资性房地产。

(3) 自用土地使用权停止自用，用于赚取租金或资本增值，相应地由无形资产转换为投资性房地产。

(4) 自用建筑物停止自用，改为出租，相应地由固定资产转换为投资性房地产。

(5) 房地产企业将用于经营出租的房地产重新开发用于对外销售，从投资性房地产转为存货。

2. 投资性房地产转换日的确定

投资性房地产转换日的确定关系到资产的确认时点和入账价值，因此非常重要。转换日是指房地产的用途发生改变、状态相应发生改变的日期。转换日的确定标准主要包括以下几个方面。

(1) 投资性房地产开始自用，转换日是指房地产达到自用状态，企业开始将房地产用于生产商品、提供劳务或经营管理的日期。

(2) 投资性房地产转换为存货，转换日为租赁期届满、企业董事会或类似机构作出书面决议，明确表明将其重新开发用于对外销售的日期。

(3) 作为存货的房地产改为出租，或者自用建筑物或土地使用权停止自用改为出租，转换日通常为租赁期开始日。租赁期开始日是指承租人有权行使其使用租赁资产权利的日期。

(二)房地产转换的会计处理

1. 成本模式下的转换

(1) 投资性房地产转换为自用房地产。企业将采用成本模式进行后续计量的投资性房地产转换为自用房地产时,应当按该项投资性房地产在转换日的账面余额、累计折旧或摊销、减值准备等,分别转入"固定资产""累计折旧""固定资产减值准备"等账户;按投资性房地产的账面余额,借记"固定资产"或"无形资产"账户,贷记"投资性房地产"账户;按已计提的折旧或摊销,借记"投资性房地产累计折旧(摊销)"账户,贷记"累计折旧"或"累计摊销"账户;原已计提减值准备的,借记"投资性房地产减值准备"账户,贷记"固定资产减值准备"或"无形资产减值准备"账户。

【案例 13-15】

2020年5月末,甲企业将出租在外的厂房收回,6月1日开始用于本企业的商品生产,该厂房相应地由投资性房地产转换为自用房地产。该项房地产在转换前采用成本模式计量,截至2020年5月31日,账面价值为6 800 000元,其中,原价8 000 000元,累计已提折旧1 200 000元。甲企业2020年6月1日的账务处理如下。

借:固定资产　　　　　　　　　　　　　　　　　8 000 000
　　投资性房地产累计折旧(摊销)　　　　　　　　1 200 000
　贷:投资性房地产——×××厂房　　　　　　　　8 000 000
　　　累计折旧　　　　　　　　　　　　　　　　1 200 000

(2) 投资性房地产转换为存货。企业将采用成本模式进行后续计量的投资性房地产转换为存货时,应当按照该项房地产在转换日的账面价值,借记"开发产品"账户;按照已计提的折旧或摊销,借记"投资性房地产累计折旧(摊销)"账户;原已计提减值准备的,借记"投资性房地产减值准备"账户;按其账面余额,贷记"投资性房地产"账户。

(3) 自用房地产转换为投资性房地产。企业将自用土地使用权或建筑物转换为采用成本模式计量的投资性房地产时,应当按该项建筑物或土地使用权在转换日的原价、累计折旧、减值准备等,分别转入"投资性房地产""投资性房地产累计折旧(摊销)""投资性房地产减值准备"账户;按其账面余额,借记"投资性房地产"账户,贷记"固定资产"或"无形资产"账户;按已计提的折旧或摊销,借记"累计折旧"或"累计摊销"账户,贷记"投资性房地产累计折旧(摊销)"账户;原已计提减值准备的,借记"固定资产减值准备"或"无形资产减值准备"账户,贷记"投资性房地产减值准备"账户。

【案例 13-16】

甲企业拥有一栋办公室,用于本企业总部办公。2020年3月10日,甲企业与乙企业签订了经营租赁协议,将这栋办公楼整体出租给乙企业使用,租赁期开始日为2020年4月15日,为期5年。2020年4月15日,这栋办公楼账面余额60 000 000元,已计提折旧4 000 000元。假设甲企业所在城市没有活跃的房地产交易市场。甲企业2020年4月15日的账务处理如下。

借：投资性房地产——×××写字楼		60 000 000
累计折旧		4 000 000
贷：固定资产		60 000 000
投资性房地产累计折旧(摊销)		4 000 000

(4) 作为存货的房地产转换为投资性房地产。企业将作为存货的房地产转换为采用成本模式计量的投资性房地产时，应当按该项存货在转换日的账面价值，借记"投资性房地产"账户，原已计提跌价准备的，借记"存货跌价准备"账户，按其账面余额，贷记"开发产品"等账户。

【案例 13-17】

甲企业是从事房地产开发业务的企业。2020年3月10日，甲企业与乙企业签订了租赁协议，将其开发的一栋写字楼整体出租给乙企业使用，租赁期开始日为 2020 年 4 月 15 日。2020 年 4 月 15 日，该写字楼的账面余额 70 000 000 元，未计提存货跌价准备，转换后采用成本模式计量。甲企业 2020 年 4 月 15 日的账务处理如下。

借：投资性房地产——×××写字楼		70 000 000
贷：开发产品		70 000 000

2. 公允价值模式下的转换

(1) 投资性房地产转换为自用房地产。企业将采用公允价值模式计量的投资性房地产转换为自用房地产时，应当以其转换当日的公允价值作为自用房地产的账面价值，公允价值与原账面价值的差额计入当期损益。转换日，按该项投资性房地产的公允价值，借记"固定资产"或"无形资产"账户；按该项投资性房地产的成本，贷记"投资性房地产——成本"账户；按该项投资性房地产的累计公允价值变动，贷记或借记"投资性房地产——公允价值变动"账户；按其差额，贷记或借记"公允价值变动损益"账户。

【案例 13-18】

2020 年 6 月 15 日，甲企业因租赁期满，将出租的写字楼收回，准备作为办公楼用于本企业的行政管理。2020 年 7 月 1 日，该写字楼正式开始自用，相应地由投资性房地产转换为自用地产，当日的公允价值为 55 000 000 元。该项房地产在转换前采用公允价值模式计量，原账面价值为 52 500 000 元，其中，成本为 50 000 000 元，公允价值变动为增值 2 500 000 元。甲企业的账务处理如下。

借：固定资产		55 000 000
贷：投资性房地产——写字楼(成本)		50 000 000
——写字楼(公允价值变动)		2 500 000
公允价值变动损益		2 500 000

(2) 投资性房地产转换为存货。企业将采用公允价值模式计量的投资性房地产转换为存货时，应当以其转换当日的公允价值作为存货的账面价值，公允价值与原账面价值的差额

计入当期损益。

转换日，按该项投资性房地产的公允价值，借记"开发产品"等账户；按该项投资性房地产的成本，贷记"投资性房地产——成本"账户；按该项投资性房地产的累计公允价值变动，贷记或借记"投资性房地产——公允价值变动"账户；按其差额，贷记或借记"公允价值变动损益"账户。

【案例13-19】

甲房地产开发企业将其开发的部分写字楼用于对外经营租赁。2020年10月15日，因租赁期满，甲企业将出租的写字楼收回，并作出书面决议，将该写字楼重新开发用于对外销售，即由投资性房地产转换为存货，当日的公允价值为6 800万元。该项房地产在转换前采用公允价值模式计量，原账面价值为6 600万元，其中，成本为6 000万元，公允价值增值为600万元。甲企业的账务处理如下。

借：开发产品	68 000 000
贷：投资性房地产——成本	60 000 000
——公允价值变动	6 000 000
公允价值变动损益	2 000 000

(3) 自用房地产转换为投资性房地产。企业将自用土地使用权或建筑物转换为采用公允价值模式计量的投资性房地产时，应当按该项土地使用权或建筑物在转换日的公允价值，借记"投资性房地产——成本"账户；按已计提的累计摊销或累计折旧，借记"累计摊销"或"累计折旧"账户；原已计提减值准备的，借记"无形资产减值准备""固定资产减值准备"账户；按其账面余额，贷记"固定资产"或"无形资产"账户。同时，转换日的公允价值小于账面价值的，按其差额，借记"公允价值变动损益"账户；转换日的公允价值大于账面价值的，按其差额，贷记"其他综合收益"账户。当该项投资性房地产处置时，因转换计入其他综合收益的部分应转入当期损益。

【案例13-20】

2019年6月，甲企业打算搬迁至新建办公楼，由于原办公楼处于商业繁华地段，甲企业准备将其出租，以赚取租金收入。2019年10月，甲企业完成了搬迁工作，原办公楼停止自用。2019年12月，甲企业与乙企业签订了租赁协议，将其原办公楼租赁给乙企业使用，租赁期开始日为2020年1月1日，租赁期限为3年。

在本案例中，甲企业应当于租赁期开始日(2020年1月1日)，将自用房地产转换为投资性房地产。由于该办公楼处于商业区，房地产交易活跃，该企业能够从市场上取得同类或类似房地产的市场价格及其他相关信息，假设甲企业对出租的原办公楼采用公允价值模式计量。假设2020年1月1日，该办公楼的公允价值为45 000 000元，其原价为60 000 000元，已提折旧18 000 000元。甲企业2020年1月1日的账务处理如下。

借：投资性房地产——×××办公楼(成本)	45 000 000
累计折旧	18 000 000
贷：固定资产	60 000 000
其他综合收益	3 000 000

(4) 作为存货的房地产转换为投资性房地产。企业将作为存货的房地产转换为采用公允价值模式计量的投资性房地产时，应当按该项房地产在转换日的公允价值，借记"投资性房地产——成本"账户；原已计提跌价准备的，借记"存货跌价准备"账户；按其账面余额，贷记"开发产品"等账户。同时，转换日的公允价值小于账面价值的，按其差额，借记"公允价值变动损益"账户；转换日的公允价值大于账面价值的，按其差额，贷记"其他综合收益"账户。当该项投资性房地产处置时，因转换计入其他综合收益的部分应转入当期损益。

【案例13-21】

2020年3月10日，甲房地产开发公司与乙企业签订了租赁协议，将其开发的一栋写字楼出租给乙企业。租赁期开始日为2020年4月15日。2020年4月15日，该写字楼的账面余额55 000万元，公允价值为57 000万元。2020年12月31日，该项投资性房地产的公允价值为59 000万元。甲企业的账务处理如下。

① 2020年4月15日，存货转换为投资性房地产。

借：投资性房地产——成本　　　　　　　　　　　　570 000 000
　　贷：开发产品　　　　　　　　　　　　　　　　550 000 000
　　　　其他综合收益　　　　　　　　　　　　　　 20 000 000

② 2020年12月31日，公允价值变动。

借：投资性房地产——公允价值变动　　　　　　　　 20 000 000
　　贷：公允价值变动损益　　　　　　　　　　　　 20 000 000

五、投资性房地产的处置

当投资性房地产被处置，或者永久退出使用且预计不能从其处置中取得经济利益时，应当终止确认该项投资性房地产。

企业可以通过对外出售或转让的方式处置投资性房地产取得收益。对于那些由于使用而不断磨损直到最终报废，或者由于遭受自然灾害等非正常原因发生毁损的投资性房地产应当及时进行清理。此外，企业因其他原因，如非货币性交易等而减少投资性房地产，也属于投资性房地产的处置。企业出售、转让、报废投资性房地产或发生投资性房地产毁损，应当将处置收入扣除其账面价值和相关税费后的金额计入当期损益。

(一)采用成本模式计量的投资性房地产的处置

处置采用成本模式进行后续计量的投资性房地产时，应当按实际收到的金额，借记"银行存款"等账户，贷记"其他业务收入"账户；按该项投资性房地产的账面价值，借记"其他业务成本"账户；按其账面余额，贷记"投资性房地产"账户；按已计提的折旧或摊销，借记"投资性房地产累计折旧(摊销)"账户；原已计提减值准备的，借记"投资性房地产减值准备"账户。

【案例 13-22】

甲公司将其出租的一栋写字楼确认为投资性房地产。租赁期满后,甲公司将该栋写字楼出售给乙公司,合同价款为 40 000 000 元,乙公司已用银行存款付清。假设这栋写字楼采用成本模式计量。出售时,该栋写字楼的成本为 38 000 000 元,已计提折旧 3 000 000 元。假定不考虑相关税费。甲公司的账户处理如下。

借:银行存款　　　　　　　　　　　　　　　　　　　　40 000 000
　　贷:其他业务收入　　　　　　　　　　　　　　　　　　40 000 000
借:其他业务成本　　　　　　　　　　　　　　　　　　　35 000 000
　　投资性房地产累计折旧(摊销)　　　　　　　　　　　　 3 000 000
　　贷:投资性房地产——×××写字楼　　　　　　　　　　38 000 000

(二)采用公允价值模式计量的投资性房地产的处置

处置采用公允价值模式计量的投资性房地产时,应当按实际收到的金额,借记"银行存款"等账户,贷记"其他业务收入"账户;按该项投资性房地产的账面余额,借记"其他业务成本"账户;按其成本,贷记"投资性房地产——成本"账户;按其累计公允价值变动,贷记或借记"投资性房地产——公允价值变动"账户。同时结转投资性房地产累计公允价值变动。若存在原转换日计入其他综合收益的金额,也一并结转。

【案例 13-23】

甲企业为一家房地产开发企业。2019 年 3 月 10 日,甲企业与乙企业签订了租赁协议,将其开发的一栋写字楼出租给乙企业使用,租赁期开始日为 2019 年 4 月 15 日。2019 年 4 月 15 日,该写字楼的账面余额为 55 000 万元,公允价值为 57 000 万元。2019 年 12 月 31 日,该项投资性房地产的公允价值为 59 000 万元。2020 年 6 月租赁期届满,企业收回该项投资性房地产,并以 65 000 万元出售,出售款项已收讫。甲企业采用公允价值模式计量。甲企业的账务处理如下。

① 2019 年 4 月 15 日,存货转换为投资性房地产。

借:投资性房地产——成本　　　　　　　　　　　　　　570 000 000
　　贷:开发产品　　　　　　　　　　　　　　　　　　　550 000 000
　　　　其他综合收益　　　　　　　　　　　　　　　　　 20 000 000

② 2019 年 12 月 31 日,公允价值变动。

借:投资性房地产——公允价值变动　　　　　　　　　　 20 000 000
　　贷:公允价值变动损益　　　　　　　　　　　　　　　 20 000 000

③ 2020 年 6 月,出售投资性房地产。

借:银行存款　　　　　　　　　　　　　　　　　　　　650 000 000
　　公允价值变动损益　　　　　　　　　　　　　　　　　 20 000 000
　　其他综合收益　　　　　　　　　　　　　　　　　　　 20 000 000
　　其他业务成本　　　　　　　　　　　　　　　　　　　550 000 000
　　贷:投资性房地产——成本　　　　　　　　　　　　　570 000 000

——公允价值变动	20 000 000
其他业务收入	650 000 000

任务二　非货币性资产交换的核算

一、非货币性资产交换的认定

(一)非货币性资产交换的概念

非货币性资产交换是一种非经常性的特殊交易行为,是指交易双方主要以存货、固定资产、无形资产和长期股权投资等非货币性资产进行的交换。非货币性资产交换是相对于货币性资产而言的。货币性资产,是指企业持有的货币资金和将以固定或可确定的金额收取的资产,包括现金、银行存款、应收账款和应收票据,以及准备持有至到期的债券投资等。非货币性资产是指货币性资产以外的资产,该类资产在将来为企业带来的经济利益不固定或不可确定,包括存货(如原材料、库存商品等)、固定资产、无形资产、长期股权投资、投资性房地产、在建工程等。

(二)非货币性资产交换的认定

非货币性资产交换一般不涉及货币性资产,或只涉及少量的货币性资产,即补价。非货币性资产交换准则规定,认定涉及少量货币性资产的交换为非货币性资产交换,通常以补价占整个资产交换金额的比例低于 25%作为参考比例。也就是说,支付的货币性资产占换入资产公允价值(或占换出资产公允价值与支付的货币性资产之和)的比例,或者收到的货币性资产占换出资产公允价值(或占换入资产公允价值与收到的货币性资产之和)的比例低于 25%的,视为非货币性资产交换;高于 25%(含 25%)的,视为货币性资产交换。

二、非货币性资产交换的确认和计量

(一)确认和计量的原则

在非货币性资产交换的情况下,不论是一项资产换入一项资产、一项资产换入多项资产、多项资产换入一项资产,还是多项资产换入多项资产,换入资产的成本都有两种计量基础。

1. 公允价值

非货币性资产交换同时满足下列两个条件的,应当以公允价值和应支付的相关税费作为换入资产的成本,公允价值与换出资产账面价值的差额计入当期损益。
(1) 该项交换具有商业实质。
(2) 换入资产或换出资产的公允价值能够可靠地计量。
资产存在活跃市场,是资产公允价值能够可靠地计量的明显证据,但不是唯一要求。

属于以下三种情形之一的，公允价值视为能够可靠地计量。

① 换入资产或换出资产存在活跃市场。

② 换入资产或换出资产不存在活跃市场，但同类或类似资产存在活跃市场。

③ 换入资产或换出资产不存在同类或类似资产可比市场交易、采用估值技术确定的公允价值满足一定的条件。采用估值技术确定的公允价值必须符合以下条件之一，视为能够可靠计量：

- 采用估值技术确定的公允价值估计数的变动区间很小。这种情况是指虽然企业通过估值技术确定的资产公允价值不是一个单一的数据，但是介于一个变动范围很小的区间内，可以认为资产的公允价值能够可靠地计量。
- 在公允价值估计数变动区间内，各种用于确定公允价值估计数的概率能够合理确定。这种情况是指采用估值技术确定的资产公允价值在一个变动区间内，区间内出现各种情况的概率或可能性能够合理确定，企业可以采用类似《企业会计准则第 13 号——或有事项》计算最佳估计数的方法，确定资产的公允价值，这种情况视为公允价值能够可靠计量。

换入资产和换出资产公允价值均能够可靠计量的，应当以换出资产公允价值作为确定换入资产成本的基础。一般来说，取得资产的成本应当按照所放弃资产的对价来确定。在非货币性资产交换中，换出资产就是放弃的对价，如果其公允价值能够可靠确定，应当优先考虑按照换出资产的公允价值作为确定换入资产成本的基础；如果有确凿证据表明换入资产的公允价值更加可靠的，应当以换入资产公允价值为基础确定换入资产的成本，这种情况多发生在非货币性资产交换存在补价的情况，因为存在补价表明换入资产和换出资产公允价值不相等，一般不能直接以换出资产的公允价值作为换入资产的成本。

2. 账面价值

不具有商业实质或交换涉及资产的公允价值均不能可靠计量的非货币性资产交换，应当按照换出资产的账面价值和应支付的相关税费，作为换入资产的成本，无论是否支付补价，均不确认损益；收到或支付的补价作为确定换入资产成本的调整因素，其中，收到补价方应当以换出资产的账面价值减去补价作为换入资产的成本，支付补价方应当以换出资产的账面价值加上补价作为换入资产的成本。

(二)商业实质的判断

非货币性资产交换具有商业实质，是换入资产能够采用公允价值计量的重要条件之一。在确定资产交换是否具有商业实质时，企业应当重点考虑由于发生了该项资产交换预期使企业未来现金流量发生变动的程度，通过比较换出资产和换入资产预计产生的未来现金流量或其现值，确定非货币性资产交换是否具有商业实质。只有当换出资产和换入资产预计未来现金流量或其现值两者之间的差额较大时，才能表明交易的发生使企业经济状况发生了明显改变，非货币性资产交换因而具有商业实质。

满足下列条件之一的非货币性资产交换具有商业实质。

(1) 换入资产的未来现金流量在风险、时间和金额方面与换出资产显著不同。

(2) 换入资产与换出资产的预计未来现金流量现值不同，且其差额与换入资产和换出资产的公允价值相比是重大的。这种情况是指换入资产对换入企业的特定价值(即预计未来现金流量现值)与换出资产存在明显差异。

从市场参与者的角度分析，换入资产和换出资产预计未来现金流量在风险、时间和金额方面可能相同或相似，但是，鉴于换入资产的性质和换入企业经营活动的特征等因素，换入资产与换入企业其他现有资产相结合，能够比换出资产产生更大的作用，使换入企业受该换入资产影响的经营活动部分产生的现金流量，与换出资产明显不同，即换入资产对换入企业的使用价值与换出资产对该企业的使用价值明显不同，使换入资产预计未来现金流量现值与换出资产发生明显差异，因而表明该两项资产的交换具有商业实质。

某企业以一项专利权换入另一企业拥有的长期股权投资，假定从市场参与者来看，该项专利权与该项长期股权投资的公允价值相同，两项资产未来现金流量的风险、时间和金额亦相同，但是，对换入企业来讲，换入该项长期股权投资使该企业对被投资方由重大影响变为控制关系，从而对换入企业产生的预计未来现金流量现值与换出的专利权有较大差异；另一企业换入的专利权能够解决生产中的技术难题，从而对换入企业产生的预计未来现金流量现值与换出的长期股权投资有明显差异，因而该两项资产的交换具有商业实质。

在确定非货币性资产交换是否具有商业实质时，企业应当关注交易各方之间是否存在关联方关系。关联方关系的存在可能导致发生的非货币性资产交换不具有商业实质。

三、非货币性资产交换的会计处理

(一)以公允价值计量的会计处理

非货币性资产交换具有商业实质且公允价值能够可靠计量的，应当以换出资产的公允价值和应支付的相关税费，作为换入资产的成本，除非有确凿证据表明换入资产的公允价值比换出资产的公允价值更加可靠。

在以公允价值计量的情况下，不论是否涉及补价，只要换出资产的公允价值与其账面价值不相同，就一定会涉及损益的确认，因为非货币性资产交换损益通常是换出资产公允价值与换出资产账面价值的差额，通过非货币性资产交换予以实现。

非货币性资产交换的会计处理，视换出资产的类别不同而有所区别。

(1) 换出资产为存货的，应当视同销售处理，按照公允价值确认销售收入，同时结转销售成本，相当于按照公允价值确认的收入和按账面价值结转的成本之间的差额，也即换出资产公允价值和换出资产账面价值的差额，在利润表中作为营业利润的构成部分予以列示。

(2) 换出资产为固定资产、无形资产的，换出资产公允价值和换出资产账面价值的差额，计入资产处置损益。

(3) 换出资产为长期股权投资的，换出资产公允价值和换出资产账面价值的差额，计入投资收益。

换入资产与换出资产涉及相关税费的，如换出存货视同销售计算的销项税额，换入资产作为存货、固定资产应当确认的可抵扣增值税进项税额，以及换出固定资产、无形资产视同转让应缴纳的增值税等，按照相关税收规定计算确定。

1. 不涉及补价的情况

非货币性资产交换的会计处理，关键在于确定换入资产的成本和当期损益的确认。在不涉及补价的情况下，非货币性资产交换，换入资产成本和当期损益的确定，应以下面的公式为基础计算。

换入资产成本=换出资产公允价值+应支付的相关税费-可抵扣进项税额

当期损益=换出资产的公允价值-换出资产的账面价值

注意：其中的相关税费仅包括价外税(增值税)，不包括其他价内税。

【案例 13-24】

2020年11月，为了提高产品质量，甲电视机公司以其持有的对乙公司的长期股权投资交换丙电视机公司拥有的一项液晶电视屏专利技术。在交换日，甲公司持有的长期股权投资账面余额为800万元，已计提长期股权投资减值准备余额为60万元，在交换日的公允价值为600万元；丙公司专利技术的账面原价为800万元，累计已摊销金额为160万元，已计提减值准备为30万元，在交换日的公允价值为600万元。丙公司原已持有对乙公司的长期股权投资，从甲公司换入对乙公司的长期股权投资后，使乙公司成为丙公司的联营企业。假设整个交易过程中没有发生其他相关税费。

分析：该项资产交换没有涉及收付货币性资产，因此属于非货币性资产交换。本案例属于以长期股权投资换入无形资产。对甲公司来讲，换入液晶电视屏专利技术能够大幅度改善产品质量，相对于对乙公司的长期股权投资来讲，预计未来现金流量的时间、金额和风险均不相同；对丙公司来讲，换入对乙公司的长期股权投资，使其对乙公司的关系由既无控制、共同控制或重大影响，改为具有重大影响，因而可通过参与乙公司的财务和经营政策等方式对其施加重大影响，增加了由此从乙公司经营活动中获取经济利益的权力，与专利技术预计产生的未来现金流量在时间、风险和金额方面都有所不同。因此，该两项资产的交换具有商业实质，同时，两项资产的公允价值都能够可靠地计量，符合以公允价值计量的条件。甲公司和丙公司均应当以公允价值为基础确定换入资产的成本，并确认产生的损益。

① 甲公司的账务处理如下。

借：无形资产——专利权	6 000 000
长期股权投资减值准备	600 000
投资收益	1 400 000
贷：长期股权投资	8 000 000

② 丙公司的账务处理如下。

借：长期股权投资	6 000 000
累计摊销	1 600 000
无形资产减值准备	300 000
资产处置损益	100 000
贷：无形资产——专利权	8 000 000

2. 涉及补价的情况

在涉及补价的情况下，非货币性资产交换，换入资产成本和当期损益的确定，应以下面公式为基础计算。

1) 支付补价方

换入资产成本=换出资产公允价值+应支付的相关税费+支付的补价-可抵扣进项税额

当期损益=换出资产的公允价值-换出资产的账面价值

2) 收到补价方

换入资产成本=换出资产公允价值+应支付的相关税费-收到的补价-可抵扣进项税额

当期损益=换出资产的公允价值-换出资产的账面价值

注意：其中的相关税费仅包括价外税(增值税)，不包括其他价内税。

【案例13-25】

甲公司以一栋仓库换乙公司一栋办公楼。甲公司换出仓库的账面原价为380万元，已提折旧50万元，公允价值为350万元；乙公司换出办公楼的账面原价为450万元，已提折旧80万元，公允价值为370万元。甲公司另支付20万元给乙公司。假定双方换入的资产均作为各自的固定资产管理和使用，且未对换出资产计提减值准备。假定不考虑相关税费。

分析：在这项交易中，甲公司支付20万元给乙公司，涉及少量的货币性资产，因此，应判断是否属于非货币性资产交换业务。

甲公司支付补价如下。

支付的补价20万元÷(换出资产公允价值350万元+支付的补价20万元)=5.41%<25%

乙公司收到补价如下。

收到的补价20万元÷换出资产公允价值370万元=5.41%<25%

通过计算可知，补价占整个交易金额的比例小于25%，属于非货币性资产交换业务。

甲公司的账务处理如下。

① 将固定资产转入固定资产清理时。

借：固定资产清理　　　　　　　　　　　　　　　　3 300 000
　　累计折旧　　　　　　　　　　　　　　　　　　　　500 000
　　贷：固定资产　　　　　　　　　　　　　　　　　　　　3 800 000

② 支付补价时。

借：固定资产清理　　　　　　　　　　　　　　　　　200 000
　　贷：银行存款　　　　　　　　　　　　　　　　　　　　200 000

③ 确定换入资产的入账价值时。

换入资产成本=350+20=370(万元)

借：固定资产　　　　　　　　　　　　　　　　　　3 700 000
　　贷：固定资产清理　　　　　　　　　　　　　　　　　3 700 000

④ 确定当期损益时。

当期损益=370-350=20(万元)

借：固定资产清理　　　　　　　　　　　　　　　　　200 000
　　贷：资产处置损益　　　　　　　　　　　　　　　　　200 000

乙公司的账务处理如下。

① 将固定资产转入固定资产清理时。

借：固定资产清理 3 700 000
　　累计折旧 800 000
　　贷：固定资产 4 500 000

② 收到补价时。

借：银行存款 200 000
　　贷：固定资产清理 200 000

③ 确定换入资产的入账价值时。

换入资产成本=370-20=350(万元)

借：固定资产 3 500 000
　　贷：固定资产清理 3 500 000

④ 确定当期损益时。

当期损益=370-370=0

(二)以账面价值计量的会计处理

非货币性资产交换不具有商业实质，或者虽然具有商业实质但换入资产和换出资产的公允价值均不能可靠计量的，应当以换出资产的账面价值和应支付的相关税费作为换入资产的成本，无论是否支付补价，均不确认损益。

1. 不涉及补价的情况

在不具有商业实质的非货币性资产交换中，不涉及补价的，换入资产的入账价值应当以换出资产的账面价值和应支付的相关税费来确定。其计算公式如下。

换入资产的成本=换出资产的账面价值+应支付的相关税费-可抵扣进项税额

注意：其中的相关税费包括价内税和价外税。

【案例 13-26】

甲公司决定以账面价值为 4 500 元、公允价值为 5 000 元的甲材料，换入丙公司账面价值为 5 500 元、公允价值为 5 000 元的乙材料，甲公司支付运费 200 元，丙公司支付运费 300 元。两公司均未对存货计提跌价准备，增值税税率为 13%。假定双方换入的资产均作为原材料使用。假定不考虑相关税费。

分析：由于双方交易不具有商业实质，因此，此项非货币性资产交换应以换出资产的账面价值为基础计量换入资产的成本，且双方均不确认非货币性交易损益。

① 甲公司的账务处理如下。

确定换入资产的入账价值=4 500+200=4 700(元)

借：原材料——乙材料 4 700
　　应交税费——应交增值税(进项税额) 650
　　贷：原材料——甲材料 4 500

```
            应交税费——应交增值税(销项税额)              650
            银行存款                                    200
```

② 丙公司的账务处理如下。

确定换入资产的入账价值=5 500+300=5 800(元)

```
借：原材料——甲材料                                    5 800
    应交税费——应交增值税(进项税额)                      650
    贷：原材料——乙材料                                5 500
        应交税费——应交增值税(销项税额)                  650
        银行存款                                        300
```

2．涉及补价的情况

在不具有商业实质的非货币性资产交换中，在涉及补价的情况下，换入资产的入账价值应当以收到补价方和支付补价方分别确定。

1) 支付补价方

换入资产成本=换出资产账面价值+应支付的相关税费+支付的补价-可抵扣进项税额

2) 收到补价方

换入资产成本=换出资产账面价值+应支付的相关税费-收到的补价-可抵扣进项税额

注意：其中的相关税费包括价内税和价外税。

【案例13-27】

丙公司拥有一台专有设备，该设备账面原价450万元，已计提折旧330万元。丁公司拥有一项长期股权投资，账面价值90万元，两项资产均未计提减值准备。丙公司决定以其专有设备交换丁公司的长期股权投资，该专有设备是生产某种产品必需的设备。由于专有设备系当时专门制造，性质特殊，其公允价值不能可靠地计量；丁公司拥有的长期股权投资在活跃市场中没有报价，其公允价值也不能可靠地计量。经双方商定，丁公司支付了20万元补价。假定交易中没有涉及相关税费。

分析：该项资产交换涉及收付货币性资产，即补价20万元。对丙公司而言，收到的补价20万元÷换出资产账面价值120万元=16.7%＜25%，因此，该项交换属于非货币性资产交换，丁公司的情况也类似。由于两项资产的公允价值不能可靠计量，因此，对于该项资产交换，换入资产的成本应当按照换出资产的账面价值确定。

① 丙公司的账务处理如下。

```
借：固定资产清理                                     1 200 000
    累计折旧                                         3 300 000
    贷：固定资产——专有设备                           4 500 000
借：长期股权投资                                     1 000 000
    银行存款                                           200 000
    贷：固定资产清理                                 1 200 000
```

② 丁公司的账务处理如下。
借：固定资产——专有设备　　　　　　　　　1 100 000
　　贷：长期股权投资　　　　　　　　　　　　　　900 000
　　　　银行存款　　　　　　　　　　　　　　　　200 000

任务三　或有事项的核算

一、或有事项的概念与特征

　　企业在经营活动中有时会面临一些具有较大不确定性的经济事项，这些不确定事项对企业的财务状况和经营成果可能会产生较大的影响，其最终结果需由某些未来事项的发生或不发生加以决定。例如，企业售出一批商品并对商品提供售后担保，承诺在商品发生质量问题时由企业无偿提供修理服务。销售商品并提供售后担保是企业过去发生的交易，由此形成的未来修理服务构成一项不确定事项，修理服务的费用是否会发生及发生金额是多少将取决于未来是否修理请求及修理工作量、费用等的大小。按照权责发生制原则，企业不能等到客户提出修理请求时，才确认因提供担保而发生的义务，而应当在资产负债表日对这一不确定事项作出判断，以决定是否在当期确认承担的修理义务。这种不确定事项在会计上称为或有事项。

　　或有事项，是指过去的交易或事项形成的，其结果需由某些未来事项的发生或不发生才能决定的不确定事项。常见的或有事项包括未决诉讼或未决仲裁、债务担保、产品质量保证(含产品安全保证)、亏损合同、重组义务、承诺、环境污染整治等。

　　或有事项具有以下特征。

　　(1) 或有事项是因过去的交易或事项形成的。或有事项作为一种不确定事项，是因企业过去的交易或事项形成的。因过去的交易或事项形成，是指或有事项的现存状况是过去交易或事项引起的客观存在。例如，未决诉讼是企业因过去的经济行为导致起诉其他单位或被其他单位起诉，是现存的一种状况，而不是未来将要发生的事项。又如，产品质量保证是企业对已售出商品或已提供劳务的质量提供的保证，不是为尚未出售商品或尚未提供劳务的质量提供的保证。基于这一特征，未来可能发生的自然灾害、交通事故、经营亏损等事项，都不属于或有事项。

　　(2) 或有事项的结果具有不确定性。首先，或有事项的结果是否发生具有不确定性。例如，企业为其他单位提供债务担保，如果被担保方到期无力还款，担保方将负连带责任，担保所引起的可能发生的连带责任构成或有事项。但是，担保方在债务到期时是否一定承担和履行连带责任，需要根据被担保方能否按时还款决定，其结果在担保协议达成时具有不确定性。又如，有些未决诉讼，被起诉的一方是否会败诉，在案件审理过程中是难以确定的，需要根据法院判决情况加以确定。其次，或有事项的结果预计将会发生，但发生的具体时间或金额具有不确定性。例如，某企业因生产排污治理不力并对周围环境造成污染而被起诉，如无特殊情况，该企业很可能败诉，但是，在诉讼成立时，该企业因败诉将会支出多少金额，或者何时将发生这些支出，可能是难以确定的。

(3) 或有事项的结果需由未来事项决定。或有事项的结果只能由未来不确定事项的发生或不发生才能决定。或有事项会对企业产生有利影响还是不利影响，或者虽已知是有利影响或不利影响，但影响有多大，在或有事项发生时是难以确定的。这种不确定性的消失，只能由未来不确定事项的发生或不发生才能证实。例如，企业为其他单位提供债务担保，该担保事项最终是否会要求企业履行偿还债务的连带责任，一般只能看被担保方的未来经营情况和偿债能力。如果被担保方经营情况和财务状况良好且有较好的信用，按期还款，那么企业将不需要履行该连带责任；只有在被担保方到期无力还款时，担保方才承担偿还债务的连带责任。

在会计处理过程中存在不确定性的事项并不都是或有事项，企业应当按照或有事项的定义和特征进行判断。例如，对固定资产计提折旧虽然也涉及对固定资产预计净残值和使用寿命进行分析和判断，带有一定的不确定性。但是，固定资产折旧是已经发生的损耗，固定资产的原值是确定的，其价值最终会转移到成本或费用中也是确定的，该事项的结果是确定的，因此，对固定资产计提折旧不属于或有事项。

二、或有负债和或有资产

或有负债是指过去的交易或事项形成的潜在义务，其存在需通过未来不确定事项的发生或不发生予以证实；或过去的交易或事项形成的现时义务，履行该义务不是很可能导致经济利益流出企业或该义务的金额不能可靠地计量。

或有负债涉及两类义务：一类是潜在义务；另一类是现时义务。其中，潜在义务是指结果取决于不确定未来事项的可能义务。也就是说，潜在义务最终是否转变为现时义务，由某些未来不确定事项的发生或不发生才能决定。现时义务是指企业在现行条件下已承担的义务，该现时义务的履行不是很可能导致经济利益流出企业，或者该现时义务的金额不能可靠地计量。例如，甲公司涉及一桩诉讼案，根据以往的审判案例推断，甲公司很可能要败诉，但法院尚未判决，甲公司无法根据经验判断未来将要承担多少赔偿金额，因此该现时义务的金额不能可靠地计量，该诉讼案件即形成一项甲公司的或有负债。

履行或有事项相关义务导致经济利益流出的可能性，通常按照一定的概率区间加以判断。一般情况下，发生的概率分为以下几个层次：基本确定、很可能、可能、极小可能。其中，"基本确定"是指发生的可能性大于95%但小于100%；"很可能"是指发生的可能性大于50%但小于或等于95%；"可能"是指发生的可能性大于5%但小于或等于50%；"极小可能"是指发生的可能性大于0但小于或等于5%。

或有资产是指过去的交易或事项形成的潜在资产，其存在需通过未来不确定事项的发生或不发生予以证实。或有资产作为一种潜在资产，其结果具有较大的不确定性，只有随着经济情况的变化，通过某些未来不确定事项的发生或不发生才能证实其是否会形成企业真正的资产。例如，甲企业向法院起诉乙企业侵犯了其专利权，法院尚未对该案件进行公开审理，甲企业是否胜诉尚难判断。对于甲企业而言，将来可能胜诉而获得的赔偿属于一项或有资产，但这项或有资产是否会转化为真正的资产，要由法院的判决结果确定。如果终审判决结果是甲企业胜诉，那么这项或有资产就转化为甲企业的一项资产；如果终审判决结果是甲企业败诉，那么或有资产就消失了，更不可能形成甲企业的资产。

或有负债和或有资产不符合负债或资产的定义和确认条件，企业不应当确认或有负债和或有资产，而应当进行相应的披露。但是，影响或有负债和或有资产的多种因素处于不断变化之中，企业应当持续地对这些因素予以关注。随着时间的推移和事态的进展，或有负债对应的潜在义务可能转化为现实的义务，原来不是很可能导致经济利益流出的现时义务也可能被证实将很可能导致企业流出经济利益，并且现时义务的金额也能够可靠地计量。这时或有负债就转化为企业的负债，应当予以确认。或有资产也是一样，其对应的潜在资产最终是否能够流入企业会逐渐变得明确，如果某一时点企业基本确定能够收到这项潜在资产并且其金额能够可靠地计量，则应当将其确认为企业的资产。

三、或有事项的确认

或有事项形成的或有资产只有在企业基本确定能够收到的情况下，才转变为真正的资产，从而予以确认。与或有事项有关的义务应当在同时符合以下三个条件时，确认为负债，作为预计负债进行确认和计量：①该义务是企业承担的现时义务；②履行该义务很可能导致经济利益流出企业；③该义务的金额能够可靠地计量。

四、预计负债的计量

当与或有事项有关的义务符合确认为负债的条件时应当将其确认为预计负债，预计负债应当按照履行相关现时义务所需支出的最佳估计数进行初始计量。此外，企业清偿预计负债所需支出还可能从第三方或其他方获得补偿。因此，或有事项的计量主要涉及两个问题：一是最佳估计数的确定；二是预期可获得补偿的处理。

(一)最佳估计数的确定

预计负债应当按照履行相关现时义务所需支出的最佳估计数进行初始计量。最佳估计数的确定应当分两种情况处理。

(1) 所需支出存在一个连续范围(或区间，下同)，且该范围内各种结果发生的可能性相同，则最佳估计数应当按照该范围内的中间值，即上下限金额的平均数确定。

【案例 13-28】

2020 年 11 月 1 日，乙公司因合同违约而涉及一起诉讼案。在咨询了公司的法律顾问后，乙公司认为，最终的法律判决很可能对公司不利。2020 年 12 月 31 日，乙公司尚未接到法院的判决，因诉讼需承担的赔偿金额也无法准确确定。根据法律顾问的职业判断，赔偿金额可能是 220 万元至 260 万元之间的某一金额。此时，乙公司应在资产负债表中确认一项金额为 240 万元的预计负债。

计量方法：本案例有连续范围，取中间值，即：(220+260)÷2=240(万元)。

(2) 所需支出不存在一个连续范围，或者虽然存在一个连续范围，但该范围内各种结果发生的可能性不相同。那么，如果或有事项涉及单个项目，最佳估计数按照最可能发生金额确定；如果或有事项涉及多个项目，最佳估计数按照各种可能结果及相关概率计算确定。

"涉及单个项目"指或有事项涉及的项目只有一个，如一项未决诉讼、一项未决仲裁或一项债务担保等。"涉及多个项目"指或有事项涉及的项目不止一个，如产品质量保证。在产品质量保证中，提出产品保修要求的可能有许多客户，相应地，企业对这些客户负有保修义务。

【案例13-29】

2020年10月2日，乙公司涉及一起诉讼案。乙公司认为，胜诉的可能性为40%，败诉的可能性为60%。如果败诉，需要赔偿1 000 000元。此时，乙公司在资产负债表中确认的负债金额应为最可能发生的金额，即1 000 000元。

计量方法：本案例单个项目取最可能金额=1 000 000(元)。

【案例13-30】

甲公司是生产并销售A产品的企业。2020年第一季度，共销售A产品60 000件，销售收入为450 000 000元。根据公司的产品质量保证条款，该产品售出后一年内，如果发生正常质量问题，公司将负责免费维修。根据以前年度的维修记录，如果发生较小的质量问题，发生的维修费用为销售收入的1%；如果发生较大的质量问题，发生的维修费用为销售收入的2%。根据公司技术部门的预测，本季度销售的产品中，80%不会发生质量问题；15%可能发生较小质量问题；5%可能发生较大质量问题。据此，2020年第一季度末，甲公司应在资产负债表中确认的负债金额=450 000 000×(0×80%+1%×15%+2%×5%)=1 125 000(元)。

计量方法：本例多个项目以金额乘以发生概率。

(二)预期可获得补偿的处理

如果企业清偿因或有事项而确认的负债所需支出全部或部分预期由第三方或其他方补偿，则此补偿金额只有在基本确定能收到时，才能作为资产单独确认，确认的补偿金额不能超过所确认负债的账面价值。预期可能获得补偿的情况通常有：发生交通事故等情况时，企业通常可从保险公司获得合理的赔偿；在某些索赔诉讼中，企业可对索赔人或第三方另行提出赔偿要求；在债务担保业务中，企业在履行担保义务的同时，通常可向被担保企业提出追偿要求。

企业预期从第三方获得的补偿，是一种潜在资产，其最终是否真的会转化为企业真正的资产(即企业是否能够收到这项补偿)具有较大的不确定性，企业只能在基本确定能够收到补偿时才能对其进行确认。根据资产和负债不能随意抵消的原则，预期可获得的补偿在基本确定能够收到时应当确认为一项资产，而不能作为预计负债金额的扣减。

【案例13-31】

2020年12月31日，乙公司因或有事项而确认了一笔金额为2 000 000元的负债，同时，乙公司因该或有事项，基本确定可从甲公司获得800 000元的赔偿。

本案例中，乙公司应分别确认一项金额为2 000 000元的负债和一项金额为800 000元的资产，而不能只确认一项金额为1 200 000(2 000 000-800 000)元的负债。同时，乙公司所确认的补偿金额800 000元不能超过所确认的负债的账面价值2 000 000元。

五、或有事项的会计处理

或有事项分为或有负债和或有资产。对或有负债的处理,分三种情况:①如果该事项很有可能且能可靠地计量,则确认为预计负债;②如果该事项只是有可能或不能可靠地计量,则不确认为负债,但需对外披露;③如果该事项只是极小可能,则不需确认也不需披露。对或有资产一般不予确认,也不予披露。对预计负债设"预计负债"账户进行核算,并按形成原因,设"未决诉讼""产品质量保证""债务担保"等明细账户进行核算。

【案例 13-32】

2020 年 11 月 1 日,乙公司因合同违约而被丁公司起诉。2020 年 12 月 31 日,双方公司尚未接到法院的判决。丁公司预计,如无特殊情况很可能在诉讼中获胜,假定丁公司估计将来很可能获得赔偿金额 2 000 000 元。在咨询了公司的法律顾问后,乙公司认为最终的法律判决很可能对公司不利。假定乙公司预计将要支付的赔偿金额、诉讼费等费用为 1 700 000 元至 2 100 000 元之间的某一金额,而且这个区间内每个金额的可能性都大致相同,其中,诉讼费为 40 000 元。

本案例中,丁公司不应当确认或有资产,而应当在 2020 年 12 月 31 日的报表附注中披露或有资产 2 000 000 元。

乙公司应在资产负债表中确认一项预计负债,金额=(1 700 000+2 100 000)÷2=1 900 000(元),同时在 2020 年 12 月 31 日的附注中进行披露。

乙公司的有关账务处理如下。

借:管理费用——诉讼费　　　　　　　　　　　　　　　40 000
　　营业外支出　　　　　　　　　　　　　　　　　　1 860 000
　　　贷:预计负债——未决诉讼　　　　　　　　　　　1 900 000

【案例 13-33】

承案例 13-30,甲公司 2020 年第一季度实际发生的维修费为 850 000 元,"预计负债——产品质量保证"账户 2019 年年末余额为 30 000 元。

本案例中,2020 年第一季度,甲公司的账务处理如下。

① 确认与产品质量保证有关的预计负债。

借:销售费用——产品质量保证　　　　　　　　　　　1 125 000
　　　贷:预计负债——产品质量保证　　　　　　　　1 125 000

② 发生产品质量保证费用(维修费)。

借:预计负债——产品质量保证　　　　　　　　　　　　850 000
　　　贷:银行存款或原材料等　　　　　　　　　　　　850 000

"预计负债——产品质量保证"账户 2020 年第一季度末的余额=1 125 000−850 000+30 000=305 000(元)。

任务四　会计政策、会计估计变更和差错更正

一、会计政策及其变更

(一)会计政策

会计政策是指企业在会计确认、计量和报告中所采用的原则、基础和会计处理方法。其中，原则，是指按照《企业会计准则》规定的、适合于企业会计核算所采用的具体会计原则；基础，是指为了将会计原则应用于交易或事项而采用的基础，如计量基础(即计量属性)，包括历史成本、重置成本、可变现净值、现值和公允价值等；会计处理方法，是指企业在会计核算中按照法律、行政法规或国家统一的会计制度等规定采用或选择的、适合于本企业的具体会计处理方法。

会计政策具有以下特点。

(1) 会计政策的选择性。会计政策是在允许的会计原则、计量基础和会计处理方法中作出指定或具体选择。例如，确定发出存货的实际成本时可以在先进先出法、加权平均法或个别计价法中进行选择。

(2) 会计政策应当在会计准则规定的范围内选择。企业在发生某项经济业务时，必须从允许的会计原则、计量基础和会计处理方法中选择出适合本企业特点的会计政策。

(3) 会计政策的层次性。会计政策包括会计原则、计量基础和会计处理方法三个层次。会计原则、计量基础和会计处理方法三者之间是一个具有逻辑性的、密不可分的整体，通过这个整体，会计政策才能得以应用和落实。

企业应当披露重要的会计政策，不具有重要性的会计政策可以不予披露。判断会计政策是否重要，应当考虑与会计政策相关项目的性质和金额。

(二)会计政策变更

会计政策变更是指企业对相同的交易或事项由原来采用的会计政策改用另一会计政策的行为。为保证会计信息的可比性，使财务报表使用者在比较企业一个以上期间的财务报表时，能够正确判断企业的财务状况、经营成果和现金流量的趋势，一般情况下，企业采用的会计政策，在每一会计期间和前后各期应当保持一致，不得随意变更，否则势必削弱会计信息的可比性。但是，在下述两种情形下，企业可以变更会计政策。

(1) 法律、行政法规或国家统一的会计制度等要求变更。这种情况是指，按照法律、行政法规或国家统一的会计制度的规定，要求企业采用新的会计政策，则企业应当按照法律、行政法规以及国家统一的会计制度的规定改变原会计政策，按照新的会计政策执行。例如，《企业会计准则第 1 号——存货》对发出存货实际成本的计价排除了后进先出法，这就要求执行企业会计准则体系的企业按照新规定，将原来以后进先出法核算发出存货成本改为准则规定可以采用的其他发出存货成本计价方法。

(2) 会计政策变更能够提供更可靠、更相关的会计信息。由于经济环境、客观情况的改变，使企业原采用的会计政策所提供的会计信息，已不能恰当地反映企业的财务状况、经

营成果和现金流量等情况。在这种情况下，应改变原有会计政策，按变更后新的会计政策进行会计处理，以便对外提供更可靠、更相关的会计信息。例如，企业一直采用成本模式对投资性房地产进行后续计量，如果企业能够从房地产交易市场上持续地取得同类或类似房地产的市场价格及其他相关信息，从而能够对投资性房地产的公允价值作出合理的估计，此时，企业可以将投资性房地产的后续计量方法由成本模式变更为公允价值模式。

对会计政策变更的认定，直接影响会计处理方法的选择。因此，在会计实务中，企业应当正确认定属于会计政策变更的情形。下列两种情况不属于会计政策变更。

(1) 本期发生的交易或事项与以前相比具有本质差别而采用新的会计政策。这是因为，会计政策是针对特定类型的交易或事项，如果发生的交易或事项与其他交易或事项有本质区别，那么，企业实际上是为新的交易或事项选择适当的会计政策，并没有改变原有的会计政策。例如，将自用的办公楼改为出租，不属于会计政策变更，而是采用新的会计政策。

(2) 对初次发生的或不重要的交易或事项采用新的会计政策。对初次发生的某类交易或事项采用适当的会计政策，并未改变原有的会计政策。例如，企业原在生产经营过程中使用少量的低值易耗品，并且价值较低，故企业在领用低值易耗品时一次计入费用；该企业于近期投产新产品，所需低值易耗品比较多，且价值较大，企业对领用的低值易耗品处理方法改为五五摊销法。该企业低值易耗品在企业生产经营中所占的费用比例并不大，改变低值易耗品处理方法后，对损益的影响也不大，属于不重要的事项。会计政策在这种情况下的改变不属于会计政策变更。

(三)会计政策变更的会计处理

发生会计政策变更时，有两种会计处理方法，即追溯调整法和未来适用法，两种方法适用于不同情形。

1. 追溯调整法

追溯调整法是指对某项交易或事项变更会计政策，视同该项交易或事项初次发生时即采用变更后的会计政策，并以此对财务报表相关项目进行调整的方法。采用追溯调整法时，对于比较财务报表期间的会计政策变更，应调整各期间净损益各项目和财务报表其他相关项目，视同该政策在比较财务报表期间一直采用。对于比较财务报表可比期间以前的会计政策变更的累积影响数，应调整比较财务报表最早期间的期初留存收益，财务报表其他相关项目的数字也应一并调整。

追溯调整法通常由以下步骤构成。

第一步：计算会计政策变更的累积影响数。
第二步：编制相关项目的调整分录。
第三步：调整列报前期最早期初财务报表相关项目及其金额。
第四步：附注说明。

其中，会计政策变更的累积影响数，是指按照变更后的会计政策对以前各期追溯计算的列报前期最早期初留存收益应有金额与现有金额之间的差额。根据上述定义的表述，会计政策变更的累积影响数可以分解为以下两个金额之间的差额：①在变更会计政策当期，按变更后的会计政策对以前各期追溯计算，所得到列报前期最早期初留存收益金额；②在变更会计政策当期,列报前期最早期初留存收益金额。上述留存收益金额,包括盈余公积和未分配利润等项目,不考虑由于损益的变化而应当补分的利润或股利。例如,由于会计政策变化,增加了以前期间可供分配的利润,该企业通常按净利润的20%分派股利。但在计算调整会计政策变更当期期初的留存收益时,不应当考虑由于以前期间净利润的变化而需要分派的股利。

在财务报表只提供列报项目上一个可比会计期间比较数据的情况下,上述第②项,在变更会计政策当期,列报前期最早期初留存收益金额,即为上期资产负债表所反映的期初留存收益,可以从上年资产负债表项目中获得;需要计算确定的是第①项,即按变更后的会计政策对以前各期追溯计算,所得到的上期期初留存收益金额。

累积影响数通常可以通过以下步骤计算获得。

第一步:根据新会计政策重新计算受影响的前期交易或事项。

第二步:计算两种会计政策下的差异。

第三步:计算差异的所得税影响金额。

第四步:确定前期中的每一期的税后差异。

第五步:计算会计政策变更的累积影响数。

【案例 13-34】

甲公司 20×5 年从股票市场购入以交易为目的 A 股票(不考虑购入股票发生的交易费用),市价一直高于购入成本。公司采用成本与市价孰低法对购入股票进行计量。公司从 20×7 年 1 月 1 日起对其以交易为目的购入的股票由成本与市价孰低法改为公允价值计量,公司保存的会计资料比较齐备。假设所得税税率为 25%,公司按净利率 10%提取法定盈余公积。假设税法对确认的公允价值变动损益在计税时不考虑。

两种方法计算的税前会计利润如表 13-1 所示。

表 13-1 两种方法计算的税前会计利润

单位:元

年 度	成本与市价孰低	公允价值
20×5 年	800 000	1 000 000
20×6 年	900 000	1 200 000
20×7 年	900 000	1 300 000

① 计算改变交易性金融资产期末计价方法后的累积影响数,如表 13-2 所示。

表 13-2 改变交易性金融资产期末计价方法后的累积影响数

单位:元

年 度	公允价值法	成本与市价孰低法	税前差异	所得税影响	税后差异
20×5	1 000 000	800 000	200 000	50 000	150 000
20×6	1 200 000	900 000	300 000	75 000	225 000
合计	2 200 000	1 700 000	500 000	125 000	375 000
20×7	1 300 000	900 000	400 000	100 000	300 000

对于 20×7 年而言，"列报前期最早期初留存收益"是指 20×6 年年初。甲公司在 20×6 年以前按公允价值法计算的税前利润为 1 000 000 元，按成本与市价孰低法计算的税前利润为 800 000 元，两者的税前差异为 200 000 元，两者的所得税影响为 50 000 元，两者差异的税后净利润影响额为 150 000 元，即为该公司由成本与市价孰低法改为公允价值法的"累积影响数"。

② 会计处理。
- 调整会计政策变更的累积影响数。

借：交易性金融资产——公允价值变动　　　　　　200 000
　　贷：利润分配——未分配利润　　　　　　　　　　　150 000
　　　　递延所得税负债　　　　　　　　　　　　　　　 50 000

- 调整利润分配。

借：利润分配——未分配利润　　　　　　　　　　 15 000
　　贷：盈余公积——提取法定盈余公积　　　　　　　　15 000

- 列报前期 20×6 年的调整分录。

借：交易性金融资产——公允价值变动　　　　　　300 000
　　贷：利润分配——未分配利润　　　　　　　　　　　225 000
　　　　递延所得税负债　　　　　　　　　　　　　　　 75 000

借：利润分配——未分配利润　　　　　　　　　　 22 500
　　贷：盈余公积——提取法定盈余公积　　　　　　　　22 500

如果税法对企业按会计准则确认的公允价值变动损益在计税时不予考虑，则会造成资产账面价值和计税基础之间的差异。本案例中，该交易性金融资产期末按公允价值计量的账面价值大于其计税基础，意味着企业将于未来期间增加应交所得税，属于应纳税暂时性差异，确认递延所得税负债。

③ 财务报表调整和重述(财务报表略)。

甲公司在列报 20×7 年财务报表时，应调整 20×7 年资产负债表有关项目的年初余额、利润表有关项目的上年金额及所有者权益变动表有关项目的上年金额和本年金额也应进行调整。

- 资产负债表项目的调整。

调增交易性金融资产年初余额 500 000 元；调增递延所得税负债年初余额 125 000 元；调增盈余公积年初余额 37 500 元；调增未分配利润年初余额 337 500 元。

- 利润表项目的调整。

调增公允价值变动收益上年金额 500 000 元；调增所得税费用上年金额 125 000 元；调增净利润上年金额 375 000 元。

- 所有者权益变动表项目的调整。

调增会计政策变更项目中盈余公积上年金额 37 500 元，未分配利润上年金额 337 500 元。

④ 报表附注说明。

20×7 年甲公司按照《企业会计准则》的规定，对交易性金融资产期末计量方法由成本与市价孰低法改为公允价值计量。此项会计政策变更采用追溯调整法，20×6 年的比较报表已重新表述。20×7 年运用新方法追溯计算的会计政策变更累积影响数为 150 000 元。会计政策变更对20×7年损益的影响为增加净利润300 000元,对20×6年度报告的损益影响数为增加净利润225 000元,调增20×6年的期初留存收益150 000元,其中,调增未分配利润135 000元。

2. 未来适用法

未来适用法是指将变更后的会计政策应用于变更日及以后发生的交易或事项,或者在会计估计变更当期和未来期间确认会计估计变更影响数的方法。

在未来适用法下,不需要计算会计政策变更产生的累积影响数,也无须重编以前年度的财务报表。企业会计账簿记录及财务报表上反映的金额,变更之日仍保留原有的金额,不因会计政策变更而改变以前年度的既定结果,并在现有金额的基础上再按新的会计政策进行核算。

【案例 13-35】

乙公司原对发出存货采用后进先出法,由于采用新准则,按其规定,公司从20×7年1月1日起改用先进先出法。20×7年1月1日存货的价值为3 500 000元,公司当年购入存货的实际成本为18 000 000元,20×7年12月31日按先进先出法计算确定的存货价值为5 500 000元,当年销售额为20 000 000元,假设该年度其他费用为1 000 000元,所得税税率为25%。20×7年12月31日按后进先出法计算的存货价值为3 200 000元。

乙公司由于法律环境变化而改变会计政策,假定对其采用未来适用法进行处理,即对存货采用先进先出法从20×7年及以后才适用,不需要计算20×7年1月1日以前按先进先出法计算存货应有的余额,以及对留存收益的影响金额。

计算确定会计政策变更对当期净利润的影响数如表13-3所示。

表13-3 当期净利润的影响数计算表

单位:元

项 目	先进先出法	后进先出法
营业收入	20 000 000	20 000 000
减:营业成本	16 000 000	18 300 000
减:其他费用	1 000 000	1 000 000
利润总额	3 000 000	700 000
减:所得税	750 000	175 000
净利润	2 250 000	525 000
差额	1 725 000	

公司由于会计政策变更使当期净利润增加了1 725 000元。其中:

采用先进先出法的销售成本=期初存货+购入存货实际成本-期末存货=3 500 000+18 000 000-5 500 000=16 000 000(元)

采用后进先出法的销售成本为=期初存货+购入存货实际成本-期末存货=3 500 000+18 000 000-3 200 000=18 300 000(元)

3. 会计政策变更的会计处理方法的选择

对于会计政策变更，企业应当根据具体情况，分别采用不同的会计处理方法。

(1) 法律、行政法规或国家统一的会计制度等要求变更的情况下，企业应当分以下情况进行处理：①国家发布相关的会计处理办法，则按照国家发布的相关会计处理规定进行处理；②国家没有发布相关的会计处理办法，则采用追溯调整法进行会计处理。

(2) 会计政策变更能够提供更可靠、更相关的会计信息的情况下，企业应当采用追溯调整法进行会计处理，将会计政策变更累积影响数调整列报前期最早期初留存收益，其他相关项目的期初余额和列报前期披露的其他比较数据也应当一并调整。

(3) 确定会计政策变更对列报前期影响数不切实可行的，应当从可追溯调整的最早期间期初开始应用变更后的会计政策；在当期期初确定会计政策变更对以前各期累积影响数不切实可行的，应当采用未来适用法处理。

其中，不切实可行，是指企业在采取所有合理的方法后，仍然不能获得采用某项规定所必需的相关信息，而导致无法采用该项规定，则该项规定在此时是不切实可行的。例如，企业因账簿、凭证超过法定保存期限而销毁，或者因不可抗力而毁坏、遗失，如火灾、水灾等，或者因人为因素，如盗窃、故意毁坏等，可能使当期期初确定会计政策变更对以前各期累积影响数无法计算，即不切实可行，此时，会计政策变更应当采用未来适用法进行处理。

(四)会计政策变更的披露

企业应当在附注中披露与会计政策变更有关的下列信息。

(1) 会计政策变更的性质、内容和原因。

(2) 当期和各个列报前期财务报表中受影响的项目名称和调整金额。

(3) 无法进行追溯调整的，说明该事实和原因，以及开始应用变更后的会计政策的时点、具体应用情况。

二、会计估计及其变更

(一)会计估计

会计估计是指企业对结果不确定的交易或事项以最近可利用的信息为基础所作的判断。会计估计具有如下特点。

(1) 会计估计的存在是由于经济活动中内在的不确定性因素的影响。

(2) 进行会计估计时，往往以最近可利用的信息或资料为基础。

(3) 进行会计估计并不会削弱会计确认和计量的可靠性。

下列各项属于常见的需要进行估计的项目：①坏账；②存货遭受毁损、全部或部分陈旧过时；③固定资产的耐用年限与净残值；④无形资产的受益期；⑤或有事项中的估计；⑥收入确认中的估计等。

根据与会计估计相关项目的性质和金额，企业应当披露重要的会计估计，如存货可变现净值的确定，固定资产的预计净残值、使用年限和折旧方法，使用寿命有限的无形资产的预计使用寿命与净残值，权益工具、金融资产公允价值的确定，预计负债初始计量的最佳估计数的确定等。

(二)会计估计变更

会计估计变更是指由于资产和负债的当前状况及预期经济利益和义务发生了变化，从而对资产或负债的账面价值或资产的定期消耗金额进行调整。

由于企业经营活动中内在的不确定因素，许多财务报表项目不能准确地计量，只能加以估计，估计过程涉及以最近可以得到的信息为基础所作的判断。但是，估计毕竟是就现有资料对未来所作的判断，随着时间的推移，如果赖以进行估计的基础发生变化，或者由于取得了新的信息、积累了更多的经验或后来的发展可能不得不对估计进行修正，但会计估计变更的依据应当真实、可靠。会计估计变更的情形包括以下几方面。

(1) 赖以进行估计的基础发生了变化。企业进行会计估计，总是依赖于一定的基础，如果其所依赖的基础发生了变化，则会计估计也应相应发生变化。例如，企业的某项无形资产摊销年限原定为 10 年，以后发生的情况表明，该资产的受益年限已不足 10 年，相应调减摊销年限。

(2) 取得了新的信息、积累了更多的经验。企业进行会计估计是就现有资料对未来所作的判断，随着时间的推移，企业有可能取得新的信息、积累更多的经验，在这种情况下，企业可能不得不对会计估计进行修订，即发生会计估计变更。例如，企业原根据当时能够得到的信息，对应收账款每年按其余额的 5%计提坏账准备，现在掌握了新的信息，判定不能收回的应收账款比例已达 15%，企业改按 15%的比例计提坏账准备。

会计估计变更，并不意味着以前期间会计估计是错误的，只是由于情况发生变化，或者掌握了新的信息，积累了更多的经验，使得变更会计估计能够更好地反映企业的财务状况和经营成果。如果以前期间的会计估计是错误的，则属于前期差错，按前期差错更正的会计处理办法进行处理。

(三)会计估计变更的会计处理

企业对会计估计变更应当采用未来适用法处理，即在会计估计变更当期及以后期间采用新的会计估计，不改变以前期间的会计估计，也不调整以前期间的报告结果。会计估计变更的会计处理方式如下。

(1) 会计估计变更仅影响变更当期的，其影响数应当在变更当期予以确认。例如，企业原按应收账款余额的 5%提取坏账准备，由于企业不能收回应收账款的比例已达 10%，则企业改按应收账款余额的 10%提取坏账准备。这类会计估计的变更，只影响变更当期，因此，应于变更当期确认。

(2) 既影响变更当期又影响未来期间的，其影响数应当在变更当期和未来期间予以确认。例如，企业的某项可计提折旧的固定资产，其有效使用年限或预计净残值的估计发生的变更，常常影响变更当期及资产以后使用年限内各个期间的折旧费用，这类会计估计的变更，应于变更当期及以后各期确认。

会计估计变更的影响数应计入变更当期与前期相同的项目中。为了保证不同期间的财务报表具有可比性，如果以前期间的会计估计变更的影响数计入企业日常经营活动损益，则以后期间也应计入日常经营活动损益；如果以前期间的会计估计变更的影响数计入特殊项目中,则以后期间也应计入特殊项目。

(3) 企业应当正确划分会计政策变更和会计估计变更,并按不同的方法进行相关会计处理。企业通过判断会计政策变更和会计估计变更划分基础仍然难以对某项变更进行区分的,应当将其作为会计估计变更处理。

【案例 13-36】

甲公司 2017 年 1 月 1 日起开始对一台管理用设备计提折旧。该设备价值 94 000 元,预计使用年限为 9 年,预计净残值为 4 000 元,按直线法计提折旧。至 2020 年年初,由于新技术发展等原因,需要对原估计的使用年限和净残值作出修正,修改后该设备预计尚可使用年限为 2 年,预计净残值为 2 000 元。

甲公司对上述会计估计变更的处理方式如下。

① 不调整以前各期折旧,也不计算累积影响数。

② 变更日以后发生的经济业务改按新的估计提取折旧。

按原估计,每年折旧额为 10 000 元,已提折旧 3 年,共计 30 000 元,固定资产账面价值为 64 000 元。改变预计使用年限后,2020 年起每年计提的折旧额为 31 000[(64 000-2000)÷2]元。2020 年不必对以前年度已提折旧进行调整,只需按重新预计的尚可使用年限和净残值计算确定年折旧费用,有关会计处理如下。

借:管理费用　　　　　　　　　　　　　　　　　　　　31 000
　　贷:累计折旧　　　　　　　　　　　　　　　　　　　　　31 000

③ 附注说明。

本公司一台管理用设备,成本为 94 000 元,原预计使用年限 9 年,预计净残值 4 000 元,按直线法计提折旧。由于新技术发展,该设备已不能按原预计使用年限计提折旧,本公司于 2020 年年初将该设备的预计尚可使用年限变更为 2 年,预计净残值变更为 2 000 元,以反映该设备在目前情况下的预计尚可使用年限和净残值。此估计变更使本年度净利润减少数为 15 750[(31 000-10 000)×(1-25%)]元。

(四)会计估计变更的披露

企业应当在附注中披露与会计估计变更有关的下列信息。

(1) 会计估计变更的内容和原因,包括变更的内容、变更日期,以及为什么要对会计估计进行变更。

(2) 会计估计变更对当期和未来期间的影响数,包括会计估计变更对当期和未来期间损益的影响金额,以及对其他各项目的影响金额。

(3) 会计估计变更的影响数不能确定的,披露这一事实和原因。

三、前期差错及其更正

(一)前期差错

日常会计核算中可能由于种种原因导致会计差错的产生。当期差错应在发现当期对相关的项目直接调整即可，不需要调整已经对外呈报的会计信息，需要进行会计调整的是本期发现的属于前期的会计差错。前期差错，是指由于没有运用或错误运用下列两种信息，而对前期财务报表造成省略或错报：①编报前期财务报表时预期能够取得并加以考虑的可靠信息；②前期财务报告批准报出时能够取得的可靠信息。前期差错通常包括计算错误、应用会计政策错误、疏忽或曲解事实及舞弊产生的影响等。没有运用或错误运用上述两种信息而形成前期差错的情形主要有以下几个方面。

(1) 计算及账户分类错误。例如，企业购入的五年期国债，意图长期持有，但在记账时记入了交易性金融资产，导致账户分类上的错误，并导致在资产负债表上流动资产和非流动资产的分类也有误。

(2) 采用法律、行政法规或国家统一的会计制度等不允许的会计政策。例如，按照《企业会计准则第 17 号——借款费用》的规定，为购建固定资产的专门借款而发生的借款费用，满足一定条件的，在固定资产达到预定可使用状态前发生的，应予资本化，记入所购建固定资产的成本；在固定资产达到预定可使用状态后发生的，计入当期损益。如果企业固定资产已达到预定可使用状态后发生的借款费用，也记入该固定资产的价值，予以资本化，则属于采用法律或会计准则等行政法规、规章所不允许的会计政策。

(3) 对事实的疏忽或曲解以及舞弊。例如，企业销售一批商品，商品的控制权已经发生转移，商品销售收入确认条件均已满足，但该企业在期末未确认收入。

需要注意的是，就会计估计的性质来说，它是个近似值，随着更多信息的获得，估计可能需要进行修正，但是会计估计变更不属于前期差错更正。

(二)前期差错更正的会计处理

企业发现前期差错，应采用适当的步骤进行处理。

第一步：分析差错的性质，选择正确的会计处理方法。

第二步：进行相应的账务处理。

第三步：调整相关报表有关项目数据。企业应当在重要的前期差错发现当期的财务报表中，调整前期比较数据。

第四步：在会计报表附注中披露与前期差错有关的信息。

前期会计差错会影响前期财务报表的相关性和可靠性，此影响达到一定程度就可能使信息使用者作出错误的判断。而辨别前期差错重要程度的根本标准，就是判断其是否对信息使用者的判断和决策产生实质性影响。可能导致信息使用者错误决策的前期差错属于重要的前期差错，对信息使用者的判断基本不会产生影响的差错属于不重要的前期差错。前期差错所影响的财务报表项目的金额和性质，是判断该前期差错是否具有重要性的决定性因素。一般来说，前期差错所影响的财务报表项目的金额越大、性质越严重，其重要性水平就越高。

企业应当采用追溯重述法更正重要的前期差错，但确定前期差错累积影响数不切实可行的除外。追溯重述法，是指在发现前期差错时，视同该项前期差错从未发生过，从而对财务报表相关项目进行更正的方法。对于不重要的前期差错，可以采用未来适用法进行更正。

1. 不重要的前期差错的会计处理

对于不重要的前期差错，企业不需调整财务报表相关项目的期初数，但应调整发现当期与前期相同的相关项目。属于影响损益的，应直接计入本期与上期相同的净损益项目；属于不影响损益的，应调整本期与前期相同的相关项目。

【案例 13-37】

甲公司在 2020 年 12 月 31 日发现，一台价值 9 600 元，应计入固定资产，并于 2019 年 2 月 1 日开始计提折旧的管理用设备，在 2019 年计入了当期费用。该公司固定资产折旧采用直线法，该资产估计使用年限为 4 年。假设不考虑净残值因素。在 2020 年 12 月 31 日更正此差错的会计分录如下。

借：固定资产　　　　　　　　　　　　　　　　　　　　　　9 600
　　贷：管理费用　　　　　　　　　　　　　　　　　　　　　5 000
　　　　累计折旧　　　　　　　　　　　　　　　　　　　　　4 600

假设该项差错直到 2023 年 2 月后才发现，则不需要作任何分录，因为该项差错已经抵消了。

2. 重要的前期差错的会计处理

对于重要的前期差错，企业应当在其发现当期的财务报表中，调整前期比较数据。具体地说，企业应当在重要的前期差错发现当期的财务报表中，通过下述处理对其进行追溯更正。

(1) 追溯重述差错发生期间列报的前期比较金额。

(2) 如果前期差错发生在列报的最早前期之前，则追溯重述列报的最早前期的资产、负债和所有者权益相关项目的期初余额。

对于发生的重要的前期差错，如影响损益，应将其对损益的影响数调整发现当期的期初留存收益，财务报表其他相关项目的期初数也应一并调整；如不影响损益，应调整财务报表相关项目的期初数。

追溯重述法与追溯调整法都要调整前期有关项目数据。但采用追溯调整法时，涉及以前年度损益的项目直接通过"利润分配——未分配利润"账户调整；而采用追溯重述法时，涉及影响以前年度损益的项目先通过"以前年度损益调整"账户进行调整，再转入"利润分配——未分配利润"账户。

【案例 13-38】

甲公司 2020 年 12 月 31 日发现 2019 年行政管理部门的固定资产少提折旧 40 万元(达到重要性要求)，所得税申报中也未包括这项费用。甲公司所得税税率为 25%，甲公司按净利润的 10%提取法定盈余公积。假定税法允许 2019 年少计提的折旧可调整应交所得税。

① 会计差错的分析。

2019 年少计提折旧 40 万元，达到重要性要求，属于重要前期差错，采用追溯重述法进行会计处理。

② 编制更正上述差错的会计分录。
- 调整少计提的折旧。

借：以前年度损益调整　　　　　　　　　　　　400 000
　　贷：累计折旧　　　　　　　　　　　　　　　　　　400 000

- 调整应交税费。

借：应交税费——应交所得税　　　　　　　　　100 000
　　贷：以前年度损益调整　　　　　　　　　　　　　　100 000

- 将"以前年度损益调整"账户余额转入利润分配。

借：利润分配——未分配利润　　　　　　　　　300 000
　　贷：以前年度损益调整　　　　　　　　　　　　　　300 000

- 调整利润分配。

借：盈余公积　　　　　　　　　　　　　　　　 30 000
　　贷：利润分配——未分配利润　　　　　　　　　　　 30 000

③ 财务报表调整和重述(略，具体调整方法参见"会计政策变更的会计处理")。
④ 报表附注说明。

本年度发现2019年漏记固定资产折旧400 000元，在编制2019年与2020年可比的财务报表时，已对该项差错进行了更正。由于此项错误的影响，2019年虚增净利润及留存收益300 000元，少计累计折旧400 000元。

(三)前期差错更正的披露

企业应当在附注中披露与前期差错更正有关的下列信息。
(1) 前期差错的性质。
(2) 各个列报前期财务报表中受影响的项目名称和更正金额。
(3) 无法进行追溯重述的，说明该事实和原因，以及对前期差错开始进行更正的时点、具体更正情况。

在以后期间的财务报表中，不需要重复披露在以前期间的附注中已披露的前期差错更正的信息。

任务五　资产负债表日后事项的核算

一、资产负债表日后事项的概念与内容

资产负债表日后事项是指年度资产负债表日至财务报告批准报出日之间发生的有利或不利事项。资产负债表日后事项涵盖的期间是自资产负债表日次日起至财务报告批准报出日止的一段时间。资产负债表日后事项包括资产负债表日后调整事项和资产负债表日后非调整事项。

(一)资产负债表日后调整事项

资产负债表日后调整事项是指对资产负债表日已经存在的情况提供了新的或进一步证据的事项。

企业发生的资产负债表日后调整事项,通常包括下列各项:①资产负债表日后诉讼案件结案,法院判决证实了企业在资产负债表日已经存在现时义务,需要调整原先确认的与该诉讼案件相关的预计负债,或确认一项新负债;②资产负债表日后取得确凿证据,表明某项资产在资产负债表日发生了减值或需要调整该项资产原先确认的减值金额;③资产负债表日后进一步确定了资产负债表日前购入资产的成本或售出资产的收入;④资产负债表日后发现了财务报表舞弊或差错。

【案例13-39】

甲公司因产品质量问题被消费者起诉。2019年12月31日,法院尚未判决,考虑到消费者胜诉要求甲公司赔偿的可能性较大,甲公司为此确认了300万元的预计负债。2020年2月20日,在甲公司2019年度财务报告对外报出之前,法院判决消费者胜诉,要求甲公司支付赔偿款400万元。

本案例中,甲公司在2019年12月31日结账时已经知道消费者胜诉的可能性较大,但不能知道法院判决的确切结果,因此确认了300万元的预计负债。2020年2月20日,法院判决结果为甲公司预计负债的存在提供了进一步的证据。此时,按照2019年12月31日存在状况编制的财务报表所提供的信息已不能真实反映企业的实际情况,应据此对财务报表相关项目的数字进行调整。

(二)资产负债表日后非调整事项

资产负债表日后非调整事项是指表明资产负债表日后发生的情况的事项。企业发生的资产负债表日后非调整事项,通常包括下列各项:①资产负债表日后发生重大诉讼、仲裁、承诺;②资产负债表日后资产价格、税收政策、外汇汇率发生重大变化;③资产负债表日后因自然灾害导致资产发生重大损失;④资产负债表日后发行股票和债券及其他巨额举债;⑤资产负债表日后资本公积转增资本;⑥资产负债表日后发生巨额亏损;⑦资产负债表日后发生企业合并或处置子公司;⑧资产负债表日后,企业利润分配方案中拟分配的及经审议批准宣告发放的股利或利润。

【案例13-40】

甲公司2018年度财务报告于2019年3月20日经董事会批准对外公布。2019年2月27日,甲公司与银行签订了5 000万元的贷款合同,用于生产项目的技术改造,贷款期限自2019年3月1日起至2020年12月31日止。

本案例中,甲公司向银行贷款的事项发生在2019年度,且在公司2018年度财务报告尚未批准对外公布的期间内,即该事项发生在资产负债表日后事项所涵盖的期间内。该事项在2018年12月31日尚未发生,与资产负债表日存在的状况无关,不影响资产负债表日企业的财务报表数字。但是,该事项属于重要事项,会影响公司以后期间的财务状况和经营成果,因此,需要在附注中予以披露。

(三)调整事项与非调整事项的区别

资产负债表日后发生的某一事项究竟是调整事项还是非调整事项,取决于该事项表明的情况在资产负债表日或资产负债表日以前是否已经存在。若该情况在资产负债表日或之前已经存在,则属于调整事项;反之,则属于非调整事项。

二、资产负债表日后调整事项的会计处理

(一)资产负债表日后调整事项的处理原则

企业发生的资产负债表日后调整事项,应当调整资产负债表日的财务报表。年度资产负债表日后发生的调整事项,应具体分以下情况进行处理。

(1) 涉及损益的事项,通过"以前年度损益调整"账户核算。调整增加以前年度利润或调整减少以前年度亏损的事项,记入"以前年度损益调整"账户的贷方;调整减少以前年度利润或调整增加以前年度亏损的事项,记入"以前年度损益调整"账户的借方。

涉及损益的调整事项,如果发生在资产负债表日所属年度(即报告年度)所得税汇算清缴前的,应调整报告年度应纳税所得额、应纳所得税税额;发生在报告年度所得税汇算清缴后的,应调整本年度(即报告年度的次年)应纳所得税税额。

由于以前年度损益调整增加的所得税费用,记入"以前年度损益调整"账户的借方,同时贷记"应交税费——应交所得税"等账户;由于以前年度损益调整减少的所得税费用,记入"以前年度损益调整"账户的贷方,同时借记"应交税费——应交所得税"等账户。

调整完成后,将"以前年度损益调整"账户的贷方或借方余额,转入"利润分配——未分配利润"账户。

(2) 涉及利润分配调整的事项,直接在"利润分配——未分配利润"账户核算。

(3) 不涉及损益及利润分配的事项,调整相关账户。

(4) 通过上述账务处理后,还应同时调整财务报表相关项目的数字,包括:①资产负债表日编制的财务报表相关项目的期末数或本年发生数;②当期编制的财务报表相关项目的期初数或上年数;③经过上述调整后,如果涉及报表附注内容的,还应当作出相应调整。

(二)资产负债表日后调整事项的具体会计处理方法

为简化处理,如无特殊说明,以下案例均假定如下:财务报告批准报出日是次年 3 月 31 日,所得税税率为25%,按净利润的10%提取法定盈余公积,提取法定盈余公积后不再作其他分配;调整事项按税法规定均可调整应缴纳的所得税;涉及递延所得税资产的,均假定未来期间很可能取得用来抵扣暂时性差异的应纳税所得额;不考虑报表附注中有关现金流量表项目的数字。

(1) 资产负债表日后诉讼案件结案,法院判决证实了企业在资产负债表日已经存在现时义务,需要调整原先确认的与该诉讼案件相关的预计负债,或确认一项新负债。

【案例 13-41】

甲公司与乙公司签订一项销售合同，合同中订明甲公司应在 2019 年 8 月销售给乙公司一批物资。由于甲公司未能按照合同发货，致使乙公司发生重大经济损失。2019 年 12 月，乙公司将甲公司告上法庭，要求甲公司赔偿 900 万元。2019 年 12 月 31 日法院尚未判决，甲公司按或有事项准则对该诉讼事项确认预计负债 600 万元。2020 年 2 月 10 日，经法院判决甲公司应赔偿乙公司 800 万元，甲、乙双方均服从判决。判决当日，甲公司向乙公司支付赔偿款 800 万元。甲、乙两公司 2019 年所得税汇算清缴均在 2020 年 3 月 20 日完成(假定该项预计负债产生的损失不允许在预计时税前抵扣，只有在损失实际发生时，才允许税前抵扣)。

本案例中，2020 年 2 月 10 日的判决证实了甲、乙两公司在资产负债表日(即 2019 年 12 月 31 日)分别存在现实赔偿义务和获赔权利，因此两公司都应将"法院判决"这一事项作为调整事项进行处理。甲公司和乙公司 2019 年所得税汇算清缴均在 2020 年 3 月 20 日完成，因此，应根据法院判决结果调整报告年度应纳税所得额和应纳所得税税额。

甲公司的账务处理如下。

① 2020 年 2 月 10 日，记录支付的赔款，并调整递延所得税资产。

借：以前年度损益调整　　　　　　　　　　　　　　　　2 000 000
　　贷：其他应付款　　　　　　　　　　　　　　　　　　　　2 000 000
借：应交税费——应交所得税　　　　　　　　　　　　　500 000
　　贷：以前年度损益调整(2 000 000×25%)　　　　　　　　　500 000
借：应交税费——应交所得税(6 000 000×25%)　　　　1 500 000
　　贷：以前年度损益调整　　　　　　　　　　　　　　　　1 500 000
借：以前年度损益调整　　　　　　　　　　　　　　　　1 500 000
　　贷：递延所得税资产　　　　　　　　　　　　　　　　　1 500 000
借：预计负债　　　　　　　　　　　　　　　　　　　　6 000 000
　　贷：其他应付款　　　　　　　　　　　　　　　　　　　　6 000 000
借：其他应付款　　　　　　　　　　　　　　　　　　　8 000 000
　　贷：银行存款　　　　　　　　　　　　　　　　　　　　　8 000 000

注：2019 年年末因确认预计负债 600 万元时已确认相应的递延所得税资产，资产负债表日后事项发生后递延所得税资产不复存在，故应冲销相应记录。

② 将"以前年度损益调整"账户余额转入未分配利润。

借：利润分配——未分配利润　　　　　　　　　　　　1 500 000
　　贷：以前年度损益调整　　　　　　　　　　　　　　　　1 500 000

③ 因净利润变动，调整盈余公积。

借：盈余公积　　　　　　　　　　　　　　　　　　　　150 000
　　贷：利润分配——未分配利润(1 500 000×10%)　　　　　150 000

④ 调整会计报表相关项目的数字(略)。

乙公司的账务处理如下。

① 2020年2月10日,记录收到的赔款,并调整应交所得税。

借:其他应收款 8 000 000
  贷:以前年度损益调整 8 000 000
借:以前年度损益调整(8 000 000×25%) 2 000 000
  贷:应交税费——应交所得税 2 000 000
借:银行存款 8 000 000
  贷:其他应收款 8 000 000

② 将"以前年度损益调整"账户的余额转入未分配利润。

借:以前年度损益调整 6 000 000
  贷:利润分配——未分配利润 6 000 000

③ 因净利润增加,补提盈余公积。

借:利润分配——未分配利润 600 000
  贷:盈余公积(6 000 000×10%) 600 000

④ 调整会计报表相关项目的数字(略)。

(2) 资产负债表日后取得确凿证据,表明某项资产在资产负债表日发生了减值,或者需要调整该项资产原先确认的减值金额。

【案例 13-42】

甲公司 2019 年 5 月销售给乙公司一批产品,货款为 200 万元(含增值税)。乙公司于 6 月份收到所购物资并验收入库。按合同规定,乙公司应于收到所购物资后两个月内付款。由于乙公司财务状况不佳,到 2019 年 12 月 31 日仍未付款。甲公司于 12 月 31 日编制 2019 年度财务报表时,已为该项应收账款提取坏账准备 10 万元。12 月 31 日资产负债表上"应收账款"项目的金额为 400 万元,其中 190 万元为该项应收账款。甲公司于 2020 年 1 月 30 日(所得税汇算清缴前)收到法院通知,乙公司已宣告破产清算,无力偿还所欠部分货款。甲公司预计可收回应收账款的 60%。

本案例中,根据资产负债表日后事项的判断原则,甲公司在收到法院通知后,首先可判断该事项属于资产负债表日后调整事项。甲公司原对应收乙公司账款提取了 10 万元的坏账准备,按照新的证据应提取的坏账准备为 80(200×40%)万元,差额 70 万元应当调整 2019 年度财务报表相关项目的数字。甲公司的账务处理如下。

① 补提坏账准备。

应补提的坏账准备=2 000 000×40%-100 000=700 000(元)

借:以前年度损益调整 700 000
  贷:坏账准备 700 000

② 调整递延所得税资产。

借:递延所得税资产 175 000
  贷:以前年度损益调整(700 000×25%) 175 000

③ 将"以前年度损益调整"账户的余额转入利润分配。

借:利润分配——未分配利润 525 000
  贷:以前年度损益调整 525 000

④ 调整利润分配有关数字。
借：盈余公积　　　　　　　　　　　　　　　　　　　52 500
　　贷：利润分配——未分配利润(525 000×10%)　　　　　52 500
⑤ 调整会计报表相关项目的数字(略)。

(3) 资产负债表日后进一步确定了资产负债表日前购入资产的成本或售出资产的收入。

【案例 13-43】

> 甲公司 2019 年 11 月 8 日销售一批商品给乙公司，取得收入 240 万元(不含税，增值税税率 13%)。甲公司发出商品后，按照正常情况已确认收入，并结转成本 200 万元。2019 年 12 月 31 日，该笔货款尚未收到，甲公司未对应收账款计提坏账准备。2020 年 1 月 12 日，由于产品质量问题，本批货物被退回。甲公司于 2020 年 2 月 28 日完成 2019 年所得税汇算清缴。

本案例中，销售退回业务发生在资产负债表日后事项涵盖期间内，属于资产负债表日后调整事项。由于销售退回发生在甲公司报告年度所得税汇算清缴之前，因此在所得税汇算清缴时，应扣除该部分销售退回所实现的应纳税所得额。

甲公司的账务处理如下。
① 2020 年 1 月 12 日，调整销售收入。
借：以前年度损益调整　　　　　　　　　　　　　　　2 400 000
　　应交税费——应交增值税(销项税额)　　　　　　　　312 000
　　贷：应收账款　　　　　　　　　　　　　　　　　　2 712 000
② 调整销售成本。
借：库存商品　　　　　　　　　　　　　　　　　　　2 000 000
　　贷：以前年度损益调整　　　　　　　　　　　　　　2 000 000
③ 调整应缴纳的所得税。
借：应交税费——应交所得税　　　　　　　　　　　　　100 000
　　贷：以前年度损益调整　　　　　　　　　　　　　　　100 000
④ 将"以前年度损益调整"账户的余额转入利润分配。
借：利润分配——未分配利润　　　　　　　　　　　　　300 000
　　贷：以前年度损益调整　　　　　　　　　　　　　　　300 000
⑤ 调整盈余公积。
借：盈余公积　　　　　　　　　　　　　　　　　　　　30 000
　　贷：利润分配——未分配利润　　　　　　　　　　　　30 000
⑥ 调整会计报表相关项目的数字(略)。

三、资产负债表日后非调整事项的会计处理

(一)资产负债表日后非调整事项的处理原则

资产负债表日后发生的非调整事项，是表明资产负债表日后发生的情况的事项，与资

产负债表日存在状况无关,不应当调整资产负债表日的财务报表。但有的非调整事项对财务报告使用者具有重大影响,如不加以说明,将不利于财务报告使用者作出正确估计和决策,因此,应在附注中加以披露。

(二)资产负债表日后非调整事项的具体会计处理方法

资产负债表日后发生的非调整事项,应当在报表附注中披露每项重要的资产负债表日后非调整事项的性质、内容,及其对财务状况和经营成果的影响。无法作出估计的,应当说明原因。

【案例 13-44】

> 甲公司 2019 年 12 月购入商品一批,共计 9 000 万元,至 2019 年 12 月 31 日该批商品已全部验收入库,货款也已通过银行支付。2020 年 1 月 7 日,甲公司所在地发生水灾,该批商品全部被冲毁。

自然灾害导致资产重大损失对企业资产负债表日后财务状况的影响较大,如果不加以披露,有可能使财务报告使用者作出错误的决策,因此应作为非调整事项在报表附注中进行披露。本案例中水灾发生于 2020 年 1 月 7 日,属于资产负债表日后才发生或存在的事项,应当作为非调整事项在 2019 年度报表附注中进行披露。

任务六 外币交易的核算

一、记账本位币的定义

记账本位币是指企业经营所处的主要经济环境中的货币。主要经济环境,通常是指企业主要产生和支出现金的环境,使用该环境中的货币最能反映企业的主要交易的经济结果。例如,我国大多数企业主要产生和支出现金的环境在国内,因此,一般以人民币作为记账本位币。

二、企业记账本位币的确定

我国《会计法》规定,业务收支以人民币以外的货币为主的单位,可以选定其中一种货币作为记账本位币,但是编报的财务会计报告应当折算为人民币。企业记账本位币的选定,应当考虑下列因素。

(1) 从日常活动收入现金的角度看,所选择的货币能够对企业商品和劳务销售价格起主要作用,通常以该货币进行商品和劳务销售价格的计价和结算。

(2) 从日常活动支出现金的角度看,所选择的货币能够对商品和劳务所需人工、材料和其他费用产生主要影响,通常以该货币进行这些费用的计价和结算。

(3) 融资活动获得的资金及保存从经营活动中收取款项时所使用的货币。

在确定企业的记账本位币时,上述因素的重要程度因企业具体情况不同而不同,需要企业管理当局根据实际情况进行判断。一般情况下,综合考虑前两项即可确定企业的记账本位币，第三项为参考因素，视其对企业收支现金的影响程度而定。在综合考虑前两项因素仍不能确定企业记账本位币的情况下，第三项因素对企业记账本位币的确定起重要作用。

需要强调的是，企业管理当局根据实际情况确定的记账本位币只有一种，该货币一经确定，不得改变，除非与确定记账本位币相关的企业经营所处的主要经济环境发生重大变化。

三、记账本位币变更的会计处理

企业因经营所处的主要经济环境发生重大变化，确需变更记账本位币的，应当采用变更当日的即期汇率将所有项目折算为变更后的记账本位币，折算后的金额作为新的记账本位币的历史成本。由于采用同一即期汇率进行折算，因此，不会产生汇兑差额。当然，企业需要提供确凿的证据证明企业经营所处的主要经济环境确实发生了重大变化，并应当在附注中披露变更的理由。

企业记账本位币发生变更的，其比较财务报表应当以可比当日的即期汇率折算所有资产负债表和利润表项目。

四、外币交易的核算程序

外币交易的记账方法有外币统账制和外币分账制两种。外币统账制是指企业在发生外币交易时，即折算为记账本位币入账。外币分账制是指企业在日常核算时分币种记账。资产负债表日，分货币性项目和非货币性项目进行调整。货币性项目按资产负债表日即期汇率折算，非货币性项目按交易日即期汇率折算，产生的汇兑差额计入当期损益。从我国目前的情况看，绝大多数企业采用外币统账制，只有银行等少数金融企业由于外币交易频繁，涉及外币币种较多，可以采用分账制记账方法进行日常核算。无论是采用分账制记账方法，还是采用统账制记账方法，只是账务处理程序不同，产生的结果应当相同，即计算出的汇兑差额相同；相应的会计处理也相同，即均计入当期损益。

外币交易的核算主要介绍外币统账制下的账户设置及其会计核算的基本程序。

(一)账户设置

在外币统账制方法下，对外币交易的核算不单独设置账户，对外币交易金额因汇率变动而产生的差额可在"财务费用"账户下设置二级账户"汇兑差额"反映。该账户借方反映因汇率变动而产生的汇兑损失，贷方反映因汇率变动而产生的汇兑收益。期末余额结转入"本年利润"账户后一般无余额。

(二)会计核算的基本程序

企业发生外币交易时，其会计核算的基本程序如下。

第一：将外币金额按照交易日的即期汇率或即期汇率的近似汇率折算为记账本位币金额，按照折算后的记账本位币金额登记有关账户；在登记有关记账本位币账户的同时，按照外币金额登记相应的外币账户。

第二：期末，将所有外币货币性项目的外币余额，按照期末即期汇率折算为记账本位币金额,并与原记账本位币金额相比较,其差额记入"财务费用——汇兑差额"账户。

第三:结算外币货币性项目时,将其外币结算金额按照当日即期汇率折算为记账本位币金额,并与原记账本位币金额相比较,其差额记入"财务费用——汇兑差额"账户。

五、即期汇率的选择和即期汇率的近似汇率

(一)即期汇率的选择

汇率是指两种货币相兑换的比率,是一种货币单位用另一种货币单位所表示的价格。我们通常在银行见到的汇率有三种表示方式:买入价、卖出价和中间价。买入价指银行买入其他货币的价格;卖出价指银行出售其他货币的价格;中间价是银行买入价与卖出价的平均价。银行的卖出价一般高于买入价,以获取其中的差价。

无论买入价还是卖出价,均是立即交付的结算价格,都是即期汇率,即期汇率是相对于远期汇率而言的,远期汇率是在未来某一日交付时的结算价格。为了方便核算,准则中企业用于记账的即期汇率一般指当日中国人民银行公布的人民币汇率的中间价。但是,在企业发生单纯的货币兑换交易或涉及货币兑换的交易时,仅用中间价不能反映货币买卖的损益,需要使用买入价或卖出价折算。

(二)即期汇率的近似汇率

在汇率变动不大时,为简化核算,企业在外币交易日或对外币报表的某些项目进行折算时,也可以选择即期汇率的近似汇率折算。即期汇率的近似汇率是"按照系统合理的方法确定的、与交易发生日即期汇率近似的汇率",通常是指当期平均汇率或加权平均汇率等。加权平均汇率需要采用外币交易的外币金额作为权重进行计算。

六、外币交易的会计处理

外币是企业记账本位币以外的货币。外币交易是指企业发生以外币计价或结算的交易,包括:①买入或卖出以外币计价的商品或者劳务;②借入或借出外币资金;③其他以外币计价或结算的交易。

(一)初始确认

企业发生外币交易的,应在初始确认时采用交易日的即期汇率或即期汇率的近似汇率将外币金额折算为记账本位币金额。

【案例13-45】

甲公司的记账本位币为人民币,对外币交易采用交易日的即期汇率折算。2020年4月3日,向乙公司出口销售商品12 000件,销售合同规定的销售价格为每件250美元,当日的即期汇率为1美元=7元人民币。假设不考虑相关税费,货款尚未收到。相关会计分录如下。

借:应收账款——乙公司(美元) 21 000 000
　　贷:主营业务收入(12 000×250×7) 21 000 000

【案例 13-46】

乙公司的记账本位币为人民币，对外币交易采用交易日的即期汇率折算。2020年3月3日，从境外丙公司购入不需要安装的设备一台，设备价款为2 500 000美元，购入该设备当日的即期汇率为1美元=7元人民币，适用的增值税税率为13%，款项尚未支付，增值税以银行存款支付。相关会计分录如下。

借：固定资产——机器设备(2 500 000×7)	17 500 000
应交税费——应交增值税(进项税额)	2 275 000
贷：应付账款——丙公司(美元)	17 500 000
银行存款	2 275 000

企业收到投资者以外币投入的资本，无论是否有合同约定汇率，均不采用合同约定汇率和即期汇率的近似汇率折算，而是采用交易日即期汇率折算，这样，外币投入资本与相应的货币性项目的记账本位币金额相等，不产生外币资本折算差额。

【案例 13-47】

甲公司的记账本位币为人民币，对外币交易采用交易日的即期汇率折算。根据其与外商签订的投资合同，外商将分两次投入外币资本，投资合同约定的汇率是1美元=7.5元人民币。2019年7月1日，甲公司第一次收到外商投入资本300 000美元，当日即期汇率为1美元=7.1元人民币；2020年2月3日，第二次收到外商投入资本300 000美元，当日即期汇率为1美元=7元人民币。相关会计分录如下。

① 2019年7月1日，第一次收到外币资本时。

借：银行存款——美元(300 000×7.10)	2 130 000
贷：股本	2 130 000

② 2020年2月3日，第二次收到外币资本时。

借：银行存款——美元(300 000×7)	2 100 000
贷：股本	2 100 000

【案例 13-48】

乙公司以人民币为记账本位币，对外币交易采用交易日的即期汇率折算。2020年6月1日，乙公司将50 000美元兑换为人民币，银行当日的美元买入价为1美元=7.15元人民币，中间价为1美元=7.2元人民币。

本案例中，乙企业与银行发生货币兑换，兑换所用汇率为银行的买入价或卖出价，而通常记账所用的即期汇率为中间价，由于汇率变动而产生的汇兑差额计入当期财务费用。相关会计分录如下。

借：银行存款——人民币(50 000×7.15)	357 500
财务费用	2 500
贷：银行存款——美元(50 000×7.2)	360 000

(二)期末调整或结算

期末，企业应当分外币货币性项目和外币非货币性项目进行处理。

1. 货币性项目

货币性项目是指企业持有的货币和将以固定或可确定金额的货币收取的资产或偿付的负债。货币性项目分为货币性资产和货币性负债。货币性资产包括现金、银行存款、应收账款、其他应收款和长期应收款等；货币性负债包括应付账款、其他应付款、短期借款、应付债券、长期借款和长期应付款等。

期末或结算货币性项目时，应以当日即期汇率折算外币货币性项目，该项目因当日即期汇率不同于该项目初始入账时或前一期末即期汇率而产生的汇兑差额计入当期损益。

【案例 13-49】

承案例 13-45，2020 年 4 月 30 日，甲公司仍未收到乙公司发来的销售货款。当日的即期汇率为 1 美元=6.9 元人民币。乙公司所欠销售货款按当日即期汇率折算为 20 700 000(12 000×250×6.9)元人民币，与该货款原记账本位币之差额为 300 000(21 000 000-20 700 000)元人民币。相关会计分录如下。

借：财务费用——汇兑差额　　　　　　　　　　　　　　300 000
　　贷：应收账款——乙公司(美元)　　　　　　　　　　　　　　300 000

假定 2020 年 5 月 20 日收到上述货款，兑换成人民币后直接存入银行，当日银行的美元买入价为 1 美元=6.92 元人民币。相应的会计分录如下。

借：银行存款——人民币(12 000×250×6.92)　　　　　　20 760 000
　　贷：应收账款——美元　　　　　　　　　　　　　　　　20 700 000
　　　　财务费用——汇兑差额　　　　　　　　　　　　　　　60 000

2. 非货币性项目

非货币性项目是指货币性项目以外的项目，如存货、长期股权投资、交易性金融资产(股票、基金)、固定资产和无形资产等。

(1) 对于以历史成本计量的外币非货币性项目，已在交易发生日按当日即期汇率折算，资产负债表日不应改变其原记账本位币金额，不产生汇兑差额。

(2) 对于以成本与可变现净值孰低计量的存货，如果其可变现净值以外币确定，则在确定存货的期末价值时，应先将可变现净值折算为记账本位币，再与以记账本位币反映的存货成本进行比较。

【案例 13-50】

P 上市公司以人民币为记账本位币。2020 年 11 月 2 日，从英国 W 公司采购国内市场尚无的 A 商品 10 000 件，每件价格为 1 000 英镑，当日即期汇率为 1 英镑=15 元人民币。2020 年 12 月 31 日，尚有 1 000 件 A 商品未销售出去，国内市场仍无 A 商品供应，A 商品在国际市场的价格降至 900 英镑。12 月 31 日的即期汇率是 1 英镑=15.5 元人民币。假定不考虑增值税等相关税费。

本案例中，由于存货在资产负债表日采用成本与可变现净值孰低计量，因此，在以外币购入存货并且该存货在资产负债表日获得可变现净值以外币反映时，计提存货跌价准备时应当考虑汇率变动的影响。因此，P 公司编制会计分录如下。

① 11月2日，购入 A 商品。

借：库存商品——A(10 000×1 000×15)　　　　　　　　　150 000 000
　　贷：银行存款——英镑　　　　　　　　　　　　　　　　150 000 000

② 12月31日，计提存货跌价准备。

借：资产减值损失(1 000×1 000×15−1 000×900×15.5)　　　1 050 000
　　贷：存货跌价准备　　　　　　　　　　　　　　　　　　1 050 000

(3) 对于以公允价值计量的股票、基金等非货币性项目，如果期末的公允价值以外币反映，则应当先将该外币按照公允价值确定当日的即期汇率折算为记账本位币金额，再与原记账本位币金额进行比较，其差额作为公允价值变动损益，计入当期损益。

【案例 13-51】

国内甲公司的记账本位币为人民币。2020 年 12 月 10 日以每股 1.5 美元的价格购入乙公司 B 股 10 000 股作为交易性金融资产，当日汇率为 1 美元=6.8 元人民币，款项已付。2020 年 12 月 31 日，由于市价变动，当月购入的乙公司 B 股的市价变为每股 1 美元，当日汇率为 1 美元=6.85 元人民币。假定不考虑相关税费的影响。

2020 年 12 月 10 日，甲公司应对上述交易编制会计分录如下。

借：交易性金融资产(1.5×10 000×6.8)　　　　　　　　　102 000
　　贷：银行存款——美元　　　　　　　　　　　　　　　102 000

根据《企业会计准则第 22 号——金融工具确认和计量》，交易性金融资产以公允价值计量。由于该项交易性金融资产是以外币计价，在资产负债表日，不仅应考虑股票市价的变动，还应一并考虑美元与人民币之间汇率变动的影响，上述交易性金融资产在资产负债表日的人民币金额以 68 500(1×10 000×6.85)入账，与原账面价值 102 000 元的差额为 33 500 元人民币，计入公允价值变动损益。相应的会计分录如下。

借：公允价值变动损益　　　　　　　　　　　　　　　　33 500
　　贷：交易性金融资产　　　　　　　　　　　　　　　　33 500

33 500 元人民币既包含甲公司所购乙公司 B 股股票公允价值变动的影响，又包含人民币与美元之间汇率变动的影响。

七、外币财务报表折算

在将企业的境外经营通过合并、权益法核算等纳入企业的财务报表中时，需要将企业境外经营的财务报表折算为以企业记账本位币反映的财务报表，这一过程就是外币财务报表的折算。按照以下方法对境外经营财务报表进行折算。

(1) 资产负债表中的资产和负债项目，采用资产负债表日的即期汇率折算，所有者权益项目除"未分配利润"项目外，其他项目采用发生时的即期汇率折算。

(2) 利润表中的收入和费用项目，采用交易发生日的即期汇率或即期汇率的近似汇率折算。

(3) 产生的外币财务报表折算差额，在编制合并财务报表时，应在合并资产负债表中的"其他综合收益"项目列示。

项目小结

本项目包括投资性房地产的核算，非货币性资产交换的核算，或有事项的核算，资产负债表日后事项的核算，外币交易的核算，会计政策、会计估计变更和差错更正。投资性房地产的核算包括投资性房地产的确认和初始计量、采用成本模式和公允价值模式进行后续计量、投资性房地产的转换和投资性房地产的处置。非货币性资产交换的核算包括非货币性资产交换的确认和计量、以公允价值计量的会计处理、以账面价值计量的会计处理。或有事项的核算包括预计负债的确认和计量、或有事项的具体会计处理，以及或有事项的列报。资产负债表日后事项的核算包括调整事项和非调整事项的会计处理。外币交易的核算包括外币交易的会计处理、期末外币账户的调整、外币财务报表折算。会计政策、会计估计变更和差错更正包括判断交易或事项是会计政策变更还是会计估计变更，以及进行会计政策变更、会计估计变更和前期差错更正的账务处理。

微课视频资源

投资性房地产的核算.mp4

非货币性资产交换的核算.mp4

或有事项的核算.mp

会计政策、会计估计变更和差错更正.mp4

资产负责表日后事项的核算.mp4

外币交易的核算(1).mp4

外币交易的核算(2).mp4

参 考 文 献

[1] 企业会计准则编审委员会. 企业会计准则 2020 年版[M]. 上海：立信会计出版社，2020.
[2] 企业会计准则编审委员会. 企业会计准则应用指南 2020 年版[M]. 上海：立信会计出版社，2020.
[3] 企业会计准则编审委员会. 企业会计准则案例讲解 2020 年版[M]. 上海：立信会计出版社，2020.
[4] 企业会计准则编审委员会. 企业会计准则条文讲解与实务运用 2020 年版[M]. 上海：立信会计出版社，2020.
[5] 财政部会计资格评价中心. 初级会计实务[M]. 北京：经济科学出版社，2020.
[6] 财政部会计资格评价中心. 中级会计实务[M]. 北京：经济科学出版社，2020.
[7] 中国注册会计师协会. 会计[M]. 北京：中国财政经济出版社，2020.